Aspekte|neu

Mittelstufe Deutsch

Lehrbuch 1

von
Ute Koithan
Helen Schmitz
Tanja Sieber
Ralf Sonntag

Filmseiten von Ulrike Moritz und Nana Ochmann

Ernst Klett Sprachen

Stuttgart

Von: Ute Koithan, Helen Schmitz, Tanja Sieber, Ralf Sonntag
Filmseiten von: Ulrike Moritz, Nana Ochmann

Redaktion: Annerose Bergmann in Zusammenarbeit mit Cornelia Rademacher
Layout: Andrea Pfeifer
Umschlaggestaltung: Studio Schübel, München (Foto Treppe: drsg98 – Fotolia.com; Foto Grashalm: Eiskönig – Fotolia.com)
Zeichnungen: Daniela Kohl

Verlag und Autoren danken Harald Bluhm, Ulrike Moritz und Margret Rodi für die Begutachtung sowie allen Kolleginnen und Kollegen, die Aspekte | neu erprobt und mit wertvollen Anregungen zur Entwicklung des Lehrwerks beigetragen haben.

Aspekte | neu 1 – Materialien

Lehrbuch mit DVD	605015
Lehrbuch	605016
Audio-CDs zum Lehrbuch	605020
Arbeitsbuch mit Audio-CD	605017
Lehr- und Arbeitsbuch 1 mit Audio-CD, Teil 1	605018
Lehr- und Arbeitsbuch 1 mit Audio-CD, Teil 2	605019
Lehrerhandbuch mit digitaler Medien-DVD-ROM	605021
Intensivtrainer	605022

www.aspekte.biz
www.klett-sprachen.de/aspekte-neu

Symbole in Aspekte

1.2 Hören Sie auf der CD 1 zum Lehrbuch Track 2.

▶ Ü 1 Hierzu gibt es eine Übung im gleichen Modul im Arbeitsbuch.

  Rechercheaufgabe

**Die Audios zum Lehrbuch finden Sie auch als mp3-Download unter www.aspekte.biz im Bereich „Medien".
Der Zugangscode lautet: Asp!N1**

In einigen Ländern ist es nicht erlaubt, in das Kursbuch hineinzuschreiben. Wir weisen darauf hin, dass die in den Arbeitsanweisungen formulierten Schreibaufforderungen immer auch im separaten Schulheft erledigt werden können.

1. Auflage   1 9 8 7 | 2021 20 19

Satz und Repro: Satzkasten, Stuttgart
Druck und Bindung: Print Consult GmbH, München

ISBN 978-3-12-605016-6

MIX
Papier aus verantwor-
tungsvollen Quellen
FSC® C084279
www.fsc.org

Inhalt

Inhalt

Alles will gelernt sein 5

Berufsbilder 6

Inhalt

Endlich Urlaub

Natürlich Natur!

Leute heute

B Ich bin Berlinerin, ganz klar. Hier leben Menschen aus allen Ecken der Welt und das lässt alle Lebensstile zu. Hier fühle ich mich einfach wohl, das ist meine Heimat. Wenn ich woanders bin, vermisse ich Berlin immer. Trotzdem ...

A Ich bin seit drei Jahren geschieden und alleinerziehende Mutter einer kleinen Tochter. Sie heißt Klara und ist vier Jahre alt. Manchmal ...

Sie lernen

Modul 1 | Einen Text über Lebensträume verschiedener Personen verstehen

Modul 2 | Einen Radiobeitrag über Freundschaft verstehen

Modul 3 | Eine besondere Person präsentieren

Modul 4 | Über Glück diskutieren

Modul 4 | In einer E-Mail Freude ausdrücken und gratulieren

Grammatik

Modul 1 | Tempusformen: Über Vergangenes sprechen

Modul 3 | Verben und Ergänzungen

C Ich bin in einer Kleinstadt in Norddeutschland aufgewachsen. Dann habe ich viele Jahre in Herne gelebt und gearbeitet. Vor zwei Jahren bin ich wegen einer neuen Stelle nach Wien gekommen. Ich wohne in einem Apartmentkomplex mit lauter kleinen Wohnungen. Vielleicht ...

E Im Sommer gehe ich gern schwimmen, im Winter spiele ich oft mit Freunden Eishockey auf einem kleinen See bei mir um die Ecke. Meine größte Leidenschaft ist aber Fußball. Mein Herz schlägt für Borussia Dortmund. Ich gehe fast jedes Wochenende ins Stadion. Das ist einfach ein tolles Erlebnis. Wenn ...

D Zu Hause sprechen wir nur Arabisch. Allerdings bin ich in Deutschland geboren und habe so eigentlich zwei Muttersprachen. In der Schule habe ich noch Englisch und ein bisschen Französisch gelernt. Mehrere Sprachen zu können, ist toll. Und ...

F Nach der Schule habe ich eine Ausbildung als Schornsteinfeger gemacht. Ich arbeite in einem kleinen Betrieb. Die Arbeit finde ich super. Die meisten Leute freuen sich, mich zu sehen, weil sie immer noch glauben, dass ein Schornsteinfeger Glück bringt. Aber ...

1a Lesen Sie die Kurztexte. Über welche Themen sprechen die Leute? Notieren Sie.

A: *Familie*
B: ...

b Arbeiten Sie in Gruppen. Jede Gruppe wählt einen Text aus, schreibt ihn zu Ende und stellt „ihre Person" vor.

2 Stellen Sie sich vor. Sagen Sie zu jedem Thema aus 1a einige Sätze über sich selbst.

Gelebte Träume

1 Was bedeutet dieser Spruch? Diskutieren Sie: Ist das möglich?

Träume nicht dein Leben – Lebe deinen Traum!

2 Sehen Sie sich die Fotos an. Um welche Träume könnte es hier gehen?

▶ Ü 1

3a Lesen Sie den Artikel und notieren Sie Stichpunkte in eine Tabelle wie auf der nächsten Seite.

Gelebte Träume

Der eine hat einen großen Traum, der nächste vielleicht mehrere kleine. Die Träume der Menschen sind so unterschiedlich wie die Menschen selbst. Manche sind realistisch und manche scheinen viel-
5 leicht völlig unerreichbar. Es gibt Menschen, die trotzdem nicht aufgeben. Und plötzlich ist der Lebenstraum ganz nah ...

Erfolgreich sein als Sängerin, einmal die Nummer eins in den Charts und Millionen Klicks für den eigenen
10 Musikclip im Internet – davon träumte die 23-jährige Leonie Walter schon als Teenager. Sie nahm Gesangs- und Tanzunterricht und vor ein paar Jahren sah es aus, als würde sich ihr Traum auch erfüllen. Leonie nahm an einer Castingshow teil und kam in die vom Fern-
15 sehsender zusammengestellte Band. Auf einmal war sie berühmt. Die Band brachte ein Album heraus und die drei jungen Sängerinnen galten als neue Stars am deutschen Pophimmel. Doch der Anfangseuphorie folgte bald die Ernüchterung: Das zweite Album ver-
20 kaufte sich nur noch mäßig, die Auftritte wurden immer weniger, schließlich trennte sich die Band. Im Moment verdient Leonie ihren Lebensunterhalt in einem Coffee Shop. „Meinen Traum habe ich aber trotzdem noch nicht aufgegeben. Ich versuche es einfach wei-
25 ter. Eine neue Band habe ich auch schon", sagt sie.

Der 44-jährige Georg Schröder wuchs in einem kleinen Dorf bei Innsbruck auf. Seine Eltern wollten aus ihm einen Lehrer machen – doch er träumte von der großen weiten Welt. Nach der Matura hatte er zunächst
30 Geschichte und Völkerkunde studiert, doch dann begann er mit seinen Expeditionen und verwirklich-te seinen Traum, die Wüsten dieser Erde kennenzu-lernen. „Ich habe viele Landschaften ‚ausprobiert'. Aber es war die Wüste, die mich vom ersten Schritt
35 an gefangen genommen hat", berichtet Schröder, der heute als Experte für Abenteuer und Grenzerfah-rungen gilt.

Profifußballer – das wollte der 38-jährige Matthias Holzner immer werden. Als Kind und Jugendlicher
40 verbrachte er jede freie Minute auf dem Fußballplatz. Er trainierte und trainierte. Und tatsächlich konnte er mit 16 Jahren zu einem großen Verein wechseln. Für ein paar Jahre lief alles wie geplant. Aber ein Nach-mittag änderte alles: Nachdem sich Matthias schwer
45 am Knie verletzt hatte, musste er den Traum von der Profikarriere schweren Herzens aufgeben. „Das war eine schwierige Zeit, aber mit der Unterstützung mei-ner Familie habe ich meinen Weg gefunden." Matthi-as machte eine Ausbildung zum Physiotherapeuten
50 und eröffnete später eine eigene Praxis. „Aber die Liebe zum Fußball habe ich nie verloren. In meiner Freizeit trainiere ich eine Kindermannschaft und samstags gehe ich ins Stadion, um meinen alten Ver-ein anzufeuern."

Wer?	Traum?	Situation früher?	Situation jetzt?
Leonie		nahm Gesangs- und Tanzunterricht	

b Arbeiten Sie zu dritt. Jeder stellt anhand der Stichpunkte eine Person vor.

c Welche Person finden Sie am interessantesten? Warum?

4a Mit den folgenden Zeitformen kann man Vergangenes ausdrücken. Notieren Sie zu jeder Zeitform einen Beispielsatz aus dem Text.

Perfekt	Präteritum	Plusquamperfekt
		Nachdem sich Matthias schwer am Knie verletzt hatte, musste er den Traum von der Profikarriere schweren Herzens aufgeben.

b Wann verwendet man welche Zeitform? Ergänzen Sie die Regeln.

Über Vergangenes berichten

1. mündlich berichten: meistens _____

2. schriftlich berichten:

    z. B. in E-Mails/Briefen: meistens _Perfekt_____

    z. B. in Zeitungsartikeln/Romanen: meistens _____

3. *haben* und *sein* / Modalverben: meistens _____

4. von einem Ereignis berichten, das vor einem anderen Ereignis in der Vergangenheit passiert ist: _____ ▸ Ü 2–4

5 Welchen Traum haben Sie sich schon erfüllt? Welche Träume hatten Sie als Kind? Was ist jetzt Ihr großer Traum? Sprechen Sie zu zweit und berichten Sie dann im Kurs über den Traum Ihres Partners / Ihrer Partnerin.

Ismail hat schon als Kind davon geträumt, einmal nach Nepal zu reisen. Er wollte schon immer …

Rita wollte unbedingt … Nachdem sie ihre Ausbildung beendet hatte, …

Paolas großer Traum ist …

In aller Freundschaft

1a Welche Aussage passt für Sie am besten zum Thema „Freundschaft"? Warum?

> Gute Freunde erkennt man in schwierigen Zeiten.

> Beim Geld hört die Freundschaft auf.

> Richtig gute Freunde hat man nur zwei oder drei.

> Eine Freundschaft mit zwanzig ist anders als eine Freundschaft mit vierzig.

> Heutzutage ist unser Leben so stressig, dass man kaum noch Freundschaften pflegen kann.

> Das Internet ist super, um neue Freunde zu finden und mit alten in Kontakt zu bleiben.

Ich kenne viele Leute, aber ich habe nur zwei richtig enge Freunde, denen ich wirklich alles erzählen kann. Deshalb …

b Welche Eigenschaften sind Ihnen bei einem Freund / einer Freundin wichtig?
Kreuzen Sie fünf Eigenschaften an und vergleichen Sie im Kurs.

☐ zuverlässig	☐ witzig	☐ gebildet	☐ unternehmungslustig
☐ ehrlich	☐ großzügig	☐ tolerant	☐ verständnisvoll
☐ hilfsbereit	☐ verantwortungsbewusst	☐ offen	☐ verschwiegen
☐ höflich	☐ sportlich	☐ ehrgeizig	☐ loyal
☐ gut aussehend			

Für mich ist es wichtig, dass meine Freunde zuverlässig sind. Als ich einmal die Hilfe von einer Freundin gebraucht habe, hat sie …
Meine Freunde müssen witzig sein. Ohne Humor ist alles …

▶ Ü 1–2

2a Hören Sie den ersten Abschnitt eines Radiobeitrags. In welcher Reihenfolge wird über die
folgenden Themen gesprochen? Nummerieren Sie.

_____ Freunde für bestimmte Phasen/Aktivitäten

_____ Warum Freunde wichtig sind

_____ Freunde in Online-Netzwerken

_____ Unterscheidung Freunde und Bekannte

b Wählen Sie ein Thema aus 2a und berichten Sie kurz über Ihre Erfahrungen.

c Im zweiten Abschnitt sprechen drei Personen über Freundschaft. Hören Sie und lösen Sie die
Aufgaben.

Mira: Sind die Aussagen richtig oder falsch? Kreuzen Sie an.

	richtig	falsch
1. Mira hat ihre beste Freundin in der Ausbildung kennengelernt.	☐	☐
2. Mit ihrer besten Freundin kann Mira über alles sprechen.	☐	☐
3. In einer guten Freundschaft sollte man nicht streiten.	☐	☐
4. Mira und Laura können sich nicht oft sehen, skypen aber häufig.	☐	☐

Felix: Beantworten Sie die Fragen.

5. Warum ist für Felix das Internet wichtig?
6. Wo hat Felix seine drei engsten Freunde kennengelernt?
7. Worauf kommt es ihm in einer Freundschaft an?

Julia: Notieren Sie die passenden Nomen.

8. Für Julia sind in einer Freundschaft

_Respekt_____ , _____ ,

_____ und _____

besonders wichtig.

SPRACHE IM ALLTAG

ein Freund / **eine** Freundin **von mir**

mein Freund /
meine Freundin

3a Wie können Sie Ihre Meinung sagen? Sammeln Sie Redemittel im Kurs.

Ich denke, ...
Ich bin der Meinung, ...
_..._

b Diskutieren Sie in Gruppen. Informieren Sie danach die anderen Gruppen über Ihre Ergebnisse:

· Welche Rolle spielt Freundschaft heutzutage?
· Was kann in Freundschaften zu Problemen führen?
· Liebe – Freundschaft – Familie – Beruf: Was steht für Sie an erster Stelle und warum?

4 Suchen Sie Sprichwörter, Redewendungen oder Reime auf Deutsch oder in Ihrer Sprache zum
Thema „Freundschaft" und erklären Sie sie im Kurs.

▶ Ü 3

Heldenhaft

▶ Ü 1

1a Was verstehen Sie unter einem Helden? Wen würden Sie als Held bezeichnen? Warum?

Ein Held ist für mich ein Mensch, der versucht, die Welt zu verbessern, wie zum Beispiel …

1.6–8

b Hören Sie eine Umfrage. Notieren Sie, wer als Held bezeichnet wird und warum.

Ein Held ist für mich …	Gründe
1.	
2.	
3.	

c Kennen Sie diese Menschen? Ordnen Sie die Namen den Fotos zu und erklären Sie mithilfe der Stichpunkte, warum man die Personen als Helden bezeichnen kann.

1. Jurij Gagarin   2. Mutter Theresa   3. Marie Curie   4. Martin Luther King

erster Mann im Weltraum sein – den Ärmsten der Armen helfen – gegen Rassismus kämpfen –
1911 den Nobelpreis für Chemie bekommen – sich für die Gleichstellung der Afroamerikaner einsetzen –
radioaktive Elemente entdecken – sich in den Armenvierteln um Leprakranke kümmern –
in 89 Minuten einmal die Erde umkreisen – …

▶ Ü 2

Jurij Gagarin war der erste Mann im Weltraum.

2a Lesen Sie die beiden Texte. Warum können die Personen als „Helden im Alltag" bezeichnet werden?

„Ich habe den beiden einfach nur geholfen", fasst Henry Sommer aus Dresden seinen Einsatz zusammen, als er den vierjährigen Lukas und dessen Mutter vor dem Ertrinken aus der Elbe rettete. Die Ereignisse an diesem Tag im letzten Sommer gehen ihm immer noch sehr nahe. Er sah, wie ein Junge, der am Ufer spielte, plötzlich ins Wasser fiel und unterging. Die Mutter sprang sofort ins Wasser, doch ihr gelang die Rettung ihres Sohnes nicht. Sie kämpfte selbst mit der starken Strömung und rief laut um Hilfe. Henry Sommer sprang, ohne zu überlegen, in die Elbe, konnte den Jungen unter Wasser fassen und versuchte, ihn und auch seine Mutter herauszuziehen. Mit letzter Kraft erreichte er mit den beiden das Ufer und begann sofort mit den lebensrettenden Maßnahmen. Nur dadurch konnte Lukas überleben. Der Gedanke, was passiert wäre, wenn er es nicht geschafft hätte, lässt Henry Sommer bis heute nicht mehr los.

Henry Sommer, 35
und Lukas, 4

Seit ca. 15 Jahren bin ich ehrenamtlich in der Bahnhofsmission tätig. Ich helfe zum Beispiel kranken und behinderten Reisenden beim Umsteigen. Viele sind sehr dankbar, wenn man ihnen ihre weitere Reiseverbindung erklärt und sie zu ihrem Zug begleitet. In der Bahnhofsmission kochen wir auch Kaffee und Tee und machen belegte Brote. Die Leute, die zu uns kommen, freuen sich gerade im Winter über einen warmen Ort und ein bisschen Smalltalk. Mir gefällt die Arbeit in der Bahnhofsmission, weil sie so abwechslungsreich ist. Man trifft verschiedene Leute mit ganz unterschiedlichen Biografien. Ich interessiere mich für meine Mitmenschen und setze mich gerne für sie ein.

Angelika Fischer, 46

b Verben und Ergänzungen. Ordnen Sie die Sätze in die Tabelle und notieren Sie den Infinitiv.

> Ich erkläre ihnen ihre weitere Reiseverbindung.   Er begann mit den lebensrettenden Maßnahmen.
>
> Ich helfe kranken und behinderten Reisenden.   Die Leute freuen sich über einen warmen Ort.
>
> ~~Der Junge ging unter.~~   Er rettete einen vierjährigen Jungen.

	Beispielsatz	Infinitiv
1. Verb + Nominativ	*Der Junge ging unter.*	*untergehen*
2. Verb + Akkusativ		
3. Verb + Dativ		
4. Verb + Dativ + Akkusativ		
5. Verb + Präposition + Akkusativ		
6. Verb + Präposition + Dativ		

▶ Ü 3–9

c Sammeln Sie weitere Verben mit Beispielsatz und machen Sie Kursplakate für jede Verbart.

> Verben + Dativ
> gehören: Das Buch gehört mir.
> schmecken: Das Essen schmeckt mir.

3a Schreiben Sie einen Text über eine Person, die man Ihrer Meinung nach als Held bezeichnen könnte.

HERKUNFT/BIOGRAFISCHES	LEISTUNGEN
Ich möchte gern … vorstellen.	Er/Sie wurde bekannt, weil …
Er/Sie kommt aus … und wurde … geboren.	Er/Sie entdeckte/erforschte/untersuchte …
Er/Sie lebte in …	Er/Sie experimentierte/arbeitete mit …
Von Beruf war er/sie …	Er/Sie schrieb/formulierte/erklärte …
Seine/Ihre Eltern waren …	Er/Sie kämpfte für/gegen …
Er/Sie kam aus einer … Familie.	Er/Sie engagierte sich für … / setzte sich für … ein.
	Er/Sie rettete/organisierte/gründete …

b Hängen Sie die Texte im Kurs aus. Welche Person finden Sie am interessantesten?

Vom Glücklichsein

1a Welche Symbole bedeuten für Sie Glück, welche Unglück? Wählen Sie aus.

Rabe

Vierblättriges Kleeblatt

Schornsteinfeger

Die Zahl 13

Hufeisen

Sternschnuppe

Schwarze Katze

Hand der Fatima

Marzipanschwein

Winke-katze

Chinesischer Drache

Schwarze Spinne

▶ Ü 1 **b** Welche Symbole, Zahlen, Buchstaben sind in Ihrem Land Glücks- oder Unglückssymbole?

2a Welche dieser fünf Wörter gehören für Sie zum Begriff „Glück"? Welche Wörter würden Sie noch ergänzen?

Reichtum	Frieden	Hobbys	Natur	Schönheit
Harmonie	Freiheit	Ruhe	Haus	Familie
Kinder	Arbeit	Entspannung	Freunde	Karriere

b Begründen Sie Ihre Auswahl und vergleichen Sie im Kurs.

Am wichtigsten ist für mich Gesundheit. Was will ich mit Geld, wenn ich krank bin?
Aber wenn du Geld hast, kannst du dir eine gute medizinische Behandlung leisten.

3 Hören Sie fünf kurze Texte aus einer Umfrage zum Thema „Sind Sie zurzeit glücklich?".
1.9–13   Sie hören diese Texte nur einmal. Markieren Sie, ob die Aussagen richtig oder falsch sind.

	richtig	falsch
1. Die Sprecherin hat sich vor einem Jahr scheiden lassen.	☐	☐
2. Der Sprecher wollte nach der Schule endlich arbeiten.	☐	☐
3. Die Sprecherin hat einen Studienplatz in Berlin bekommen.	☐	☐
4. Der Sprecher möchte gerne eine Weiterbildung machen.	☐	☐
5. Die Sprecherin ist wegen ihres Alters unglücklich.	☐	☐

STRATEGIE

Komplexe Höraufgaben bearbeiten

Unterstreichen Sie beim Lesen der Aufgaben Schlüsselwörter. Versuchen Sie beim Hören, Übereinstimmungen oder Unterschiede zwischen den Schlüsselwörtern und dem Gehörten zu finden.

4a Ordnen Sie die Überschriften den Redemitteln zu.

widersprechen   zweifeln   zustimmen   Meinung äußern

1.

Ich bin der Meinung/Ansicht, dass …

Ich stehe auf dem Standpunkt, dass …

Ich denke/meine/glaube/finde, dass …

Ich bin davon überzeugt, dass …

2.

Der Meinung bin ich auch.

Ich bin ganz deiner/Ihrer Meinung.

Das stimmt. / Das ist richtig. / Ja, genau.

Da hast du / haben Sie völlig recht.

3.

Das stimmt meiner Meinung nach nicht.

Das ist nicht richtig.

Ich sehe das anders.

Da muss ich dir/Ihnen aber widersprechen.

4.

Also, ich weiß nicht …

Ich habe da so meine Zweifel.

Ob das wirklich so ist?

Stimmt das wirklich?

b Diskutieren Sie die Aussagen in Gruppen.

Glück hängt von der Qualität der Beziehungen eines Menschen ab.

Glück kommt nicht von außen (Reichtum, Bildung, Aussehen …), sondern von innen.

Die Erfüllung unserer Wünsche macht uns nicht dauerhaft glücklich.

Glück ist kein Zustand, Glück ist ein Prozess.

Was den einen glücklich macht, macht den anderen unglücklich.

Vom Glücklichsein

5a Lesen Sie den Blogeintrag. Zu welchem Thema schreibt der Blogger?

13.2. | 19:32 Uhr

Ein herzliches Hallo in die Runde!

Ich möchte kurz über meine heutigen Erlebnisse schreiben, die zeigen, dass ein Tag wie dieser auch ganz anders enden kann als gedacht.

Normalerweise bin ich überhaupt kein abergläubischer Mensch. Deswegen hatte ich von diesem besonderen Datum auch gar keine Notiz genommen. Ich dachte, es wird ein Freitag wie immer. Aber schon der Morgen belehrte mich eines Besseren:

Nach einer unruhigen Nacht erwachte ich durch einen lauten Knall. Die Müllabfuhr holte wie jeden Freitagmorgen die Mülltonnen. Ich schaute auf die Uhr und machte einen Satz aus dem Bett. Ich hatte verschlafen! Um ganze 45 Minuten!!!

Beim Sprung aus dem Bett stieß ich das Glas Wasser von meinem Nachttisch. Mit nassen Füßen lief ich ins Bad und schimpfte. Ich dachte: „Jetzt bloß schnell Zähne putzen." Aber wie ohne Zahnpasta? Und natürlich war keine Ersatztube im Haus. Das musste dann mit Wasser gehen. Hemd und Hose hatte ich an – doch wo in aller Welt waren meine Strümpfe? Im Schrank fand ich sie nicht. Ach ja – sie waren in der Wäsche und die hing natürlich noch auf dem Balkon. Die Strümpfe waren noch nass. Wunderbar! Aber da musste ich jetzt wohl durch.

In der Küche angekommen griff ich nach der Kaffeekanne. Doch wo war der Kaffee? Das mache ich doch immer als Erstes, wenn ich aufstehe. Aber heute war ich offensichtlich so durch den Wind, dass ich die Maschine nicht angestellt hatte. Hier kam offensichtlich viel Schicksal zusammen und ich hätte mich einfach wieder ins Bett legen sollen. Wenn da bloß nicht dieses Meeting mit dem Chef gewesen wäre! Also trank ich keinen Kaffee und dachte: „Ein Glas Milch macht vielleicht meinen Tag perfekter." Ich schenkte mir ein Glas voll ein, setzte an und spuckte: Sie war sauer!

Als ich die Tür hinter mir schloss, stellte ich mit Erleichterung fest, dass ich die Aktentasche in meiner Hand trug. In der Garage fiel mir ein, dass wichtige Unterlagen, die ich gestern noch durchgesehen hatte, auf meinem Schreibtisch lagen. Also rannte ich noch einmal in die Wohnung und da stand sie, meine Frau, mit ihrem Koffer in der Hand und sagte: „Schatz, es geht los!" Drei Stunden später hielt ich überglücklich unseren Sohn im Arm. Was für ein toller Tag!

---

b Welche Missgeschicke passieren dem Erzähler? Warum endet der Tag doch anders, als man am Anfang denkt?

c Ordnen Sie den Ausdrücken 1–5 die passenden Erklärungen a–e zu.

1. ____ abergläubisch sein
2. ____ jmd. eines Besseren belehren
3. ____ einen Satz aus dem Bett machen
4. ____ keine Notiz von etwas nehmen
5. ____ durch den Wind sein

a durcheinander sein
b etwas nicht beachten
c jmd. überzeugen, seine falsche Meinung aufzugeben
d an Dinge glauben, die Glück bringen oder schaden
e sehr schnell aufstehen

d Welcher Tag ist in Ihrem Land ein Unglückstag? Was sollte man an diesem Tag nicht tun?

e Welche abergläubischen Aussagen kennen Sie? Was bedeuten sie?

Wenn man einen Spiegel zerbricht, dann hat man sieben Jahre Pech.
Aber es gibt auch den Spruch: „Scherben bringen Glück."

6a Sie haben eine E-Mail von guten Freunden bekommen. Worum geht es?

Ab sofort haben wir kürzere Nächte und weniger Freizeit, aber 3790 g mehr Glück!

Worte und Zahlen können kaum ausdrücken, wie glücklich wir sind! Aber für alle, die es interessiert, gibt es hier trotzdem die üblichen Eckdaten: Wir waren etwa 13 Stunden im Kreißsaal, die Geburt verlief weitgehend normal. Uns dreien geht es gut. Unsere Eva war bei der Geburt 54 cm lang und wog 3790 g.

Die glücklichen, übermüdeten Eltern
Sonja und Heiner

b Sie wollen auf die E-Mail reagieren und Ihren Freunden zur Geburt des Kindes gratulieren. Ordnen Sie die Redemittel in die Tabelle.

Ich bin sehr froh, dass …   Ich freue mich sehr/riesig für euch.   Alles Gute!

Ich schicke euch die herzlichsten Glückwünsche!   Das ist eine tolle Nachricht!

Es freut mich, dass …   Ich möchte euch zur Geburt eures Sohnes / eurer Tochter gratulieren.

Ich wünsche eurem Kind viel Glück!   Ich sende euch die allerbesten Wünsche!

Herzlichen Glückwunsch!

GUTE WÜNSCHE AUSSPRECHEN / GRATULIEREN	FREUDE AUSDRÜCKEN

c Schreiben Sie Ihren Freunden eine Antwort-E-Mail. Schreiben Sie etwas zu den folgenden Punkten. Überlegen Sie sich eine passende Reihenfolge.

- Fragen Sie, wann Sie Ihre Freunde besuchen können.
- Bedanken Sie sich für die E-Mail und beglückwünschen Sie die Eltern.
- Erkundigen Sie sich nach dem Baby und der Mutter.
- Fragen Sie die Eltern, was Sie dem Kind als Geschenk kaufen können.

Anne-Sophie Mutter (* 29. Juni 1963)

Weltberühmte Violinistin

Nur wenige Künstlerinnen haben einen ähnlich nachhaltigen Einfluss auf die klassische Musikszene ausgeübt wie Anne-Sophie Mutter. Sie wusste schon als Kind, was sie wollte, und hat ihren Traum verwirklicht. Bereits als 7-Jährige gewann sie den Wettbewerb „Jugend musiziert" mit Auszeichnung. 1976 fiel sie Herbert von Karajan auf, unter dessen Leitung sie ein Jahr später bei den Salzburger Pfingstkonzerten als Solistin auftrat. Diese Zusammenarbeit öffnete der Geigerin die Türen zum internationalen Erfolg. Mutter wurde schnell weltweit als herausragende Künstlerin anerkannt, wurde zum Stargast internationaler Ensembles und arbeitete mit den größten Dirigenten. Ihre Popularität nutzt sie für Benefizprojekte und die Förderung des musikalischen Nachwuchses. Mutter, die eine Stradivari-Geige spielt, bekam für ihr soziales Engagement mehrere Auszeichnungen.

Anne-Sophie Mutter　　　© Harald Hoffmann / DG

Anne-Sophie Mutter beantwortete einen Fragebogen, der ein wenig Einblick in ihre Persönlichkeit gibt. Hier ein Ausschnitt:

Mein wichtigster Charakterzug
Ich bin ein Optimist, ein Idealist.

Was mir bei meinen Freunden am wichtigsten ist
Die Echtheit ihrer Freundschaft.

Meine größte Schwäche
Ungeduld (aber ich zeige sie selten)

Liebste Beschäftigung
Mit meinen Kindern zu spielen.

Mein Traum von Glück
Das ist mein Geheimnis!

Was wäre für mich das größte Unglück?
Eine schlechte Mutter zu sein.

Was ich gerne sein möchte
Ich bin auf dem Weg dahin …

Land, in dem ich leben möchte
Da, wo ich wohne: Deutschland und Österreich.

Meine Helden im wirklichen Leben
Der Dalai Lama und alle Verfechter der Menschenrechte.

Meine Helden/Heldinnen der Geschichte
Mozart, Gandhi, Mutter Theresa.

Reform, die ich am meisten bewundere
Alle diejenigen, die noch nicht abgeschlossen sind: Gleiche Rechte für Frauen, Abschaffung der Rassentrennung, Verbot der Kinderarbeit.

Wie ich sterben möchte
Ohne es zu merken.

Derzeitige Geisteshaltung
Ein Leben ohne Musik ist ein Leben im Irrtum.

Fehler, denen ich mit der größten Toleranz begegne
Solche, die aus tiefer Liebe gemacht werden, denn das sind keine wirklichen Fehler.

www　▸　Mehr Informationen zu Anne-Sophie Mutter.

Wählen Sie zu zweit fünf Punkte aus dem Fragebogen und formulieren Sie fünf weitere. Interviewen Sie sich gegenseitig. Präsentieren Sie dann im Kurs zusammenfassend die Antworten Ihres Partners / Ihrer Partnerin.

1 Tempusformen: Über Vergangenes berichten

Präteritum	Perfekt	Plusquamperfekt
Funktion • von Ereignissen schriftlich berichten, z. B. in Zeitungsartikeln, Romanen • mit Hilfs- und Modalverben berichten	**Funktion** von Ereignissen mündlich oder schriftlich berichten, z. B. in E-Mails, Briefen	**Funktion** von Ereignissen berichten, die vor einem anderen Ereignis in der Vergangenheit passiert sind
Bildung • regelmäßige Verben: Verbstamm + Präteritumsignal -*t-* + Endung (z. B. *träumen – träumte, fragen – fragte*) • unregelmäßige Verben: Präteritumstamm + Endung (z. B. *wachsen – wuchs, kommen – kam*) keine Endung bei 1. und 3. Person Singular	**Bildung** *haben/sein* im Präsens + Partizip II	**Bildung** *haben/sein* im Präteritum + Partizip II
	Bildung Partizip II • regelmäßige Verben: ohne Präfix: *sagen – **ge**sag**t*** trennbares Verb: *aufhören – auf**ge**hör**t*** untrennbares Verb: *verdienen – verdien**t*** Verben auf -*ieren*: *faszinieren – faszinier**t*** • unregelmäßige Verben: ohne Präfix: *nehmen – genomm**en*** trennbares Verb: *aufgeben – auf**ge**geb**en*** untrennbares Verb: *verstehen – verstand**en***	

Ausnahmen: *kennen – kannte – habe gekannt*   *bringen – brachte – habe gebracht*
denken – dachte – habe gedacht   *wissen – wusste – habe gewusst*

Eine Übersicht über wichtige unregelmäßige Verben finden Sie im Anhang des Arbeitsbuchs.

2 Verben und Ergänzungen

Das Verb bestimmt, wie viele Ergänzungen in einem Satz stehen müssen und welchen Kasus sie haben.

Verb + Nominativ: *Der Junge ging unter.*
Verb + Akkusativ: *Er rettete einen vierjährigen Jungen.*
Verb + Dativ: *Ich helfe kranken und behinderten Reisenden.*
Verb + Dativ + Akkusativ: *Ich erkläre ihnen ihre weitere Reiseverbindung.*
Verb + Präposition + Akkusativ: *Die Leute freuen sich über einen warmen Ort.*
Verb + Präposition + Dativ: *Er begann mit den lebensrettenden Maßnahmen.*

Die Reihenfolge der Objekte im Satz ist von der Wortart der Objekte abhängig:

Die Objekte sind:	Beispiele	Reihenfolge
Nomen	*Ich erkläre den Reisenden ihre Verbindung.*	erst Dativ, dann Akkusativ
Nomen und Pronomen	*Ich erkläre ihnen ihre Verbindung.* *Ich erkläre sie den Reisenden.*	erst Pronomen, dann Nomen
Pronomen	*Ich erkläre sie ihnen.*	erst Akkusativ, dann Dativ

Eine Übersicht über Verben mit Ergänzungen finden Sie im Anhang des Arbeitsbuchs.

Die Chefin

1 In welchen Berufen arbeiten viele Männer und in welchen viele Frauen? In welchen Berufen sind Frauen häufig in Chefpositionen, in welchen eher selten? Vergleichen Sie mit Ihrem Land und besprechen Sie mögliche Gründe.

2a Sehen Sie die erste Filmsequenz und arbeiten Sie in Gruppen. Wovon träumt Sybille Milde? Welche Probleme kommen nun auf sie zu?

b Beschreiben Sie Sybille Mildes Weg zur Sterneköchin. Worauf ist sie besonders stolz?

3 Sammeln Sie zu zweit Adjektive, die zu Sybille Milde passen. Benutzen Sie auch das Wörterbuch. Vergleichen Sie dann im Kurs.

selbstsicher, rational ...

4a Sehen Sie die zweite Filmsequenz. Wer sagt was? Notieren Sie.

1. Um dieses Essen zu beurteilen, braucht man keine Brille: Es ist hervorragend! _____
2. Auch Frau Milde hatte es am Anfang schwer in dieser reinen Männerwelt. _____
3. Ich denke, mit der Geburt des Kindes ist die Karriere von Frau Milde zu Ende. _____
4. Sie hätte noch ein bisschen warten können. _____
5. Da sind Bemerkungen gefallen, die vollkommen daneben waren. _____

Thomas Hessler, Restaurantinhaber   Andreas Eggenwirth, Kenner der Szene   Gäste des Restaurants

b Wie schätzen die Personen aus 4a die Leistungen und Karrierechancen von Sybille Milde ein?

5 Im Film haben Sie diese Wendungen gehört. Ordnen Sie die Erklärungen zu.

1. am Ball bleiben
2. etwas unter einen Hut bringen
3. das Sagen haben
4. ans Tageslicht kommen

a öffentlich bekannt werden
b eine Sache aktiv weitermachen
c verschiedene Tätigkeiten oder Meinungen gut miteinander verbinden
d Entscheidungen treffen und sie durchsetzen

6a Sehen Sie den Film noch einmal. Was sagt Sybille Milde zu diesen Themen? Machen Sie Notizen und vergleichen Sie.

Kinder	Karriere	Geld	Alter

b Was denken Sie über Sybille Mildes Aussagen? Diskutieren Sie im Kurs.

7a Lesen Sie den Text und unterstreichen Sie die wichtigsten Aussagen.

Haben Frauen und Männer bis dahin gemeinsam studiert, gemeinsam den Einstieg in den Beruf geschafft, zeigt die Statistik bei den Frauen ab 30 einen Knick: Während Männer in der Unternehmens- und Einkommenshierarchie nach oben klettern, bleiben die Frauen stecken oder springen gleich ganz von der Karriereleiter. (…)

Nach der Entscheidung für Kinder bekommen Frauen im Schnitt gleich zwei Kinder, bleiben im Durchschnitt zweieinhalb Jahre zu Hause und verpassen damit völlig den Anschluss an die Karriere. Zwar sind fast zwei Drittel der deutschen Mütter berufstätig, doch vier von fünf arbeiten in karrierefeindlichen Teilzeitmodellen. (…) Studierte Frauen bekommen doppelt so häufig keine Kinder wie Frauen mit Hauptschulabschluss. Zwar haben seit Kurzem Eltern in Deutschland Rechtsanspruch auf einen Krippenplatz für Kinder bis drei Jahre und auch ein Kindergartenplatz ist rechtlich gesichert, aber die Ganztagsbetreuung – also auch am Nachmittag – ist sowohl bei Kleinkindern als auch bei Schulkindern nach wie vor ein Problem. Oft ist es nicht möglich, einen Betreuungsplatz zu finden, und wenn, dann muss man weite Wege zwischen Wohnsitz, Arbeitsplatz und Betreuungseinrichtung zurücklegen.

b Vergleichen Sie die beschriebene Situation mit der in Ihrem Land.

8 Drei Jahre später: Sybille und Daniel planen den nächsten Tag. Spielen Sie eine kleine Szene am Esstisch.

9 Sybille Milde heißt jetzt Sybille Schönberger. Recherchieren Sie im Internet: Was macht sie heute?

Wohnwelten

1 Sehen Sie sich die Bilder an. Welches gefällt Ihnen am besten? Warum entscheiden sich Menschen, an diesem Ort zu leben?

2a Welcher „Wohntyp" sind Sie? Entdecken Sie Ihre Vorlieben. Kreuzen Sie an.

A Die Natur und der Wechsel der Jahreszeiten sind für mich sehr wichtig.

C Um mich wohlzufühlen, brauche ich viele Kneipen und Geschäfte in meiner Nähe.

B Die Hektik der Großstadt gefällt mir nicht, aber auf dem Land ist es mir zu ruhig.

A Ich möchte meine Nachbarn gut kennen, denn so kann man sich gegenseitig helfen.

B Ab und zu gehe ich gern ins Kino, aber jeden Abend ausgehen ist nichts für mich.

C Ich gebe einen großen Teil meines Gehalts für meine Wohnung aus.

C Ich sehe regelmäßig die neuesten Filme und besuche interessante Ausstellungen.

B Am liebsten möchte ich überall zu Fuß hingehen können.

A Ich brauche viel Platz und einen großen Garten, weil ich gern einen Hund hätte.

C Ich will machen können, was ich will, ohne dass meine Nachbarn darüber sprechen.

A In meiner Freizeit will ich vor allem Ruhe.

B Wenn ich durch die Stadt gehe, freue ich mich immer, wenn ich Bekannte treffe.

B Es ist schrecklich, wenn man ständig im Stau steht und dann keinen Parkplatz findet.

A Zur Arbeit und zum Einkaufen muss ich mit dem Auto fahren, aber das stört mich nicht.

C Ich kann auf das Auto verzichten, wenn das öffentliche Verkehrssystem gut funktioniert.

b Welche Buchstaben haben Sie angekreuzt? Lesen Sie die Auswertung auf Seite 187. Trifft die Beschreibung wirklich auf Sie zu?

Eine Wohnung zum Wohlfühlen

1a Hören Sie den Dialog. Wie reagiert Maria am Anfang auf Annas Besuch und warum?

1.14

b Was ist an der neuen Wohnung besser als an der alten? Notieren Sie.

mit Balkon …

c Wie wohnen Sie? Tauschen Sie sich zu zweit aus.

2a Hören Sie die trennbaren und untrennbaren Verben aus dem Gespräch noch einmal. Markieren Sie den Wortakzent.

1.15

<u>an</u>sehen	gefallen
aufräumen	herlaufen
ausziehen	herumstehen
beginnen	hinlaufen
bezahlen	reinkommen
einkaufen	verstehen
entscheiden	vorbeikommen
erzählen	zerreißen

SPRACHE IM ALLTAG

hin- und *her-*
Geh mal hin!

Komm mal her!

b Welche Verben sind trennbar, welche untrennbar? Ordnen Sie die Verben aus 2a zu und ergänzen Sie weitere.

A: trennbare Verben	B: untrennbare Verben
an | sehen	*beginnen*

c Lesen Sie die Sätze 1–3 und ergänzen Sie die Sätze 4 und 5.

G

		A: ansehen	B: bezahlen
1.	Aussage:	Ich <u>sehe</u> mir die Wohnung <u>an</u>.	Ich <u>bezahle</u> die Miete.
2.	Imperativ:	<u>Sieh</u> dir das <u>an</u>!	<u>Bezahl</u> doch endlich!
3.	*zu* + Infinitiv:	Ich mag es, Wohnungen <u>anzusehen</u>.	Es ist wichtig, die Miete pünktlich zu <u>bezahlen</u>.
4.	Nebensatz:	Ich freue mich, weil ich mir heute eine Wohnung _____ .	Mein Vermieter möchte, dass ich die Miete immer am 3. des Monats _____ .
5.	Perfekt:	Gestern habe ich mir eine Wohnung _____ .	Gestern habe ich endlich die Miete _____ .

d Bilden Sie zehn Sätze wie in 2c. Benutzen Sie die Verben aus Ihren Listen A und B.

A
1. Ich <u>räume</u> mein Zimmer <u>auf</u>.
2. …

B
1. Ich <u>verkaufe</u> mein Auto.

▶ Ü 1–6

3 Was braucht man, um sich zu Hause wohlzufühlen? Sammeln Sie und erstellen Sie eine Hitliste im Kurs. Was ist für Sie am wichtigsten? Warum?

nette Nachbarn, Park in der Nähe, ...

4a Sehen Sie die Grafik und die Redemittel an. Verbinden Sie die Redemittel mit den passenden Fortsetzungen.

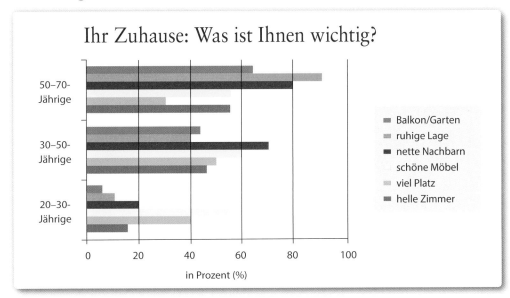

Ihr Zuhause: Was ist Ihnen wichtig?

- Balkon/Garten
- ruhige Lage
- nette Nachbarn
- schöne Möbel
- viel Platz
- helle Zimmer

in Prozent (%)

EINE GRAFIK BESCHREIBEN

Einleitung:

1. Die Grafik zeigt, ...   _B_

2. Die Grafik informiert über ...   _____

Hauptpunkte beschreiben:

3. Die meisten ...   _____

4. Die wenigsten ...   _____

5. Auffällig/Interessant ist, dass ...   _____

6. Über die Hälfte der ...   _____

7. Im Gegensatz/Unterschied zu ...   _____

8. Am unwichtigsten ...   _____

A ... wichtige Eigenschaften von Wohnungen.

B ... was Menschen brauchen, um sich zu Hause wohlzufühlen.

C ... 30-50-Jährigen wollen nette Nachbarn haben.

D ... ist den 50-70-Jährigen viel Platz.

E ... älteren Leuten eine ruhige Lage wichtig ist.

F ... den älteren Leuten sind den 20-30-Jährigen vor allem schöne Möbel wichtig.

G ... 20-30-Jährigen brauchen einen Balkon.

H ... älteren Leute sagt, dass ihnen helle Zimmer wichtig sind.

▶ Ü 7

b Beschreiben Sie die Grafik in einem kurzen Text und benutzen Sie die Redemittel. Vergleichen Sie dann mit Ihrem Partner / Ihrer Partnerin. Welche Informationen haben Sie ausgewählt?

STRATEGIE | **Eine Grafik beschreiben**

Nennen Sie den Titel und das Thema der Grafik und gehen Sie auf die höchsten, niedrigsten und auffälligsten Werte ein. Nennen Sie vor allem auch Werte, die Sie persönlich überraschen.

c Vergleichen Sie die Grafik mit Ihrer Hitliste aus 3. Welche Unterschiede gibt es?

▶ Ü 8

Ohne Dach

1 Sehen Sie sich die Fotos an. Was bedeutet „Obdachlosigkeit"?

2a Diese Begriffe haben oft mit dem Begriff „Obdachlosigkeit" zu tun. Ordnen Sie sie in die Tabelle ein. Es gibt mehrere Möglichkeiten.

die Frustration   der Alkohol   das Wohnheim   die Isolation   die Familie   die Suppenküche

die Armut   die Scheidung   die Angst   die Hoffnung   ~~die Arbeitslosigkeit~~   die Perspektive

die Einsamkeit   die Schulden   die Freunde   die Erfolglosigkeit   die Randgruppe   das Sozialamt

die Notunterkunft   die Intoleranz   die Krankheit   die Chancenlosigkeit

Ursachen	persönliche Situation	Gefühle	Gesellschaft	Hilfsangebote
die Arbeitslosig-keit				

b Wählen Sie drei Begriffe und schreiben Sie je einen Satz zum Thema „Obdachlosigkeit".

Ich glaube, dass vielen Obdachlosen eine Perspektive fehlt. Arbeitslosigkeit ist oft ein Problem. ...

3a Hören Sie nun ein Radiointerview. Welche Aspekte werden angesprochen?

1.16

• _____

• _____

• _____

b Hören Sie das Interview noch einmal und ergänzen Sie das Schema in Stichworten.

Gründe für die Obdachlosigkeit	momentane Situation
arbeitslos	

Klaus

STRATEGIE

Stichworte notieren
Wenn Sie beim Hören oder Lesen Stichworte notieren, tun Sie dies möglichst in thematischen Gruppen. Häufige Themengruppen sind: Gründe, Beschreibung der Situation, Ziele …

Gründe für die Obdachlosigkeit	momentane Situation

Andreas

c Welche Gemeinsamkeiten und welche Unterschiede stellen Sie bei Klaus und Andreas fest?

4 Wie ist die Situation obdachloser Menschen in Ihrem Land? Berichten Sie über mögliche Ursachen und Hilfsangebote.

5 Was können wir tun, um zu helfen? Was kann oder muss der Staat tun? Diskutieren Sie. ▶ Ü 1

Wie man sich bettet, …

▶ Ü 1

1 Übernachten im Hotel: Was erwarten Sie von einem guten Hotel?

Ich möchte ein gemütliches Zimmer haben.   *Ich finde ein Bad mit großer Badewanne super.*

2a Lesen Sie den Artikel. Was ist das Besondere an den Hotels? Machen Sie Notizen.

Was für eine Nacht!

Die meisten Menschen möchten sich im Hotel wie zu Hause fühlen. Mit weichen Betten und viel Komfort schaffen die Besitzer für den zahlenden Gast eine angenehme Umgebung. Aber nicht jedem 5 Menschen gefällt diese Gemütlichkeit. Darum gibt es auch Angebote für jene, die sogar in einem Hotel das Besondere oder das Abenteuer suchen: Die Branche bietet die verrücktesten Übernachtungen für den neugierigen Kunden an. Gehören Sie auch 10 dazu? Hier einige Vorschläge:

Schwimmen und tauchen Sie gerne? Dann übernachten Sie doch mal unter Wasser – das kann man in der „Jules' Undersea Lodge" in Key Largo, Florida. Den Namen gab man dem Hotel nach Jules Verne, dem Au- 15 tor des Abenteuerromans „20.000 Meilen unter dem Meer". Das Hotel ist ein ehemaliges Forschungslabor und hat nur drei Zimmer. Um es zu betreten, müssen die Gäste hinabtauchen, allerdings keine 20.000 Meilen,

sondern nur 6,5 Meter. Dafür können Sie dann zu Hause 20 Ihrem Nachbarn erzählen, dass Sie vom Bett aus bunte Fische sehen konnten.

Oder darf es etwas lauter sein? Wie wäre es mit einem Schlafplatz im Zirkus? Sie übernachten in einem Zirkuswagen mit allem Komfort und leben Tür an Tür mit ei- 25 nem Elefanten, einem Löwen, den Clowns oder einem Dompteur. Am Tag lernen Sie den Alltag in der Manege kennen, Sie riechen das Popcorn und die Sägespäne, Sie hören die Musik, das Lachen und den Applaus des Publikums. Sie können auch eine Woche mit auf Tour- 30 nee durch die Schweiz gehen und das Leben eines Artisten kennenlernen: Viel harte Arbeit, aber auch viel Spaß und Leidenschaft für den Beruf.

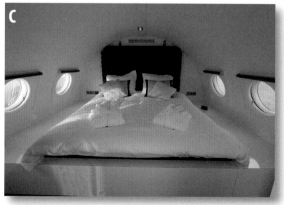

Vielleicht interessieren Sie sich aber mehr für Technik? Dann ist vielleicht eine Nacht im Flugzeug das Richtige 35 für Sie. Einst flog es als Maschine eines Präsidenten, jetzt gibt es keinen Piloten mehr. Das alte Flugzeug wurde in Holland zum Hotel umfunktioniert. Fast eine halbe Million Euro wurde investiert, um das Flugzeug vom Typ IL-18 umzubauen und mit Whirlpool, Sauna

40 und Hausbar auszustatten. Die Maschine hat eine bewegende Geschichte. Erst war sie für die DDR-Fluggesellschaft Interflug unterwegs, dann wurde sie als Kneipe genutzt. Nun erlebt sie seit einigen Jahren wieder glanzvollere Zeiten als Luxusherberge.

b In welchem Hotel würden Sie gerne / auf keinen Fall übernachten? Warum (nicht)?

3a Ergänzen Sie die Nomen. Der erste Abschnitt des Artikels hilft. Welche Unterschiede finden Sie bei den Nomen?

    1. <u>Der Gast</u> hat gut geschlafen.

       Mit weichen Betten und viel Komfort schaffen die Besitzer für <u>den zahlenden</u> _____ eine angenehme Umgebung.

    2. <u>Der Kunde</u> war mit dem Hotel sehr zufrieden.

       Die Branche bietet die verrücktesten Übernachtungen für <u>den neugierigen</u> _____ an.

    3. <u>Der Mensch</u> mag es gemütlich.

       Aber nicht <u>jedem</u> _____ gefällt diese Gemütlichkeit.

  b Sehen Sie die Tabelle an. Welches Nomen aus 3a gehört auch zur n-Deklination? Ergänzen Sie die Formen.

maskuline Nomen

	Singular			n-Deklination
Nominativ	der Beruf	der Kunde	*der* _____
Akkusativ	den Beruf	den Kunde**n**	_____
Dativ	dem Beruf	dem Kunde**n**	_____
Genitiv	des Beruf**s**	des Kunde**n**	_____
Plural			
Nominativ	die Berufe	die Kunden	_____
Akkusativ	die Berufe	die Kunden	_____
Dativ	den Berufe**n**	den Kunden	_____
Genitiv	der Berufe	der Kunden	_____

  c Welche Nomen aus dem Text gehören nicht zur n-Deklination? Streichen Sie durch.

    der Artist (Z. 31) – ~~das Bett~~ (Z. 2) – der Beruf (Z. 32) – der Besitzer (Z. 3) – der Elefant (Z. 25) –

    der Fisch (Z. 21) – der Gast (Z. 3) – das Hotel (Z. 1) – der Kunde (Z. 9) – der Löwe (Z. 25) –

    der Mensch (Z. 1) – der Meter (Z. 19) – der Nachbar (Z. 20) – die Nacht (Z. 34) – der Name (Z. 14) –

    der Pilot (Z. 36) – der Schlafplatz (Z. 23) – der Präsident (Z. 35) – der Alltag (Z. 26) – der Zirkus (Z. 23)   ▶ Ü 2

  d Nennen Sie Ihrem Partner / Ihrer Partnerin vier Nomen aus 3c. Er/Sie schreibt eine kurze Geschichte und liest vor.

▶ Ü 3

 4 Verrückte Hotels: Verkaufen Sie eine Nacht im ...-Hotel. Was ist dort besonders/toll/ faszinierend/...? Sprechen Sie zu zweit.

Hotel Mama

1a Was denken Sie? Was bedeutet der Begriff „Nesthocker"?

Das ist …

☐ jemand, dem eine gemütliche, warme Wohnung sehr wichtig ist.
☐ ein junger Mensch, der ungewöhnlich lange bei seinen Eltern wohnt.
☐ eine Person, die am liebsten zu Hause bleibt und selten ausgeht.

b Gibt es in Ihrer Sprache ein ähnliches Wort?

c Was fällt Ihnen zum Begriff „Nesthocker" ein? Sammeln Sie im Kurs.

2a Lesen Sie den Artikel und unterstreichen Sie die Informationen, die auf die Fragen *wer, wo, was, warum* antworten.

STRATEGIE

W-Fragen stellen

W-Fragen helfen, den Inhalt eines Textes besser zu verstehen: *Wer* tut etwas? *Was* geschieht? *Wann* geschieht es? *Wo* und *warum* passiert es? Und so weiter.

Bei Mama ist's am schönsten

Ein voller Kühlschrank, frische Wäsche, ein geputztes Bad – bei dem Begriff „Hotel Mama" denken viele an einen Betrieb, der hält, was ein gutes Hotel verspricht.

5 _____

Neben reiner Bequemlichkeit sind finanzielle und psychologische Gründe dafür verantwortlich, dass Jugendliche in Deutschland immer länger zu Hause wohnen bleiben. Viele Untersuchungen nennen Geld-
10 probleme und längere Ausbildungszeiten als wichtige Ursachen für die gestiegene Zahl von „Nesthockern". Damit eine gute Ausbildung bezahlt werden kann, bleiben viele Jugendliche länger zu Hause. Aber nicht nur mit der eigenen Wohnung, sondern auch mit Hei-
15 rat und der Planung einer eigenen Familie warten die jungen Leute immer länger.

_____

„Hotel Mama vor allem bei jungen Männern beliebt", meldet das Statistische Bundesamt. Fast die
20 Hälfte (46 %) aller 24-jährigen Männer lebt noch bei den Eltern. Mit 30 Jahren sind es noch 14 % und mit 40 Jahren immerhin noch 4 % der Männer. Von den jungen Frauen wohnt dagegen bereits mit 22 Jahren deutlich weniger als die Hälfte (42 %) bei den Eltern,
25 bei den 24-jährigen Frauen sind es nur noch 27 %. Mit 30 Jahren leben lediglich 5 % und mit 40 Jahren nur noch 1 % der Frauen im elterlichen Haushalt. Die Zahlen beweisen: Der Trend ist eindeutig.

_____

30 Frauen sind meistens schneller unabhängig, weil sie eher ins Berufsleben eintreten und sich oft früher binden. Im Durchschnitt heiraten Frauen mit 27 Jahren, Männer mit über 29 Jahren.

_____

35 In Deutschland ist der „typische Nesthocker" wissenschaftlich identifiziert: männlich, ledig, gebildet und Sohn gut verdienender Eltern. Dieser Typ hat festgestellt, dass sich seine lange Ausbildungszeit und seine hohen finanziellen Ansprüche besonders kom-
40 fortabel dadurch verbinden lassen, dass er bei den Eltern wohnen bleibt.

Die Gründe für den späten Auszug sind vielschichtig und immer individuell. Die Psychologin Elke Herms-Bohnhoff hat verschiedene „Nesthocker-Ty-
45 pologien" entwickelt, darunter die „Lebensplaner": In ihrem Beruf sind sie fleißig, sehen es dafür aber als selbstverständlich an, dass die Eltern sie beherbergen, damit sie ihr Ziel erreichen. Eine weitere Nesthocker-Gruppe sind die „Anhänglichen", die gemeinsame
50 Fernseh- oder Spieleabende mit der Familie lieben.

_____

Überhaupt hat sich die Eltern-Kind-Beziehung geändert, ist ausgeglichener und partnerschaftlicher geworden: Fast 90 % der 12- bis 25-Jährigen geben an,
55 mit ihren Eltern gut klarzukommen. Eine räumliche Trennung gehört auch wegen liberalerer Erziehungsmethoden daher nicht mehr selbstverständlich zum Ablösungsprozess von den Eltern.

b Ordnen Sie die Überschriften den Textabschnitten zu.

Moderne Familie – Ursachen und Gründe – Typologie der Nesthocker – Der Trend in Zahlen – Frauen verlassen das Elternhaus schneller

c Welche Gründe werden im Text <u>für</u> den Trend zum „Hotel Mama" genannt? Notieren Sie und sammeln Sie weitere Argumente.

Pro „Hotel Mama"
lange Ausbildungszeiten

d Was spricht Ihrer Meinung nach <u>gegen</u> das „Hotel Mama"? Diskutieren Sie zu zweit und vergleichen Sie im Kurs.

Contra „Hotel Mama"
auf eigenen Beinen stehen

▶ Ü 1

3 Hören Sie drei Aussagen. Wo wohnen die Personen und warum? Wie unterscheiden sie sich von den „typischen Nesthockern" aus dem Artikel?

1.17-19

Konstantin, 22

Isabell, 21

Tobi, 24

Wo?

_____ _____ _____

Warum?

_____ _____ _____

_____ _____ _____

▶ Ü 2

Hotel Mama

4a Sie bekommen von einem deutschen Freund eine E-Mail. Überfliegen Sie den Text und fassen Sie das Problem Ihres Freundes in einem Satz zusammen.

Hallo …,
wie geht es dir und deiner Familie? Tut mir leid, dass ich mich so lange nicht gemeldet habe. Aber wie du weißt, habe ich gerade meine Ausbildung als Krankenpfleger begonnen und musste mich erst mal so richtig einarbeiten. Jetzt ist der erste Stress vorbei und ich überlege, ob ich von zu Hause ausziehen soll. Ich verstehe mich zwar ganz gut mit meinen Eltern und meiner Schwester, aber mein Zimmer wird mir langsam doch zu eng. Das Geld wäre zwar knapp, denn während der Ausbildung verdiene ich natürlich nicht so viel, aber ich hätte endlich meine eigenen vier Wände. Andererseits müsste ich dann auch alles alleine machen, was wahrscheinlich auch ganz schön anstrengend ist, wenn man abends müde von der Arbeit kommt. Was würdest du denn an meiner Stelle tun?
Lass dir nicht so viel Zeit wie ich und melde dich bald mal!

Viele Grüße
Sebastian

b Ihr Freund möchte Ratschläge von Ihnen. Welche Redemittel können Sie verwenden? Ordnen Sie die Redemittel zu und sammeln Sie weitere im Kurs.

Ich freue mich auf eine Nachricht von dir. – Ich denke, dass … – Mach's gut und bis bald! – Du solltest … – Danke für deine E-Mail. – Du könntest … – Mach dir noch eine schöne Woche und alles Gute – Auf keinen Fall solltest du … – Am besten … – Schön, von dir zu hören … – Meiner Meinung nach solltest du … – Wenn du mich fragst, dann … – Ich habe mich sehr über deine E-Mail gefreut. – An deiner Stelle würde ich …

EINLEITUNG	RATSCHLÄGE GEBEN
SCHLUSS	

c Beantworten Sie die E-Mail Ihres Freundes. Schreiben Sie etwas zu allen vier Punkten. Überlegen Sie sich dabei eine passende Reihenfolge. Denken Sie auch an Anrede, Grußformel, Einleitung und Schluss.

- Wie sieht Ihre momentane Wohn- und Lebenssituation aus?
- Wie wohnen die jungen Leute in Ihrem Land?
- Was sind die Vor- und Nachteile eines Auszugs aus Ihrer Sicht?
- Was würden Sie an Sebastians Stelle tun?

▶ Ü 3

5 Partnerarbeit – Rollenspiel: Entscheiden Sie sich für eine der drei Situationen und übernehmen Sie eine Rolle.

Jakob, 21 Jahre
(Automechaniker)
Sie haben gerade eine wirklich gute Anstellung gefunden. Sie verdienen zwar genug, um von zu Hause auszuziehen, sind sich aber noch nicht ganz sicher.

Wanda, 25 Jahre
(Verkäuferin)
Sie kennen Jakob sehr gut. Seit drei Jahren leben Sie schon in einer eigenen Wohnung und versuchen, Jakob auch zu diesem Schritt zu ermutigen.

Endlich habe ich …
Ja, aber ich bin mir noch nicht sicher. …
Ich befürchte nur, …

Dann kannst du ja jetzt …
Du kommst schon damit klar …
Es ist höchste Zeit, …

Matthias, 23 Jahre (Student)
Sie sind Student und wohnen in einer Wohngemeinschaft. Sie suchen einen Job als Kellner, aber Sie finden keinen. Die Miete ist zu teuer, Sie müssen ausziehen. Ihre Eltern haben Ihnen angeboten, dass Sie wieder bei ihnen einziehen können.

Johannes, 25 Jahre
(Student)
Sie sind der Mitbewohner von Matthias und raten ihm davon ab, wieder zu Hause einzuziehen. Sie bieten ihm finanzielle Unterstützung an.

Sie haben mir angeboten, …
Ich habe wohl keine Wahl. …
Ich kann dir nicht versprechen, …

Überleg dir das gut. …
Wenn du möchtest, kann ich …
Da kannst du dir Zeit lassen. …

Ralf, 54 Jahre (Anwalt)
Ihre Tochter arbeitet seit einem Jahr als Ärztin und wohnt immer noch zu Hause. Zur Klinik braucht sie über eine Stunde mit dem Auto. Sie raten ihr dazu, sich eine Wohnung in der Nähe der Klinik zu suchen.

Maria, 30 Jahre (Ärztin)
Sie möchten eigentlich noch nicht ausziehen, denn Sie haben keine Zeit, eine Wohnung zu suchen und sich darum zu kümmern. Sie versuchen, Ihrem Vater Ihren Standpunkt klarzumachen.

Sag mal, wäre es nicht besser …?
Verstehe mich nicht falsch, aber …
Wir helfen dir schon. …

Wie meinst du das? …
Es ist nicht einfach, …
Ich finde aber, dass …

▶ Ü 4

König Ludwig II. (1845–1886)

Märchenkönig und Technikfreak

Sein ungewöhnliches Leben in den Schlössern

Über den „bayerischen Märchenkönig" gibt es viele Geschichten und Gerüchte. Man beschreibt ihn als verträumt und menschenscheu. Er war ein König mit extremen Ideen und einem ganz eigenen Stil. Er zog sich gerne zurück: in die Natur, die Kunst, die Musik und in die Traumwelt seiner Schlösser. In den Alpen fand er die ideale Kulisse für seine architektonischen Visionen. Hier ließ er die Schlösser *Neuschwanstein, Linderhof, Herrenchiemsee* und viele „kleinere" Königshäuser bauen.

Das Königsschloss Neuschwanstein in Hohenschwangau

nig Mitglieder des französischen Hofes Gesellschaft: sein Vorbild Ludwig XIV. und andere. Natürlich gab es diese Gäste nur in seiner Fantasie, aber er führte mit ihnen lebhafte Gespräche und prostete ihnen zu.

Mit größter Neugierde verfolgte der König den technischen Fortschritt. Er brauchte die modernste Technik, um seine Fantasien zu verwirklichen. Seine größte Leidenschaft waren Farb-, Licht- und Klangeffekte. In einem seiner Schlafzimmer schien ein Mond von einem künstlichen Sternenhimmel auf sein Bett. Eine weitere Attraktion versteckt sich in Ludwigs Speisezimmer: Das „Tischlein-deckdich", ein versenkbarer Tisch, an dem der König speisen konnte, ohne dass sein Personal ihn störte. Ein Stockwerk tiefer befand sich die Küche. Dort deckte man den Tisch. Eine Art Aufzug brachte ihn durch den Fußboden direkt nach oben ins Speisezimmer. Meistens leisteten dem Kö-

„Tischlein-deck-dich" im Schloss Herrenchiemsee

Wohnen im Märchenschloss – auch im 21. Jahrhundert?

Wohnen in Neuschwanstein: Meine Adresse? Wolkenkuckucksheim!

Markus Richter kennt das Gefühl, von vielen Menschen umringt zu sein. Viele Jahre hat er die Touristen durch den Königspalast geführt. Innerhalb von 30 Minuten wird jede Gruppe durch 30 Räume geschleust. Insgesamt 1,34 Millionen Besucher waren es im Jahr 2010 im Schloss Neuschwanstein. Kein anderes deutsches Bauwerk wird so sehr mit Sehnsüchten und Romantik verknüpft. Markus Richter ist Kastellan in Neuschwanstein. Er sagt: „Neuschwanstein hat zwei Gesichter, es gibt den Trubel am Tag und die Ruhe am Abend." Und dann sagt er einen Satz, den ein Kastellan eigentlich nicht sagen sollte: „Erst ohne Publikum entfaltet das Schloss seine ganze Schönheit." Wenn die letzten Gäste gegangen sind und er das große Eingangstor abschließt, legt sich eine erschöpfte Stille über die Burg. Wenn keine Fotoapparate mehr klicken. Wenn kein Laut mehr durch meterdicke Mauern dringt. Wenn von der Pöllatschlucht ein Wind heraufzieht und mit einem sanften Heulen durch den Schlosshof streift – „dann ist man weit weg von der Wirklichkeit", sagt Richter, „dann ist das ein wirklich magischer Ort."

www ► Mehr Informationen zu Ludwigs Schlössern.

Sammeln Sie Informationen über Persönlichkeiten aus dem In- und Ausland, die für das Thema „Wohnen" interessant sind, und stellen Sie sie im Kurs vor. Sie können dazu die Vorlage „Porträt" im Anhang verwenden.

Beispiele aus dem deutschsprachigen Bereich: Walter Gropius – Friedensreich Hundertwasser – Regine Leibinger – Annette Gigon – Herzog & de Meuron

1 Trennbare und untrennbare Verben

Präfixe	Beispiele
trennbar	**ab**/fahren, **an**/sehen, **auf**/räumen, **aus**/ziehen, **bei**/stehen, **dar**/stellen, **ein**/kaufen, **fest**/stellen, **fort**/setzen, **her**/kommen, **herum**/stehen, **hin**/fallen, **los**/fahren, **mit**/nehmen, **nach**/denken, **rein**/kommen, **vor**/stellen, **vorbei**/kommen, **weg**/laufen, **weiter**/gehen, **zu**/hören
untrennbar	**be**ginnen, **ent**scheiden, **er**zählen, **ge**fallen, **miss**fallen, **ver**stehen, **zer**reißen

In diesen Fällen wird das trennbare Verb nicht getrennt:
- Nebensatz: *Sie sagt, dass sie die Wohnung aufräumt.*
- Verb im Partizip II: *Sie hat die Wohnung aufgeräumt.*
                                                    Die Wohnung wird aufgeräumt.
- Verb im Infinitiv (mit oder ohne *zu*): *Sie hat begonnen, die Wohnung aufzuräumen.*
                                                    Sie möchte die Wohnung aufräumen.

2 Deklination der Nomen: n-Deklination

Zur n-Deklination gehören:
- nur <u>maskuline</u> Nomen mit folgenden Endungen:

-e:	der Junge	*-ist:* der Polizist	*-at:* der Soldat
-graf:	der Fotograf	*-agoge:* der Pädagoge	*-ot:* der Pilot
-it:	der Bandit	*-ant:* der Praktikant	*-ent:* der Student
-soph:	der Philosoph	*-and:* der Doktorand	*-loge:* der Psychologe

- einige <u>maskuline</u> Nomen ohne Endung: *der Mensch, der Herr, der Nachbar, der Held, der Bauer …*

Deklination der Nomen:

	Maskulinum			Neutrum	Femininum
Singular		n-Deklination			
Nominativ	der Traum	der Kunde	der Mensch	das Haus	die Unterkunft
Akkusativ	den Traum	den Kunde**n**	den Mensch**en**	das Haus	die Unterkunft
Dativ	dem Traum	dem Kunde**n**	dem Mensch**en**	dem Haus	der Unterkunft
Genitiv	des Traum**es***	des Kunde**n**	des Mensch**en**	des Haus**es***	der Unterkunft
Plural					
Nominativ	die Träume	die Kunden	die Menschen	die Häuser	die Unterkünfte
Akkusativ	die Träume	die Kunden	die Menschen	die Häuser	die Unterkünfte
Dativ	den Träume**n****	den Kunden	den Menschen	den Häuser**n****	den Unterkünfte**n****
Genitiv	der Träume	der Kunden	der Menschen	der Häuser	der Unterkünfte

*   Im Genitiv Singular enden Nomen im Maskulinum und Neutrum meist auf *-(e)s*. Ausnahmen:
     Nomen der n-Deklination und Adjektive als Nomen (z. B. *das Gute – des Guten*).
** Im Dativ Plural enden die meisten Nomen auf *-n*. Ausnahme: Nominativ Plural auf *-s* (*die Autos –*
     den Autos).

Einige Nomen haben im Genitiv Singular die Endung *-ns* (Mischformen):
der Name, des Namens   *der Glaube, des Glaubens*   *das Herz, des Herzens*
der Buchstabe, des Buchstabens   *der Wille, des Willens*

Von Nesthockern und Heimschläfern

1 Sehen Sie sich den ganzen Film an. Wie finden Sie die Familien?

2a Bilden Sie Gruppen und entscheiden Sie sich für eine Familie. Sehen Sie den Film noch einmal. Was erfahren Sie über die Familie? Machen Sie Notizen zu den Familienmitgliedern und zu ihrem Zusammenleben.

b Stellen Sie „Ihre" Familie vor und vergleichen Sie die drei Familien im Kurs.

Familie Leupelt

Mutter Renate
Ich bin die Chefin im Haushalt. Anschaffen kann ich nur meinem Mann etwas. Meine Tochter sagt, „Lass mein Zeug in Ruh." Ich kann's aber nicht. Ich gehe hoch und mache so einige Handgriffe.

Vater Herbert
Auf eine Art möchte ich meine Freiheit haben. Ich hätte ganz gern, wenn die beiden zwei Straßen weiter wohnen würden.

Tochter Angelika, 46
Zu Hause bin ich das kleine Kind, das Befehle entgegennimmt und sich nach den Regeln richtet, ob's mir passt oder nicht.

Enkel Maximilian

Familie Zeisig

Mutter Evi
Ich mag halt alles geordnet. Da hat der Robert überhaupt kein Interesse dran. Wahrscheinlich haben wir ihn zu sehr verwöhnt.

Vater Reinhold

Sohn Robert, 32
Meine Mutter macht eigentlich komplett alles. Das ist doch verdammt schön.

Freundin Nicole
Aber es ist immer die Mama im Spiel. Die Mama ist immer da, Mama, Mama, Mama!

Familie Retzlaff

Mutter Gisela
Ich will, dass sie selbstständig werden. Doch der Verstand sagt so und das Herz sagt etwas anderes. Das Herz sagt, ich finde es schön, wenn sie da sind.

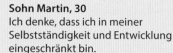

Sohn Matthias, 35
Vieles macht meine Mutter einfach. Ich würde es auch machen, aber sie kommt mir immer zuvor, sie hat mehr Zeit. So wird man halt bedient und hofiert.

Sohn Martin, 30
Ich denke, dass ich in meiner Selbstständigkeit und Entwicklung eingeschränkt bin.

3 Warum wohnen die erwachsenen Kinder noch zu Hause? Wie finden Sie das? Diskutieren Sie.

4 Überlegen Sie sich in der Gruppe einen Dialog zwischen den Familienmitgliedern „Ihrer" Familie (z. B. beim Essen, Putzen, im Garten …) und spielen Sie die Szene vor.

5a *entweder ... oder*: Suchen Sie elf Gegenteilpaare.

selbstbewusst	loslassen
Macht	selbstständig
abhängig	Kontrolle
ängstlich	Verzweiflung
Risiko	sich binden
behindern	Sicherheit
ändern	mutig
Hoffnung	fördern
Freiheit	schüchtern
sich lösen	Ohnmacht
festhalten	gleich bleiben

b Wählen Sie drei Begriffe. Welche Assoziationen verbinden Sie damit? Sammeln Sie im Kurs.

Mutter Erde – Mutterliebe – Mutterrolle – mutterseelenallein – Muttersöhnchen – Muttersprache – Rabenmutter – Schwiegermutter – Stiefmutter – Übermutter

6a Evi Zeisig, Renate Leupelt und Gisela Retzlaff gehen ganz in ihrer Mutterrolle auf. Beschreiben Sie die Aktivitäten der Mütter auf den Fotos. Was machen sie alles für ihre erwachsenen Kinder?

b Würde sich etwas ändern, wenn sie weniger für ihre Kinder tun würden? Diskutieren Sie.

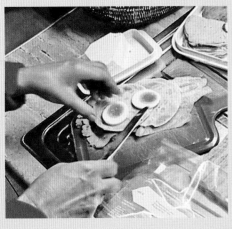

7 Was denken Sie: Wie sieht die Zukunft der „Nesthocker" aus?

Wie geht's denn so?

1a Sehen Sie die Bilder an und diskutieren Sie in Gruppen. Welche Ratschläge werden hier gegeben?

b Ordnen Sie zu und schreiben Sie die Sprichwörter zu den Bildern.

1. _d_ Den Kopf halt kühl, die Füße warm, …

2. ____ Nach dem Essen sollst du ruhn …

3. ____ Mit den Hühnern ins Bett …

4. ____ Iss morgens wie ein Kaiser, mittags wie …

5. ____ Ein Apfel am Tag, …

a … und mit ihnen aufstehen.

b … mit dem Doktor keine Plag'.

c … ein Edelmann, abends wie ein Bettler.

d … das macht den besten Doktor arm.

e … oder tausend Schritte tun.

2a Wählen Sie drei Sprichwörter aus. Warum sollte man die Ratschläge befolgen?

b Welchen Rat befolgen Sie bereits? Welches Sprichwort möchten Sie in Zukunft in die Tat umsetzen?

3 Gibt es in Ihrer Sprache ähnliche Sprichwörter? Wählen Sie ein Sprichwort aus. Übersetzen und erklären Sie es in der Gruppe.

Eine süße Versuchung

1a Welche Süßigkeit oder Süßspeise mögen Sie am liebsten? Machen Sie eine Umfrage im Kurs. Notieren Sie die fünf beliebtesten.

Schokolade, Tiramisu ...

b Vergleichen Sie Ihre Ergebnisse mit der Umfrage rechts. Welche Gemeinsamkeiten und Unterschiede gibt es?

Bei uns isst man mehr/weniger / (überhaupt) kein ...
In ... gibt es andere Süßigkeiten: ...

> **Top 5**
> **der beliebtesten Süßigkeiten**
> **in Deutschland**
>
> 1. Kekse
> 2. Fruchtgummi
> 3. Schokolade
> 4. Schokoriegel
> 5. Bonbons

c Welche Adjektive passen zu den Süßigkeiten/Süßspeisen aus der Umfrage?

süßlich	sauer	bitter	zartbitter	cremig	scharf	gewürzt	sahnig
säuerlich	herb	gepfeffert	köstlich	leicht	aromatisch	fruchtig	zuckersüß

2a Wissenswertes rund um die Schokolade. Lesen Sie die Texte und formulieren Sie für jeden Text eine Überschrift.

1 _____

Die Hauptbestandteile der Schokolade sind schnell verraten: Neben Kakao enthalten alle Tafeln Vollmilchschokolade etwa 30 Prozent Fett und bis zu 50 Prozent Zucker. Kein Wunder also, dass in 100 Gramm des süßen Vergnügens viele Kalorien stecken. In fast jede Schokolade werden Geschmacksverbesserer gegeben. Milch- oder Sahnepulver machen das Ganze schön cremig. Nüsse und Nougat, Karamell und Marzipan sorgen für zusätzliche Geschmacksvarianten. Das bitter-herbe Aroma von Bitterschokolade entsteht dadurch, dass sie mindestens 60 Prozent Kakao enthält.

3 _____

Die Mayas in Mittelamerika zählten zu den größten Schokoladenfans. Ethnologen entdeckten in einem 1500 Jahre alten Gefäß Kakao. Schon 600 Jahre vor Christus heilten Indianer in ihren Dörfern mithilfe eines Getränks aus Kakao Fieber und Husten. Später entwickelten die Azteken, die auf dem Gebiet des heutigen Mexikos lebten, die Traditionen weiter. Sie mischten Kakaopulver mit Wasser. Die mit Honig gesüßte Variante dürfte dem heutigen Kakao am nächsten stehen.

2 _____

Schokolade ist Nervennahrung. Sie enthält ein ganzes Paket von Substanzen, die unsere Psyche beeinflussen, z. B. Koffein. Viel größere Einflüsse auf die menschliche Psyche hat der hohe Zuckergehalt. Durch das Naschen der süßen Köstlichkeiten wird das Glückshormon Serotonin produziert.

4 _____

Schokoliebhaber gibt es überall auf der Welt. Spitzenreiter im Schokoladenessen sind die Schweizer: 12,4 Kilo isst jeder Schweizer pro Jahr. Danach folgen die Deutschen (11,4 kg), die Engländer (10,4 kg), die Belgier (10,1 kg), die Norweger (9,7 kg) und die Österreicher (8,2 kg). In Deutschland steigt die Zahl der feinen Schokoladenläden. Für Kinder gibt es eine ganze Reihe spezieller Produkte wie zum Beispiel das berühmte Kinderüberraschungsei.

b Welche Information aus den Texten ist für Sie am interessantesten?

Mich hat total überrascht, dass … *Besonders interessant finde ich …*
Erstaunlich finde ich … *Für mich war neu, …* ▶ Ü 1

3 An welchen Fest- und Feiertagen verschenkt man
in Ihrem Land Schokolade?

In meinem Land verschenkt man zu Ostern keine …
Bei uns bekommen die Frauen am Valentinstag …
Zu Nikolaus …

4a Nomen im Plural. Schreiben Sie die Pluralendungen in die Tabelle. Wenn nötig,
helfen Ihnen die Texte in 2a. Ergänzen Sie dann die Pluralform der Beispiele.

TIPP Lernen Sie bei jedem neuen
Nomen neben dem Artikel auch
die Pluralendung mit.

-s	-(¨)Ø̶	-(e)n	-(¨)e	-(¨)er

G

	Plural-endung	**Welche Nomen?**	**Beispiel**
1.	-(¨)Ø	– maskuline Nomen auf *-en/-er/-el* – neutrale Nomen auf *-chen/-lein*	*der Norweger –* __die Norweger__ *der Laden –* _____
2.		– fast alle femininen Nomen (ca. 96 %) – maskuline Nomen auf *-or* – alle Nomen der n-Deklination	*die Tafel –* _____ *die Tradition –* _____
3.		– die meisten maskulinen und neutralen Nomen (ca. 70 %)	*der Bestandteil –* _____ *der Einfluss –* _____
4.		– einsilbige neutrale Nomen – Nomen auf *-tum*	*das Kind –* _____ *das Dorf –* _____
5.		– viele Fremdwörter – Abkürzungen – Nomen mit *-a/-i/-o/-u* am Wortende	*der Schokoladenfan –* _____

b Rund ums Essen: Bilden Sie den Plural.

der Kuchen – die Torte – die Zutat – das Restaurant – der Löffel – der Feinschmecker – der Kaugummi –
das Kaffeehaus – der Konsument – das Glas – die Mahlzeit – das Getränk – der Gast – der Ernährungstipp –
das Gericht – die Nachspeise – der Koch – die Süßigkeit – der Konditor ▶ Ü 2–4

5 Stellen Sie im Kurs eine typische Süßigkeit oder Süßspeise aus Ihrem Land vor.

Das isst man an/zu … *Das schmeckt nach …* *Dafür braucht man …* *Das macht man aus …*

Frisch auf den Tisch?!

1a Lesen Sie die Aussagen und kreuzen Sie Ihre Vermutungen an. Vergleichen Sie mit Ihrem Partner / Ihrer Partnerin.

In Deutschland ...

1. ... kaufen die Menschen in Supermärkten ein.

☐ immer   ☐ meistens   ☐ selten

2. ... ist der Preis der Lebensmittel für viele Kunden ...

☐ am wichtigsten   ☐ wichtig   ☐ weniger wichtig

3. ... achten viele Leute darauf, Bioprodukte zu kaufen.

☐ stimmt   ☐ stimmt nicht

4. ... macht fast jeder Haushalt einmal pro Woche einen Großeinkauf.

☐ stimmt   ☐ stimmt nicht

5. ... werden viele Tiefkühlwaren und Fertiggerichte gekauft.

☐ stimmt   ☐ stimmt nicht

6. ... lesen die Kunden die Etiketten auf den Produkten.

☐ stimmt   ☐ stimmt nicht

7. ... wissen die Verbraucher, was wie viele Kalorien hat.

☐ wenige   ☐ einige   ☐ die meisten

8. ... werfen die Bürger ... Lebensmittel pro Woche weg.

☐ 500 g   ☐ 1 kg   ☐ mehr

▶ Ü 1

1.20

b Hören Sie den Radiobeitrag zum Thema „Rundum gesund". Waren Ihre Vermutungen in 1a richtig?

c Welche Informationen aus dem Beitrag waren neu für Sie? Sprechen Sie im Kurs.

d Arbeiten Sie in Gruppen. Antworten Sie für Ihr Land auf die Fragen in 1a. Notieren Sie die Antworten und stellen Sie drei interessante Informationen (Unterschiede, Gemeinsamkeiten ...) im Kurs vor.

2a Sehen Sie das Foto an. Wofür wirbt diese Aktion?

b Thorsten hat sich im Internet über die Aktion „Zu gut für die Tonne" informiert. Er erzählt seinem Mitbewohner Hannes davon. Lesen Sie die Aussagen und hören Sie das Gespräch. Sind die Aussagen richtig oder falsch?

1.21

	richtig	falsch
1. Die Aktion wird von einem Verein durchgeführt.	☐	☐
2. Ein Viertel der Lebensmittel landet im Müll.	☐	☐
3. Auf der Homepage werden Rezepte angeboten.	☐	☐
4. Die Aktion schlägt vor, weniger einzukaufen.	☐	☐
5. Es gibt Tipps, wie man frische Lebensmittel schnell verbraucht.	☐	☐
6. Alle Informationen gibt es im Internet und als App.	☐	☐
7. Bekannte Persönlichkeiten unterstützen die Aktion.	☐	☐

3a Lesen Sie die Nachrichten und Kommentare im Forum zum Thema „Teller statt Tonne". Welche Meinung teilen Sie (nicht)? Warum?

> ● ● ●
>
> **Sonia** · 15.07. | 16:30 Uhr
> Ich gestehe: Ich schmeiße Lebensmittel weg. Ich will nur frische Sachen essen. Und wenn ein Joghurt länger rumsteht, dann mag ich ihn nicht mehr.
>
> **Rudolf** · 13.07. | 12:56 Uhr
> Es gibt ja auch Verrückte, die holen noch gute Lebensmittel aus den Containern von Supermärkten und Brotfabriken. Aber offiziell ist das verboten. Und das ist doch total ekelig!
>
> **Familie Winter** · 09.07. | 18:12 Uhr
> Wir waren gerade bei der Aktion „Teller statt Tonne". Es ist nicht zu glauben, wie viele Lebensmittel im Müll landen! Wir waren schockiert!!! Jeder sollte verantwortungsvoll mit dem Essen umgehen. Jetzt wollen wir Aktionen in der Nachbarschaft machen und darüber informieren. Wer macht mit?
>
> **Sascha** · 23.06. | 22:46 Uhr
> Der eigentliche Skandal ist doch, dass Supermärkte gute Lebensmittel entsorgen, weil sie nicht mehr so schön aussehen und wegwerfen billiger ist als lagern. Das sollten die lieber an Leute, die wenig Geld haben, spenden.

▸ Ü 2

b Wählen Sie eine Nachricht aus und schreiben Sie eine Antwort.

Liebe Familie Winter, die Aktion finde ich gut, aber es sollte doch jeder …
Hallo Rudolf, vielleicht findest du die Sache ja verrückt. Trotzdem …

c Tauschen Sie sich in Gruppen aus. Wer vertritt die gleiche Meinung?

d Welche Tipps können Sie gegen Lebensmittelverschwendung geben? Sammeln Sie im Kurs.

▸ Ü 3

Lachen ist gesund

1 Wie oft lachen Sie am Tag? Wann haben Sie das letzte Mal herzhaft gelacht? Worüber?

2a Lesen Sie den Zeitungsartikel. Wählen Sie für jeden Abschnitt eine passende Überschrift.

____ Anwendung des Wissens in Kursen   ____ Anmeldung zum Lach-Yoga

____ Eine neue Wissenschaft   ____ Auswirkungen des Lachens auf den Körper

____ Längeres Leben durch Lachen   ____ Lachen in deutschen Sprichwörtern

Lachen ist gesund

A Der Volksmund vermutete schon immer: „Lachen ist gesund." Deswegen sagt man in Deutschland „Lachen ist die beste Medizin.", in Indien „Der beste Doktor ist das Lachen." und in Italien „Lachen macht
5 gutes Blut." Für diese Volksweisheiten gibt es längst wissenschaftliche Beweise und ein neues Fachgebiet, die Lachforschung (Gelotologie). Sie untersucht die positiven Auswirkungen des Lachens auf den menschlichen Körper.

10   **B** Lachen aktiviert im Körper eine große Anzahl von Prozessen, die Körper und Psyche positiv beeinflussen: So werden beim Lachen wertvolle Hormone für die Gesundheit gebildet. Zu diesen wichtigen Hormonen gehören sogenannte Endorphine. Sie wirken
15 gegen Depressionen und stärken das Immunsystem. Außerdem wird die Menge schädlicher Stresshormone im Blut geringer. Zudem kann ein Lachen, bei dem die Tränen fließen, ein perfekter Herzschutz sein, denn durch die Bewegung der Muskeln verbessert sich
20 auch die Durchblutung. Intensives Lachen verbraucht aber auch bis zu 50 Kilokalorien in zehn Minuten und kann eine Hilfe beim mühevollen Abnehmen sein.

C Während Kinder bis zu 400 Mal am Tag lachen, tun Erwachsene das im Durchschnitt nur
25 noch 15 Mal. Doch wer lacht, lebt nicht nur gesünder, sondern auch länger. Beim Lachen bewegt man nicht nur die meisten der 21 Gesichtsmuskeln, sondern insgesamt bis zu 300 Muskeln im ganzen Körper. Bei welchem anderen Sport passiert so etwas?
30 Für diese kurze Zeit des Lachens gerät der Körper in einen positiven Stresszustand, der unser Leben erfrischt und verlängert.

D Um die gesunde und therapeutische Wirkung des heftigen Lachens intensiver zu nutzen, hat der
35 indische Arzt Madan Kataria vor einiger Zeit das sogenannte Lach-Yoga entwickelt. Beim Lach-Yoga soll der Mensch über die motorische Ebene zum Lachen kommen: Ein anfänglich künstliches Lachen soll in ein echtes Lachen übergehen. Die Lach-Yoga-
40 übungen sind eine Kombination aus Klatsch-, Dehn- und Atemübungen, verbunden mit pantomimischen Übungen, die zum Lachen anregen. Praktiziert werden sie in Lachclubs. Dort kann jeder mitmachen, Jung und Alt.

▶ Ü 1

b Notieren Sie aus dem Text, welche Auswirkungen Lachen haben kann.

Hormone werden gebildet, …

c Arbeiten Sie zu zweit. Erklären Sie sich gegenseitig, warum Lachen gesund ist. Verwenden Sie Ihre Notizen aus 2b.

3a Ergänzen Sie die Adjektive im Text.

schädlicher	therapeutische		wissenschaftliche	
gesunde	indische	menschlichen	~~neues~~	perfekter
		beste		

Die Gelotologie ist ein (1) _neues_ Fachgebiet, das sich mit den Auswirkungen des Lachens auf den

(2) _____ Körper beschäftigt. Ende der 60er-Jahre begannen Experten,

(3) _____ Beweise zu suchen, dass Lachen die (4) _____ Medizin ist.

Lachen verringert nicht nur die Menge (5) _____ Stresshormone, sondern ist auch

ein (6) _____ Herzschutz. Der (7) _____ Arzt Madan Kataria hat das Lach-

Yoga entwickelt, um die (8) _____ und (9) _____ Wirkung des

Lachens intensiver zu nutzen.

b Deklination der Adjektive. Ordnen Sie die Adjektive aus 2a mit den Nomen in die Tabelle. G

	Typ I: mit bestimmtem Artikel	Typ II: mit unbestimmtem Artikel	Typ III: ohne Artikel
Singular		*ein neues Fachgebiet*	
Plural			

4 Erstellen Sie in drei Gruppen Lernplakate mit den Adjektivendungen im Singular und Plural. Jede Gruppe übernimmt einen Typ.

STRATEGIE | **Mit Plakaten lernen**
Mit einem Lernplakat kann man komplexen Lernstoff visuell darstellen. Mit Zeichen, Farben, Symbolen usw. kann man Zusammenhänge vereinfachen und hervorheben. ▶ Ü 2–6

5 Schreiben Sie eine kurze E-Mail an einen Freund / eine Freundin. Informieren Sie ihn/sie über den Zeitungsartikel aus 2a. Benutzen Sie möglichst viele Adjektive. Schreiben Sie zu folgenden Punkten:

- über welches Thema der Artikel berichtet
- warum Sie den Artikel interessant finden
- welche Erkenntnisse für Sie neu sind
- ob Sie einen Lach-Yoga-Kurs besuchen würden

Bloß kein Stress!

1a Sind Sie ein Frühaufsteher oder ein Nachtmensch? Fällt Ihnen das Aufstehen schwer oder springen Sie morgens fröhlich aus dem Bett? Berichten Sie.

b Wie sieht ein typischer Tag bei Ihnen aus? Notieren Sie Stichpunkte und vergleichen Sie mit einem Partner / einer Partnerin. Was ist gleich? Wo sind Unterschiede?

6 Uhr aufstehen, joggen, duschen, mit der S-Bahn zur Uni

*Im Gegensatz zu Peter mache ich am Nachmittag immer ...
Bei uns ist das ähnlich. Wir beide gehen um 8:30 Uhr ...*

*Bei mir ist das ganz anders.
Während Peter abends ..., mache ich ...*

c Wann können Sie am besten konzentriert lernen bzw. arbeiten? Wann sind Sie besonders müde?

2 Lesen Sie den Text und fassen Sie die Hauptaussagen mündlich zusammen.

Früher bestimmten Tag und Nacht, Licht und Dunkelheit den Alltag der Menschen. Wir entwickelten einen typischen Biorhythmus. Am Tag gab es ein Leistungshoch, an dem die Menschen aktiv waren, in der Nacht ein Leistungstief, in dem die Menschen schliefen und sich ausruhten. Seit der Erfindung der Glühbirne ist alles anders: Wir Menschen machen die Nacht zum Tag. Wir leben immer mehr gegen unseren Biorhythmus, denn die inneren Uhren lassen sich nicht einfach verstellen. Die Folge sind zu wenig Schlaf und Müdigkeit und immer mehr Fehler, Unfälle und Krankheiten.

1.22
3a Hören Sie einen Radiobeitrag zum Thema „Biorhythmus". Wann ist unsere Leistungsfähigkeit am höchsten? Notieren Sie.

▶ Ü 1

b Was macht man am besten wann? Hören Sie den Beitrag noch einmal und ergänzen Sie das Schema in Stichpunkten.

13 Uhr:

9 bis 12 Uhr:

15 bis 17 Uhr:

7 Uhr:
aufstehen, duschen, frühstücken,
zu Fuß zur Arbeit gehen

ab 18 Uhr:

c Was halten Sie von den Empfehlungen? Vergleichen Sie mit Ihrem Tagesablauf.

Bloß kein Stress!

4a Sehen Sie sich die Fotos an und lesen Sie. In welcher Situation wären Sie besonders gestresst? Beschreiben Sie andere Situationen, in denen Sie sehr gestresst waren oder immer wieder sind.

Heute ist Ralfs erster Tag in der neuen Firma. Er kennt die neuen Kollegen nicht und auch die Arbeitsaufgaben sind neu für ihn.

Es ist 16 Uhr und Helena hat morgen um 9 Uhr eine wichtige Prüfung. Sie hat aber erst die Hälfte des Prüfungsstoffes gelernt.

Endlich hat Tatjana eine neue Wohnung gefunden. In zwei Wochen kann sie schon einziehen. Aber sie muss noch die alte Wohnung renovieren und einen Nachmieter finden.

Sven und Ute heiraten in drei Wochen und wollen ein großes Fest machen. Allerdings haben sie bis jetzt noch nichts organisiert.

b Arbeiten Sie in Gruppen und wählen Sie zwei Situationen aus. Was könnten die Personen tun? Vergleichen Sie Ihre Lösungsvorschläge im Kurs.

Ralf sollte zuerst mit seiner Chefin reden und ...

▶ Ü 2 *Tatjana kann eine Anzeige aufgeben und ...*

5 Wie kann man sich in Stresssituationen entspannen? Formulieren Sie zu zweit fünf Tipps.

Vor dem Schlafengehen ein Glas heiße Milch zu trinken hilft beim Einschlafen.
Ein langer Spaziergang ist ein gutes Mittel gegen Stress.

6a Lesen Sie den Beitrag im Stress-Forum. Welche Probleme hat Doris?

Forum ▸ **Arbeitsstress**   *stress*.net

Doris   heute | 20:29
Hallo,
seit ich in dieser neuen Firma arbeite, bin ich so richtig gestresst. Eigentlich macht mir
die Arbeit Spaß, aber gleichzeitig fühle ich mich total überfordert. Ich muss mit einem
Computerprogramm arbeiten, das ich noch nicht gut kenne, und alles muss immer
schnell gehen. So habe ich gar keine Zeit, mich richtig einzuarbeiten. Die Chefin ist
eigentlich ganz nett, die Kollegen auch. Aber ein Kollege macht mir das Leben schwer.
Wenn er einen Fehler macht oder etwas noch nicht erledigt hat, schiebt er es mir in die
Schuhe. Ich bin schon so gestresst, dass ich mich gar nicht mehr richtig konzentrieren
und auch nachts nicht schlafen kann. Wer hat ähnliche Erfahrungen gemacht und kann
mir vielleicht helfen?

(Antworten)   (Neuer Beitrag)

SPRACHE IM ALLTAG

Im Deutschen gibt es viele Wendungen mit dem Wort
„Stress":
Mach bloß keinen Stress.   *Bist du gestresst?*
Stress mich nicht!   *Lass dich nicht stressen.*
Mein Tag war total stressig.

b Sie wollen Doris antworten. Nummerieren Sie, in welcher Reihenfolge Sie am besten über die
einzelnen Punkte schreiben.

___ Tipps geben   ___ über eigene Erfahrungen berichten   ___ Verständnis für Doris' Situation äußern

c Welche Redemittel passen zu welchem Gliederungspunkt?

Ich kann gut verstehen, dass …	An deiner Stelle würde ich …	Ich habe ähnliche Erfahrungen gemacht, als …
Es ist ganz natürlich, dass …	Mir hat … sehr geholfen.	Mir ging es ganz ähnlich, denn …
Es ist verständlich, dass …	Ich würde dir raten, …	Bei mir war das damals so: …

d Was wollen Sie schreiben? Notieren Sie Stichpunkte.

eigene Erfahrungen   Tipps
Start in einem neuen Job   *mit Chefin sprechen*
wenig Zeit für neue Aufgaben   *…*
…

e Formulieren Sie Ihren Beitrag. Hängen Sie dann alle Beiträge unter den Beitrag von Doris, sodass
ein richtiges Forum entsteht. Wählen Sie einen weiteren Beitrag aus, auf den Sie antworten.   ▸ Ü 3

Lindt & Sprüngli

Eine Erfolgsgeschichte

Im Jahr 1845 beschlossen der Konditor David Sprüngli-Schwarz und sein Sohn Rudolf Sprüngli-Ammann, in ihrer kleinen Konditorei in Zürich Schokolade in fester Form herzustellen. Bis dahin konnte man in der deutschsprachigen Schweiz Schokolade nur trinken.

Rodolphe Lindt

Die neue Schleckerei fand rasch den Zuspruch der feinen Zürcher Gesellschaft, sodass man nach zwei Jahren die Schokoladenfabrikation in eine kleine Fabrik verlagerte und kurz darauf eine weitere große Konditorei eröffnete.

Als sich Rudolf Sprüngli-Ammann 1892 aus dem Berufsleben zurückzog, war er für die Qualität seiner Produkte bekannt und als Fachmann hoch angesehen. Seine Geschäfte teilte er unter den beiden Söhnen auf. Der jüngere David Robert erhielt die beiden Confiserien, die unter ihm und seinen Nachfolgern weltweit bekannt wurden. Dem älteren der Brüder, Johann Rudolf Sprüngli-Schifferli sprach der Vater die Schokoladenfabrik zu.

Der weitsichtige und risikofreudige Unternehmer vergrößerte zunächst die Fabrikanlagen und brachte sie auf den neuesten Stand der Technik. 1899 erbaute er eine neue Fabrik und erwarb die zwar kleine, aber berühmte Schokoladenmanufaktur von Rodolphe Lindt in Bern. Durch diesen Schritt gingen nicht nur die Anlagen, sondern auch die Fabrikationsgeheimnisse und die Marke von Rodolphe Lindt auf die junge Firma über. Lindt war der wohl berühmteste Schokoladenfabrikant seiner Zeit. Seine „Schmelzschokolade" wurde rasch berühmt und trug wesentlich zum weltweiten Ruf der Schweizer Schokolade bei. 1905 schieden Rodolphe Lindt und seine Verwandten aus der Firma aus.

Anfang des 20. Jahrhunderts stieg die Schokoladenproduktion enorm, besonders für den Export. An diesem Aufschwung hatte Lindt & Sprüngli kräftig Anteil. Allerdings führten die Wirtschaftskrisen der 20er- und 30er-Jahre nach und nach zu einem Rückgang des Absatzes im Ausland. Der Zweite Weltkrieg hatte zur Folge, dass Zucker und Kakao knapp waren. Lindt & Sprüngli überstand die Krisenzeiten.

Rudolf Sprüngli-Amman

Nach dem Krieg stieg die Nachfrage im In- und Ausland sofort wieder. Heute verfügt die Gruppe über Gesellschaften mit eigener Produktion in vielen Teilen der Welt. Lindt & Sprüngli ist seit 1986 an der Schweizer Börse gelistet. Die Anteile befinden sich überwiegend in schweizerischem Besitz.

 www Mehr Informationen zu Lindt & Sprüngli.

Sammeln Sie Informationen über Persönlichkeiten aus dem In- und Ausland, die zum Thema „Gesundheit" interessant sind, und stellen Sie sie im Kurs vor. Sie können dazu die Vorlage „Porträt" im Anhang verwenden.

Beispiele aus dem deutschsprachigen Bereich: Sebastian Kneipp – Julius Maggi – Julius Meinl – Sarah Wiener – Marie Heim-Vögtlin

1 Pluralbildung der Nomen

	Plural-endung	Welche Nomen?	Beispiel
1.	-(¨)Ø	– maskuline Nomen auf *-en/-er/-el* – neutrale Nomen auf *-chen/-lein*	*der Norweger – die Norweger* *der Laden – die Läden*
2.	-(e)n	– fast alle femininen Nomen (ca. 96 %) – maskuline Nomen auf *-or* – alle Nomen der n-Deklination	*die Tafel – die Tafeln* *die Tradition – die Traditionen*
3.	-(¨)e	– die meisten maskulinen und neutralen Nomen (ca. 70 %)	*der Bestandteil – die Bestandteile* *der Einfluss – die Einflüsse*
4.	-(¨)er	– einsilbige neutrale Nomen – Nomen auf *-tum*	*das Kind – die Kinder* *das Dorf – die Dörfer*
5.	-s	– viele Fremdwörter – Abkürzungen – Nomen mit *-a/-i/-o/-u* am Wortende	*der Schokoladenfan – die Schokoladenfans*

2 Deklination der Adjektive

Typ I: mit bestimmtem Artikel

	der Körper	das Fachgebiet	die Wirkung	Körper (Pl.)
N	der menschlich**e**	das neu**e**	die therapeutisch**e**	die menschlich**en**
A	den menschlich**en**	das neu**e**	die therapeutisch**e**	die menschlich**en**
D	dem menschlich**en**	dem neu**en**	der therapeutisch**en**	den menschlich**en**
G	des menschlich**en**	des neu**en**	der therapeutisch**en**	der menschlich**en**

auch nach Fragewörtern: *welcher, welches, welche*; Demonstrativartikeln: *dieser, dieses, diese; jener, jenes, jene*; Indefinitartikeln: *jeder, jedes, jede; alle* (Pl.), Negationsartikeln und Possessivartikeln im Plural: *keine* (Pl.), *meine* (Pl.)

Typ II: mit unbestimmtem Artikel

	der Körper	das Fachgebiet	die Wirkung	Körper (Pl.)
N	ein menschlich**er**	ein neu**es**	eine therapeutisch**e**	menschlich**e**
A	einen menschlich**en**	ein neu**es**	eine therapeutisch**e**	menschlich**e**
D	einem menschlich**en**	einem neu**en**	einer therapeutisch**en**	menschlich**en**
G	eines menschlich**en**	eines neu**en**	einer therapeutisch**en**	menschlich**er**

auch nach Negationsartikeln: *kein, kein, keine* (Sg.); Possessivartikeln: *mein, mein, meine* (Sg.)

Typ III: ohne Artikel

	der Körper	das Fachgebiet	die Wirkung	Körper (Pl.)
N	menschlich**er**	neu**es**	therapeutisch**e**	menschlich**e**
A	menschlich**en**	neu**es**	therapeutisch**e**	menschlich**e**
D	menschlich**em**	neu**em**	therapeutisch**er**	menschlich**en**
G	menschlich**en**	neu**en**	therapeutisch**er**	menschlich**er**

auch nach Zahlen: *zwei, drei, vier …*; Indefinitartikeln im Plural: *viele, einige, wenige, andere*

Wie schmeckt's denn so?

1 Lebensmittel und Farben. Sammeln Sie in Gruppen zu jeder Farbe möglichst viele Lebensmittel. Notieren Sie die Wörter mit Artikel.

der Spinat

die Milch

2a Sehen Sie das Foto an. Zu welchem Becher würden Sie greifen? Warum? Was verbinden Sie mit der Farbe?

b Sehen Sie die erste Filmsequenz und bringen Sie die Informationen über den Versuch in die richtige Reihenfolge. Vergleichen Sie dann mit einem Partner / einer Partnerin.

_____ A In den Bechern ist immer das gleiche Getränk, es hat nur jeweils eine andere Farbe.

_____ B Das ist der Beweis: Was wir sehen, ist stärker als das, was wir schmecken.

__1__ C Im Geschmackslabor testet man, wie unsere Augen mitentscheiden, ob etwas schmeckt oder nicht.

_____ D Im Versuch probieren Kinder deshalb aus drei Bechern ein Getränk.

_____ E Für die Lebensmittelindustrie ist das Ergebnis wichtig: Die Farbe muss zum Lebensmittel passen, sonst lehnen die Verbraucher das Produkt ab.

_____ F Das Kind findet, dass das grüne Getränk wie Waldmeister schmeckt. Und Waldmeister ist grün.

_____ G Der Forscher vermutet: Wenn wir ein Lebensmittel sehen, haben wir auch eine Erwartung daran, wie es schmeckt.

2

3 Sehen Sie die zweite Filmsequenz und machen Sie Notizen.

- Was schmeckt der Mann mit zugehaltener Nase?
- Was schmeckt er mit geöffneter Nase?
- Welche Geschmacksrichtungen kann die Zunge unterscheiden?
- Welche Konsequenzen zieht die Lebensmittelindustrie daraus?

4a Aussehen – Geruch – Geschmack: Sammeln Sie in Gruppen möglichst viele Adjektive, mit denen man Lebensmittel beschreiben kann. Welche Gruppe findet die meisten Adjektive?

orange, oval, bitter, würzig ...

b Lebensmittel raten: Beschreiben Sie ein Lebensmittel möglichst genau. Die anderen raten.

Es ist grün, manchmal auch rot. Es riecht ..., es schmeckt ...

5a Die folgenden Sprichwörter sind durcheinander geraten. Was passt zusammen? Ordnen Sie zu.

1. Das Auge
2. Der Appetit kommt
3. Hunger ist
4. Essen und Trinken hält
5. Viele Köche

A der beste Koch.
B Leib und Seele zusammen.
C isst mit.
D verderben den Brei.
E beim Essen.

b Was bedeuten die Sprichwörter aus 5a? Sagt man das auch in Ihrer Sprache?

____ a Für das Wohlbefinden ist es wichtig, gut zu essen und zu trinken.

____ b Wenn man sehr hungrig ist, schmeckt jedes Essen.

____ c Man isst eine Speise besonders gern, wenn sie schön aussieht.

____ d Wenn zu viele Personen bei etwas mitentscheiden wollen, kann das Ergebnis nicht gut werden.

____ e Man muss beginnen, etwas zu tun. Nach einer Weile macht man es dann auch gern.

c Überlegen Sie sich Situationen, in denen man die Sprichwörter anwenden kann. Schreiben Sie kleine Dialoge und spielen Sie sie im Kurs vor.

Viel Spaß!

▶ AB Wortschatz

1   Beschreiben Sie die Fotos: Was machen die Leute? Wo auf der Welt wurden die Fotos vermutlich
    gemacht?

2   Welche Freizeitbeschäftigungen sind in Ihrem Land besonders beliebt? Wie viel Freizeit haben die
    Menschen dort durchschnittlich? Wann haben sie normalerweise Freizeit?

3   Bilden Sie Gruppen. Jede Gruppe notiert zehn Freizeitaktivitäten auf Kärtchen und gibt sie einer
    anderen Gruppe. Dann zieht eine Person ein Kärtchen und spielt die Aktivität vor. Die eigene
    Gruppe rät. Danach ist die nächste Gruppe dran. Welche Gruppe errät die meisten Aktivitäten?

Meine Freizeit

1a Arbeiten Sie zu zweit. Jeder wählt eine Grafik und nennt die interessantesten Informationen.

Ich finde es komisch, dass Paare weniger Freizeit …

Wer hat wie viel Freizeit?
Pro Werktag verfügen Bundesbürger nach eigenen Angaben
über eine durchschnittliche Freizeit von...

Jugendliche (14–17 Jahre)		4 Std. 49 Min.
Ruheständler (ab 65 Jahre)		4:45
Junge Erwachsene (18–24 Jahre)		4:12
Gesamtdurchschnitt		4:03
Jungsenioren (50–64 Jahre)		3:59
Singles (25–49 Jahre)		3:49
Paare*		3:42
Familien**		3:10

* Frauen bzw. Männer im Alter von 25–49 Jahren ohne Kinder
** Mütter bzw. Väter im Alter von 25–49 mit Kindern unter 14 Jahre

Quelle: Stiftung für Zukunftsfragen

Stand Februar 2010   © Globus 4499

Top-Freizeitaktivitäten
Regelmäßige* Freizeitbeschäftigungen
je 100 befragter Bundesbürger

Fernsehen	97
Zuhause telefonieren	91
Radio hören	89
Zeitungen/Zeitschriften lesen	79
Zeit mit der Familie	72
Gedanken nachgehen	71
Wichtiges besprechen	70
Zeit mit dem Partner	67
Ausschlafen	65
Mobil telefonieren	65
Kaffee trinken/Kuchen essen	64
Pflege (in Ruhe)	57
Computer	57
E-Mails lesen/schreiben	52
Faulenzen/nichts tun	50
Internet	48

*mindestens einmal pro Woche

Quelle: Stiftung für Zukunftsfragen

© Globus 4561

b Hören Sie den ersten Abschnitt eines Radiobeitrags. Was machen Männer öfter in ihrer Freizeit, was Frauen?

1.23

Männer: _____

Frauen: _____

c Lesen Sie die Aussagen. Hören Sie dann den zweiten Abschnitt und entscheiden Sie:
Zu wem passt welche Aussage?

1.24-27

		Matti	Franka	Aaron	Ulrike
1.	Ein tolleres Hobby als Tiere gibt es nicht.	☐	☒	☐	☐
2.	Ich könnte mich besser entspannen, wenn ich nicht so viel fernsehen würde.	☐	☐	☐	☐
3.	Am schönsten ist es, etwas mit der Familie zu unternehmen.	☐	☐	☐	☐
4.	In meiner Freizeit sehe ich am liebsten Filme.	☐	☐	☐	☐
5.	Wenn ich weniger arbeite, werde ich mich auch wieder intensiver um meine Hobbys kümmern.	☐	☐	☐	☐
6.	Im Sommer bin ich viel aktiver als im Winter.	☐	☐	☐	☐
7.	Seitdem wir keinen Fernseher mehr haben, unternehmen wir viel öfter etwas zusammen.	☐	☐	☐	☐
8.	Für meine Freundin ist Sport die beste Entspannung.	☐	☐	☐	☐
9.	Andere Länder kennenzulernen, finde ich die interessanteste Freizeitbeschäftigung.	☐	☐	☐	☐
10.	Meine Kinder gehen genauso gern ins Kino wie ich.	☐	☐	☐	☐

d Hören Sie den zweiten Abschnitt noch einmal und machen Sie Notizen zur Freizeitgestaltung der Personen.

Matti: arbeitet viel, oft zu müde ...

e Bilden Sie Gruppen. Sagen Sie einen Satz über eine Person. Die anderen raten.

A: Diese Person möchte in Zukunft mehr unternehmen.
B: Das ist Matti.

▶ Ü 1

2a Komparativ und Superlativ. Markieren Sie in den Sätzen von 1c die Adjektive und ergänzen Sie die Regeln.

	steht nicht vor einem Nomen	steht vor einem Nomen
Komparativ	1. Adjektiv + Endung _____ 2. Einsilbige Adjektive: *a, o, u* wird meistens zu *ä, ö, ü* 3. Adjektive auf *-el* und *-er*: *-e-* fällt weg (*teuer – teurer*)	4. Komparative müssen dekliniert werden: *das interessant**er**e Hobby* *ein toll**er**es Hobby* 5. Ausnahmen: *Ich würde gern **mehr** Filme sehen.* *Jetzt habe ich noch **weniger** Zeit.*
Superlativ	1. *am* + Adjektiv + Endung _____ 2. Adjektive auf *-d, -s, -sch, -st, -ß, -t, -x, -z*: meistens Endung _____ (Ausnahme: *groß – am größten*)	3. Superlative müssen dekliniert werden: Adjektiv + *(e)st* + Kasusendung 4. *am* entfällt *das interessant**est**e Hobby* *mein lieb**st**es Hobby*

besondere Formen:

gut – _____ – am besten; gern – lieber – _____; viel – _____ – am meisten

Vergleiche mit *als/wie*

Grundform + _____: *Meine Kinder gehen (genau)so gern ins Kino _____ ich.*

Komparativ + _____: *Im Sommer bin ich viel aktiver _____ im Winter.*

▶ Ü 2–6

b Machen Sie ein Interview mit einem Partner / einer Partnerin. Berichten Sie anschließend im Kurs.

· Wie viel Freizeit hat er/sie und wann?
· Was macht er/sie am liebsten in der Freizeit?
· Was würde er/sie gerne öfter machen?

SPRACHE IM ALLTAG

Um den Superlativ noch mehr zu betonen, setzt man oft *aller-* davor:
*Dieser Film ist am **aller**schönsten.*
*Das ist der **aller**langweiligste Film.*

Superlative kann man auch durch Zahlen in eine wertende Reihenfolge bringen:
*Das ist der **zweit**schönste Film.*
*Wir gehen ins **dritt**größte Kino.*

 3 Wählen Sie eine Freizeitaktivität und recherchieren Sie das Angebot dazu an Ihrem Kursort. Berichten Sie im Kurs.

Hier gibt es drei große Schwimmbäder. Das größte liegt direkt am Stadtpark und hat täglich von 7 Uhr bis 23 Uhr geöffnet. Man kann dort außerdem ...

Spiele ohne Grenzen

1a Kennen Sie diese Spiele? Gibt es diese Spiele auch in Ihrem Land? Wie heißen sie bei Ihnen?

▶ Ü 1–2

b Spielen Sie gern? Was ist Ihr Lieblingsspiel? Welches Spiel ist in Ihrem Land besonders beliebt? Erzählen Sie.

2a Lesen Sie die Fragen aus einem Interview. Welche Antworten erwarten Sie? Überlegen Sie zu zweit und machen Sie Notizen.

- Ist den Menschen der Spieltrieb angeboren?
- Und warum spielen Erwachsene?
- Wie hat sich das Spielen entwickelt?
- Gibt es bei Spielen kulturelle Unterschiede?
- Können Sie beschreiben, wie sich der Spielemarkt in Deutschland entwickelt hat?
- Heute sind zwar Computer- und Onlinespiele sehr populär, aber immer in der Kritik. Was ist Ihre Meinung dazu?

STRATEGIE | **Hypothesen bilden**

Lesen Sie bei einem Interview zuerst nur die Fragen und überlegen Sie, welche Informationen Sie zu den Fragen erwarten. Das hilft, den Text besser zu verstehen.

b Lesen Sie jetzt das Interview. Haben sich Ihre Hypothesen bestätigt? Welche Informationen waren neu?

○ ○ ○

Warum spielt der Mensch?

Warum ist es für so viele Menschen interessant, wenn 22 Männer einem Ball hinterherlaufen? Warum spielen Menschen stundenlang miteinander Skat? Warum legen wieder andere begeistert ein Puzzle?
5 Wir haben dazu die Soziologin Brigitte Schwarz befragt.

Ist den Menschen der Spieltrieb angeboren?
Ja, Kinder müssen spielen, um sich normal entwickeln zu können. Durch das Spiel wird die Wahrnehmung geschult, die geistigen Fähigkeiten bilden sich aus, auch die Motorik und das Sozialverhalten
10 entwickeln sich auf diese Weise. Wir lernen durch das Spiel unsere Welt kennen.

Und warum spielen Erwachsene?
Aus Lust am Spiel, aus Tradition, um mit anderen zusammen zu sein und um sich die Zeit zu vertreiben. Menschen spielen in ihrer Freizeit,
15 um sich zu erholen und um zu entspannen. Spielt man alleine, erfährt man Ruhe. Spielt man zusammen mit anderen, erlebt man Geselligkeit und Freundschaft. Manche Spiele haben Wettbewerbscharakter, die

Brigitte Schwarz, Soziologin

Spieler messen ihre körperlichen oder geistigen Fähigkeiten und vergleichen diese miteinander.

20 *Wie hat sich das Spielen entwickelt?*
Spielkultur und Gesellschaftsspiele haben sich natürlich ständig weiterentwickelt. Heute spielen wir so viel wie nie zuvor. Das ist vor allem auch eine Folge unseres Wohlstands. Die Menschen früherer Epochen hatten einfach keine Zeit, so viel zu spielen. Wir verfügen heute über viel mehr Freizeit und können uns deshalb auch dem Spielen widmen.

25 *Gibt es bei Spielen kulturelle Unterschiede?*
Spiele sind immer auch ein Spiegel der Gesellschaft. So wie sich unsere Sprachen und Religionen unterscheiden, so unterscheiden sich auch unsere Spiele. Aber trotzdem haben viele Spiele kulturelle und nationale Grenzen überschritten. Denken Sie nur an Backgammon oder Schach.

30 *Können Sie beschreiben, wie sich der Spielemarkt in Deutschland entwickelt hat?*
Spieleklassiker sind bis heute Schach, Backgammon, Skat und Canasta. Daneben werden Brettspiele aller Art angeboten: Kinder- und Erwachsenenspiele, Strategie-, Abenteuer-, Science-Fiction- und Fantasyspiele. Damit die Nachfrage so groß bleibt, werden laufend neue Spiele entwickelt.

35 *Heute sind zwar Computer- und Onlinespiele sehr populär, aber immer in der Kritik. Was ist Ihre Meinung dazu?*
Gewaltspiele muss man natürlich immer kritisch sehen, aber es gibt ja mittlerweile auch Bewegungsspiele und Spiele, die man mit Freunden oder der Familie zusammen spielen kann. Generell kann man sicher sagen: Man sollte aufpassen, dass man nicht zu viel Zeit mit diesen
40 Spielen verbringt und sich in der virtuellen Welt verliert. Aber diese Spiele pauschal zu verurteilen und für alles Mögliche verantwortlich zu machen, ist sicherlich auch nicht richtig.

c Ergänzen Sie die Sätze mit den Informationen aus dem Interview.

1. Spielen ist wichtig für die kindliche Entwicklung, …
2. Erwachsene spielen, …
3. Heute spielt man mehr, weil …
4. Spiele unterscheiden sich …
5. Auf dem deutschen Spielemarkt …
6. Bei Computerspielen sollte man darauf achten, …

▶ Ü 3

3 Wählen Sie ein Spiel, das Sie gut kennen, und erklären Sie es. Diese Wörter helfen.

die Spielfigur	Punkte sammeln
das Spielfeld	dran sein	der Würfel
der Stapel	ein Feld vorrücken/zurückgehen
der Joker	die Spielfigur ziehen	die Karte
die Karten mischen	eine Runde aussetzen
eine Karte ziehen/ablegen	würfeln

MauMau ist ein lustiges Spiel und das geht so: Zuerst bekommt jeder Spieler …

Abenteuer im Paradies

1a Lesen Sie die Überschrift und sehen Sie die Fotos an. Worum könnte es in diesem Text gehen?

b Lesen Sie nun den Text. Wo ist Lukas? Was macht er dort? Vermuten Sie.

Verloren im endlosen Grün

Lukas war nur kurz stehen geblieben, weil ihn irgendetwas in den Fuß gestochen hatte. Er beugte sich kurz runter, konnte aber nichts entdecken. Als er wieder aufsah, waren die anderen verschwun-

5 den. Eben waren sie doch noch da gewesen. Obwohl er nach ihnen rufen wollte, blieb er still. Er fand das lächerlich, denn weit konnten sie ja nicht sein und was sollte schon passieren. Er lauschte einen Moment, vielleicht konnte er sie ja hören.
10 Waren das nicht ihre Stimmen? Aber nein, er hörte nur Wasserrauschen und ein Durcheinander von merkwürdigen Geräuschen ... Waren die Geräusche von Menschen – oder – waren es am Ende irgendwelche wilden Tiere?

15 Anfangs lachte er über seine Situation. Aber das Gehen auf dem sandigen Boden war anstrengend und die vielen grünen Blätter schlugen ihm ins Gesicht, sodass er sich bald nicht mehr wohlfühlte. Er dachte an seine Freunde. Eben waren sie noch zu
20 viert und jetzt musste er ohne sie zu ihrem Platz zurückfinden. Heute war sein Geburtstag, deshalb hatten sie am Morgen noch alle zusammen gefrühstückt und ihre Sachen für den Tag zusammengepackt. Dann waren sie gemeinsam aufgebrochen
25 und alle waren gut gelaunt. Und jetzt war er plötzlich alleine. Vielleicht sollte er nicht weitergehen, sondern einfach hier auf seine Freunde warten?

Sie würden ihn bestimmt suchen und ihm helfen. Aber wenn nicht? Langsam stieg Panik in ihm
30 auf, trotzdem atmete er ruhig weiter. Er merkte, dass er sich im Kreis bewegt hatte. Er war keinen Schritt weiter als vorher. Und dann hörte er ...

c Schreiben Sie die Geschichte zu zweit zu Ende. Jedes Team liest oder spielt dann seine Geschichte vor.

nachdem schon	plötzlich bemerken/finden/hören/...		sich verstecken	im letzten Moment
kurz bevor	helfen	fühlen	erschrecken	verzweifelt suchen	weglaufen
verzweifeln	(lange) warten auf	sich bedanken	Angst bekommen	gerettet sein

▶ Ü 1–2

1.28

d Hören Sie <u>ein</u> mögliches Ende der Geschichte. Wo spielt sie?

2a Markieren Sie in den Sätzen mit Konnektor die Konnektoren, das Verb und das Subjekt.

1. Lukas war stehen geblieben, weil ihn irgendetwas gestochen hatte. _____

2. Obwohl er nach ihnen rufen wollte, blieb er still. *Gegengrund* _____

3. Rufen fand er lächerlich, denn weit konnten sie ja nicht sein. _____

4. Das Gehen war anstrengend, sodass er sich bald nicht mehr wohlfühlte. _____

5. Heute war sein Geburtstag, deshalb hatten sie zusammen gefrühstückt. _____

6. Langsam stieg Panik in ihm auf, trotzdem atmete er ruhig weiter. _____

b Was drücken die Sätze mit Konnektor aus: Grund, Gegengrund oder Folge? Notieren Sie in 2a.

c Ordnen Sie die Konnektoren aus 2a in die Tabelle.

	Grund (kausal)	**Gegengrund (konzessiv)**	**Folge (konsekutiv)**
Hauptsatz + Nebensatz	*weil*		so …, dass
Hauptsatz + Hauptsatz			
Hauptsatz + Hauptsatz mit Inversion (Verb direkt hinter dem Konnektor)			darum, daher, deswegen,

d Arbeiten Sie zu zweit. Beginnen Sie einen Satz wie im Beispiel. Ihr Partner / Ihre Partnerin beendet den Satz. Wechseln Sie dann. Jeder sagt fünf Sätze.

Er liebt Abenteuergeschichten, deshalb …   … kauft er sich jede Woche ein neues Buch. Meine Mutter …   ▶ Ü 3–8

3a Haben Sie selbst schon einmal ein Abenteuer erlebt? Schreiben Sie Ihre Geschichte oder schreiben Sie eine Geschichte zu einer der vier Zeichnungen. Verwenden Sie auch Konnektoren.

b Hängen Sie Ihre Geschichten im Kurs aus. Welche Geschichten gefallen Ihnen am besten?

Unterwegs in Zürich

1a Lesen Sie die E-Mail und machen Sie Notizen: Welche Vorschläge macht Gabi für den Freitagabend?

Liebe Sara

das freut mich sehr, dass du endlich Zeit hast, mich hier in Zürich zu besuchen. Ich hab auch schon ganz viele Ideen, was wir am Freitag noch machen können. Ich hol dich am Nachmittag um halb fünf am Bahnhof ab und dann fahren wir kurz zu mir.

Am Abend hätte ich Lust, ins Kino zu gehen (am liebsten in den Film „Was tun Frauen morgens um halb vier?") oder wir gehen ins Theater. Im Schauspielhaus gibt es zurzeit „Die Geschichte von Kaspar Hauser", kannst die Beschreibung des Stücks ja mal googeln.

Worauf ich auch noch Lust hätte, wäre, in die „Herzbaracke" zu gehen. Da gibt es ein lustiges Kabarett-Stück von Michaela Maria Drux, das Stück heisst „Zeitgeistkabarett". Das hört sich ziemlich witzig an. Die „Herzbaracke" ist übrigens sehr schön gelegen, in der Nähe vom Bellevueplatz, mitten im See.

Oder wir machen was ganz anderes und gehen in die „Lebewohlfabrik". Das ist ein Kultur-Club mit vielen Jazzkonzerten und Ausstellungen. Ich könnte Plätze für uns reservieren.

Oder wir bleiben einfach bei mir zu Hause. Dann koche ich uns was Nettes und wir können in Ruhe plaudern. Uns wird bestimmt nicht langweilig :-)

Kannst mir ja kurz Bescheid geben, worauf du Lust hast. Und am Samstag machen wir dann eine Stadtführung durch Zürich.

Ich freu mich sehr auf dich und schick dir ganz liebe Grüsse
Gabi

b Was interessiert Sie am meisten? Worüber möchten Sie mehr wissen oder was würden Sie am liebsten unternehmen?

▶ Ü 1

 2 Recherchieren Sie in Gruppen Informationen über das Schauspielhaus, die „Herzbaracke" oder die „Lebe-wohlfabrik" in Zürich. Präsentieren Sie Ihre Ergebnisse im Kurs.

Das ... gibt es seit ...
... wurde im Jahr ... gebaut/eröffnet.
Es liegt/ist in der ... Straße ...
Es ist bekannt für ...
Viele Leute schätzen das ... wegen ...
Auf dem Programm stehen oft ...
Hier treten oft ... auf.
Die Eintrittskarten kosten zwischen ... und ... Franken.

3a Welche Art von Filmen mögen Sie, welche nicht? Markieren Sie und vergleichen Sie Ihre Auswahl im Kurs. Finden Sie einen Kino-Partner / eine Kino-Partnerin.

Krimi Drama Romanze Science-Fiction Animationsfilm Komödie Literaturverfilmung
Western Heimatfilm Actionfilm Dokumentation Fantasy-Film Kurzfilm Zeichentrickfilm
Horrorfilm

b Lesen Sie die Filmbesprechung zu „Was machen Frauen morgens um halb vier?". Um welche Art von Film handelt es sich?

⚫ ⚪ ⚪

Kino-Startseite ▸ Charts ▸ Neu im Kino ▸ Alle Filme ▸ Alle Kinos ▸ Demnächst

Was machen Frauen morgens um halb vier?

Deutschland 2012 / Laufzeit: 92 Min.
FSK 0
Regie: Matthias Kiefersauer
Schauspieler: Brigitte Hobmeier, Peter Lerchbaumer,
Muriel Baumeister u.v.m.

Der kleinen Bäckerei Schwanthaler in einem bayerischen Dorf droht das Ende: 120.000 Euro Schulden bei der Bank, ein billiger Back-Discounter eröffnet im Ort, dann bekommt der Chef vor lauter Stress einen Herzinfarkt. Seine Tochter übernimmt die Leitung der Bäckerei und kämpft für den Familienbetrieb. Sie fährt sogar bis nach Dubai und überzeugt die Scheichs dort vom traditionellen Christstollen.

Man sieht zwar deutlich, dass diese Produktion anfangs fürs Fernsehen konzipiert war. Das stört aber nicht weiter, denn die Schauspieler machen alles wett: Vor allem Brigitte Hobmeier als gestresste Franzi spielt hervorragend.

c Schreiben Sie eine kurze Filmbesprechung zu Ihrem Lieblingsfilm. Die Redemittel helfen Ihnen.

ÜBER EINEN FILM SCHREIBEN

Der Film heißt … / Der Film „…" ist eine moderne Komödie / ein Spielfilm / …

In dem Film geht es um … / Er handelt von … / Im Mittelpunkt steht …

Der Film spielt in … / Schauplatz des Films ist …

Die Hauptpersonen im Film sind … / Der Hauptdarsteller ist …

Die Regisseurin ist … / Den Regisseur kennt man bereits von den Filmen „…" und „…".

Besonders die Schauspieler sind überzeugend/hervorragend/…

Man sieht deutlich, dass … / … stört nicht, denn …

▸ Ü 2–3

4a Oder lieber ins Theater? An welche fünf Wörter denken Sie zuerst? Markieren Sie und vergleichen Sie im Kurs.

> der Schauspieler   die Langeweile   das Publikum   der Regisseur   die Musik
>
> die Arbeit   das Programmheft   die Spannung   die Unterhaltung   der Platzanweiser
>
> die Kleidung   das Bühnenbild   der Applaus   die Bühne   die Pause   der Sekt   die Garderobe

▶ Ü 4

b Arbeiten Sie zu zweit. Jeder liest einen Programmhinweis und überredet den anderen, das Stück gemeinsam anzusehen.

Wir könnten doch …   *Hast du (nicht) Lust …?*   *Ich fände es besser, wenn wir …*
Was hältst du von …?   *Lass uns doch lieber …*

Kaspar Hauser
Textfassung von Carola Dürr

Im Jahr 1828 taucht in Nürnberg ein unbekannter, etwa 17-jähriger junger Mann auf, der kaum sprechen kann. Keiner weiss, woher er kommt. Damit beginnt einer der bis heute geheimnisvollsten Kriminalfälle. Mühsam malt der junge Mann den Namen „Kaspar Hauser" auf ein Blatt Papier. Dieser Name steht für einen jahrelang einsam in der Wildnis lebenden Jungen, der von der Gesellschaft isoliert aufwächst. Erst als junger Mann lernt er richtig sprechen und schreiben. Als er fünf Jahre später ermordet wird, nehmen die Spekulationen über seine Herkunft kein Ende und dauern bis heute an.
Kaspar Hauser – ein Prinz, der aus dem Weg geräumt werden musste? Oder doch ein Betrüger, der eine verrückte Geschichte gespielt hat?

Von Mai bis Oktober im Schauspielhaus

Kaspar Hauser

Zeitgeistkabarett
von Michaela Maria Drux

Versprecher sind ihr Programm. Mit lustigen Wort-Verdrehern macht sich Michaela Maria Drux über das aktuelle Zeitgeschehen lustig. Das Programm ist schnell, geistreich und immer aktuell. Und seien Sie gewiss, im Publikum sind Sie nicht sicher. Michaela Maria Drux geht durch die Reihen, schaut auch mal in Handtaschen und gibt einzelnen Zuschauern auch gerne Phantasienamen wie „Streifenhörnchen" oder „Neandertaler". Und natürlich ist auch das Thema Männer und Frauen ein Thema für sie …
Michaela Maria Drux ist in Tirol geboren und, wie sie sagt, „im Dirndlkleid neben dem Kölner Dom aufgewachsen". Heute lebt sie in Zürich und in Köln. Sie ist als Kabarettistin und als Zeichnerin aktiv.

Von Juli bis September in der Herzbaracke

Michaela Maria Drux

5a Haben Sie schon mal eine Stadtführung gemacht? Berichten Sie.

b Sara und Gabi machen eine Stadtführung. Hören Sie und wählen Sie bei jeder Aufgabe die richtige
1.29 Lösung a, b oder c.

1. Die Stadtführung beginnt …
   - a am frühen Morgen.
   - b mittags.
   - c am späten Abend.

2. Der Stadtführer erzählt Geschichten …
   - a aus der Gegenwart.
   - b aus der Vergangenheit.
   - c über Geld und Banken in Zürich.

3. Die Führung beginnt …
   - a in der Kuttelgasse.
   - b in der Kaminfegergasse.
   - c in der Glockengasse.

4. Aufgabe der Nachtwächter war es, …
   - a Brände zu löschen.
   - b für Ordnung zu sorgen.
   - c Leute für diesen Beruf zu finden.

5. Zerstrittene Ehepaare …
   - a kamen ins Gefängnis.
   - b verloren ihre Finger.
   - c wurden sofort geschieden.

c Hören Sie die Stadtführung noch einmal und kontrollieren Sie Ihre Lösungen.

6a Wählen Sie eine Stadt, die Sie gut kennen. Recherchieren Sie fünf unterschiedliche Vorschläge für
ein Abendprogramm mit einem Freund / einer Freundin.

	Theater/ Oper/Ballett/ Lesung …	Kino/ DVD-Abend/ Open-Air …	Konzert/ Musikclub/ Festival …	Bar/Lokal/ Restaurant …	Ausstellung/ Museum/ Ausflug/Sport …
Wo?					
Wann?					
Preis?					
Beschreibung (Notizen)					

b Schreiben Sie einem Freund / einer Freundin eine E-Mail mit Vorschlägen für einen gemeinsamen
Abend.

Doris Dörrie
(26. Mai 1955)*

Regisseurin, Autorin, Produzentin

Doris Dörrie, 1955 in Hannover geboren, ist ein Allround-Talent: Sie ist nicht nur Regisseurin und Dozentin an der Filmhochschule, sondern auch Drehbuchautorin und Bestseller-Autorin. Nach dem Abitur ging sie 1973 in die USA

Nach ihrem Studium drehte sie verschiedene Dokumentationen und Filme und wurde 1985 mit der Komödie „Männer" quasi über Nacht berühmt. Mit über fünf Millionen Zuschauern war „Männer" einer der erfolgreichsten deutschen Filme. Weitere erfolgreiche Filme von Doris Dörrie sind zum Beispiel: „Happy Birthday, Türke", „Keiner liebt mich", „Kirschblüten – Hanami", „Die Friseuse" und „Glück".

Aber Dörrie macht nicht nur Filme, sondern schreibt auch sehr erfolgreich Kurzgeschichten, Erzählungen, Romane und Kinderbücher. Sie wird als eine der besten Erzählerinnen der deutschen Gegenwartsliteratur bezeichnet. Als Autorin debütierte sie 1987 mit dem Buch „Liebe, Schmerz und das ganze verdammte Zeug". Dann folgte „Was wollen Sie von mir?" und ihr Erzählband „Für immer und ewig", über den der Starkritiker J. Kaiser schrieb, man fände dort „mehr klügere, originellere und einleuchtendere Beobachtungen über die langen Schwierigkeiten zwischenmenschlicher Beziehungen … als bei irgendeinem anderen Autor aus Dörries Generation." Weitere erfolgreiche Bücher: „Bin ich schön?", „Was machen wir jetzt?" und „Alles inklusive".

Über Beschäftigungsmangel kann sich das Multitalent Doris Dörrie nicht beklagen. 2001 schlug sie sogar noch eine weitere Karriere ein und inszenierte an der Berliner Staatsoper Unter den Linden Mozarts „Cosi fan tutte". Seitdem hat sie eine Reihe von Opern an verschiedenen Theatern inszeniert.

Doris Dörrie
Alles inklusive

Roman · Diogenes

und studierte Theaterwissenschaft und Film. Zwei Jahre später kehrte sie nach Deutschland zurück und begann ihr Studium an der Münchner Hochschule für Fernsehen und Film. 1978 schloss sie ihre Ausbildung ab.

Für ihre vielseitigen Arbeiten wurde Doris Dörrie mehrfach ausgezeichnet. So erhielt sie beispielsweise das Bundesverdienstkreuz, mehrmals den Bayerischen Filmpreis und den Grimme-Preis.

www Mehr Informationen zu Doris Dörrie.

Sammeln Sie Informationen über Persönlichkeiten aus dem In- und Ausland, die für das Thema „Freizeit und Unterhaltung" interessant sind, und stellen Sie sie im Kurs vor. Sie können dazu die Vorlage „Porträt" im Anhang verwenden.

Beispiele aus dem deutschsprachigen Bereich: Elke Heidenreich – Moritz Bleibtreu – Josef Hader – Michelle Hunziker – Wolf Haas – Tom Tykwer – Caroline Link – Hannah Herzsprung

4

1 Komparativ und Superlativ

	steht nicht vor einem Nomen	steht vor einem Nomen
Komparativ	1. Adjektiv + Endung **er** 2. Einsilbige Adjektive: *a, o, u* wird meistens zu *ä, ö, ü* 3. Adjektive auf *-el* und *-er*: *-e-* fällt weg (*teuer – teurer*)	4. Komparative müssen dekliniert werden: *das interessant**ere** Hobby* *ein toll**eres** Hobby* 5. Ausnahmen: *Ich würde gern **mehr** Filme sehen.* *Jetzt habe ich noch **weniger** Zeit.*
Superlativ	1. **am** + Adjektiv + Endung **sten** 2. Adjektive auf *-d, -s, -sch, -st, -ß, -t, -x, -z*: meistens Endung **esten** (Ausnahme: *groß – am größten*)	3. Superlative müssen dekliniert werden: Adjektiv + **(e)st** + Kasusendung 4. *am* entfällt *das interessant**este** Hobby* *mein lieb**st**es Hobby*

besondere Formen:
gut – besser – am besten
gern – lieber – am liebsten
viel – mehr – am meisten
hoch – höher – am höchsten
nah – näher – am nächsten
groß – größer – am größten

Vergleiche mit *als/wie*
Grundform + *wie*: *(genau)so gern wie ich*
Komparativ + *als*: *viel aktiver als du*

2 Konnektoren: Kausal-, Konzessiv- und Konsekutivsätze

Hauptsatz + Nebensatz: *Er ruft nicht um Hilfe, **obwohl** er Angst hat.*
Hauptsatz + Hauptsatz: *Nach Hilfe rufen war lächerlich, **denn** die Freunde waren nicht weit.*
Hauptsatz + Hauptsatz mit Inversion (Verb direkt hinter dem Konnektor):   *Heute ist sein Geburtstag, **deshalb** feiern sie zusammen.*

	Grund (kausal)	Gegengrund (konzessiv)	Folge (konsekutiv)
Hauptsatz + Nebensatz	weil, da	obwohl	so …, dass sodass
Hauptsatz + Hauptsatz	denn		
Hauptsatz + Hauptsatz mit Inversion		trotzdem	darum, daher, deswegen, deshalb

Funsport – Surfen auf der künstlichen Welle

1a Welche Freizeitaktivitäten kann man in einem
Park in einer Großstadt unternehmen?
Sammeln Sie im Kurs.

b Was verbinden Sie mit der Sportart Surfen?
Notieren Sie zu zweit.

die Welle, -n

surfen

2 Lesen Sie den Artikel aus einer Reisezeitschrift über München
und vergleichen Sie mit Ihren Ideen aus 1a.

Surfen in der Großstadt

Mit München verbinden die einen das Olympiastadion, die anderen berühmte Kunstsammlungen wie die der Alten und Neuen Pinakothek. Wieder andere denken bei der bayrischen Hauptstadt an das Hofbräuhaus und das Oktoberfest.

Bekannt ist auch der Englische Garten. Mit seinen mehr als 3,5 km² gehört er zu den größten innerstädtischen Parks der Welt. Hier kommt jeder auf seine Kosten: baumbestandene Wege laden zu ausgedehnten Spaziergängen ein, nach denen man sich in einem der fünf Biergärten bei einem Bier und bayrischen Spezialitäten stärken kann. Jogger und Radfahrer können im Park ungestört ihre Runden drehen, andere spielen Fußball, machen Yoga

oder Thai Chi. Auf den großen Wiesen kann man Frisbee spielen oder einen Drachen steigen lassen, am See ein Tretboot oder Ruderboot mieten. Nichts für jeden dagegen ist das Citysurfen auf dem Eisbach. Hier zeigen die Profis, was sie können – und sind schon längst zu einer weiteren Münchner Touristenattraktion geworden.

3a Sehen Sie jetzt den Film. Was erfahren Sie über das Surfen auf dem Münchner Eisbach? Machen Sie Notizen zu den folgenden Punkten und vergleichen Sie dann mit einem Partner / einer Partnerin.

Männer/Frauen:
Sicherheit:
Zuschauer:
Wetter/Jahreszeiten:

b Was bedeuten die Ausdrücke aus dem Film? Ordnen Sie zu.

1. ___ etwas nicht auf sich sitzen lassen
2. ___ den Kopf frei kriegen
3. ___ mit etwas Bekanntschaft machen
4. ___ es gelassen nehmen

a abschalten, sich entspannen
b sich nicht über etwas aufregen
c nicht akzeptieren, was andere über einen sagen
d mit etwas Unangenehmen in Kontakt kommen

c Sehen Sie den Film noch einmal und beantworten Sie die Fragen.

1. Seit wann surft Tanja Thaler auf dem Eisbach?
2. Welche Bedeutung hat das Surfen für sie?
3. Was macht Tanja Thaler in ihrem Alltag?
4. Was sagt sie zum Thema „Gefahr" beim Surfen?

4a Klären Sie mithilfe des Wörterbuchs die folgenden Begriffe. Streichen Sie, was Ihrer Meinung nach nicht zum Thema „Extremsport" passt. Begründen Sie Ihre Auswahl.

die Angst   die Spannung   die Gefahr   die Freiheit
der Mut   der Nervenkitzel   das Risiko
die Bewegung   die Ruhe   das Vergnügen
die Ausdauer   die Gelassenheit   die Vernunft
die Entspannung   die Erholung
die Nervosität   die Leistung   die Sucht
die Herausforderung   die Schwerelosigkeit
die Geselligkeit   der Spaß   die Gesundheit
die Routine   das Training
der Teamgeist   das Vertrauen
die Abwechslung   das Abenteuer
die Konzentration   die Kontrolle

b Kennen Sie andere Extremsportarten? Wo kann man sie machen? Was braucht man dazu?

c Was bewegt Menschen dazu, einen Extremsport zu machen? Haben Sie schon mal einen sehr gefährlichen Sport gemacht? Warum (nicht)?

5 Schreiben Sie für eine Reisezeitschrift einen Artikel über Sport- und Freizeitmöglichkeiten in Ihrer Region und präsentieren Sie ihn im Kurs.

A Der „Ich-mache-alles-zusammen"-Typ: So sehen Tische von Menschen aus, die sich nicht entscheiden können, was sie eigentlich machen wollen. Arbeiten? Essen? Telefonieren? Hier kommt alles zusammen. Etwas Ordnung würde diesem Arbeitsplatz gut tun. Für alle Bedürfnisse ist er einfach zu klein.

B Der Perfektionist: Immer exakt, immer alles in einer Linie. So hat es der genaue Mensch gerne. Kein Stäubchen ist hier zu finden. Jeder Tag ist minutiös geplant, jeder Schritt ist gut überlegt, nichts ist dem Zufall überlassen. Unordnung ist dem Perfektionisten fremd, ja sogar ein Albtraum. „Weniger ist mehr" ist das Motto und das sieht man dem Schreibtisch auch an.

Sie lernen

Modul 1 | Wünsche zu Bildungsangeboten formulieren

Modul 2 | Eine Stellungnahme schreiben

Modul 3 | Ein Lied hören und Ratschläge geben

Modul 4 | Texte über Denkaufgaben und Lerntechniken verstehen

Modul 4 | Mündliche und schriftliche Tipps zum Lernen formulieren

Grammatik

Modul 1 | Infinitiv mit und ohne *zu*

Modul 3 | Modalverben: Tempus und Bedeutung

C Der kreative Typ: Hier lebt und arbeitet ein Augen- und Händemensch. Sein Platz darf alles sein, nur nicht langweilig und farblos. Das Spiel mit Farben und Formen fasziniert ihn. Und so lässt er sich auch gerne beim Lernen vom Bunten und Schönen ablenken, denn „alle Theorie ist grau".

D Der Hochstapler: Was du heute kannst besorgen, das verschiebe gleich auf morgen. Oder besser noch: auf übermorgen. Der innere Unwille gegen die nächste Aufgabe ist immer zu spüren. Und der lässt sich nicht verdrängen, aber sortieren. Ein Stapel hier, ein Haufen dort. Immer gut geordnet, die Dinge, die man längst erledigt haben sollte.

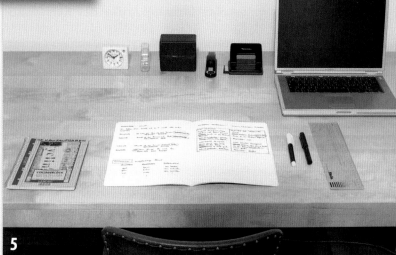

E Der praktische Typ: Hier hat alles seinen Platz und trotzdem fehlt nichts. Das Erledigte ist abgeheftet, das Unwichtige ist weggeworfen. Das Wichtige wird gerade bearbeitet. Mit ein bisschen Musik macht die Arbeit auch richtig Spaß. Aber die Pausen vergisst der Praktiker auch nicht und gönnt sich gerne einen Kaffee, der schon griffbereit auf ihn wartet.

1a Sehen Sie die Fotos an. Wer arbeitet hier? Beschreiben Sie die Personen.

b Lesen Sie die Beschreibungen. Welcher Tisch passt zu welchem Typ?

2 Wo und wie lernen Sie? Welchen Tisch könnte man bei Ihnen zu Hause finden?

3 Was gefällt Ihnen an Ihrem Lernort? Was möchten Sie vielleicht ändern?

Lebenslanges Lernen

1a Die Volkshochschulen sind die bedeutendsten Weiterbildungszentren für Erwachsene in Deutschland. Lesen Sie die Kurstitel aus dem Programmheft einer Volkshochschule. Was kann man in diesen Kursen lernen?

> 1. Computer 70plus

vhs

> 3. Heimwerkerseminar

> 2. Das Babysitterdiplom

> 5. Existenzgründerseminar

> 4. Der gute Ton macht die Musik

Im Existenzgründerseminar kann man vielleicht lernen, wie man sich selbstständig macht.

b Ordnen Sie die Wörter mit Artikel den Kursen aus 1a zu.

die Ernährung *2*   _____ Benehmen ___   _____ Reparatur ___   _____ Internet ___

_____ Unternehmen ___   _____ Spiel ___   _____ Umgangsformen ___   _____ Software ___

_____ Renovierung ___   _____ Datei ___   _____ Bildbearbeitung ___   _____ Erste Hilfe ___

_____ Werkzeug ___   _____ Stil ___   _____ Buchführung ___   _____ Etikette ___

_____ Vorsorge ___   _____ Steuern ___   _____ Versicherung ___   _____ Virenschutz ___

c Welche Personen melden sich zu diesen Kursen an? Vermuten Sie.

Für das Existenzgründerseminar melden sich vielleicht Personen an, die sich selbstständig machen wollen.

2a Hören Sie ein Interview mit drei Kursteilnehmern. Notieren Sie die Gründe für den Kursbesuch.

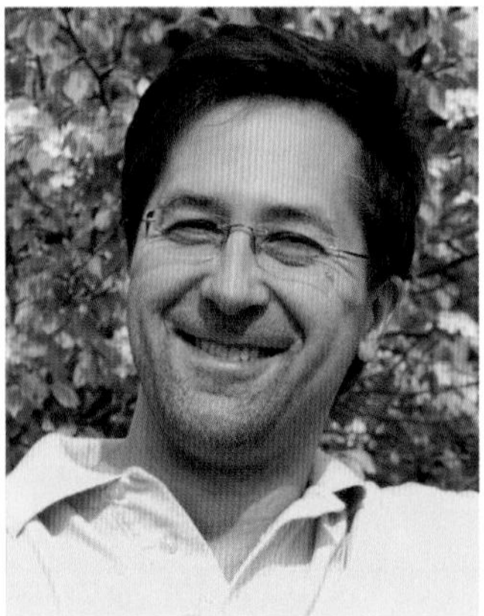

1.30–32

Frank Seifert, 48 Jahre 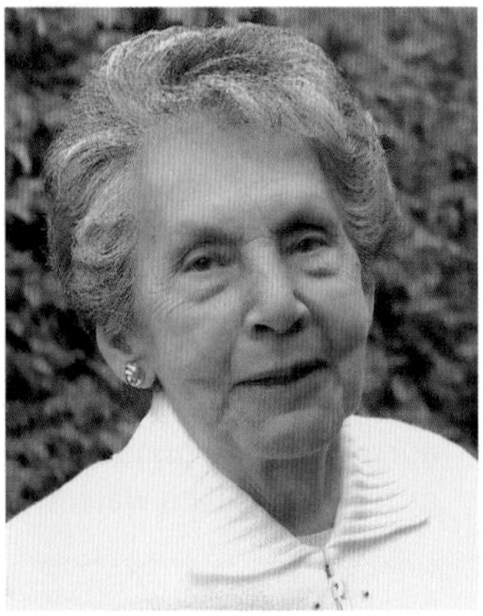   Else Werner, 72 Jahre 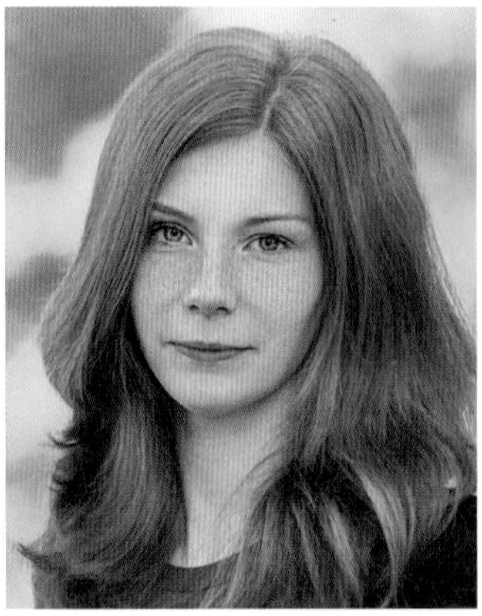   Hanna Kramer, 15 Jahre

Kurstitel: _____   _____   _____

Gründe: _____   _____   _____

_____   _____   _____

_____   _____   _____

▶ Ü 1   **b** Hören Sie noch einmal. Was haben die drei Personen in den Kursen schon gelernt?

3a Hören Sie noch einmal Frank Seifert. Ergänzen Sie die Verben und Ausdrücke, die mit *zu* + Infinitiv stehen.

1.33

Ich arbeite jetzt schon sehr lange in einer großen Firma und _____, mich beruflich zu

verbessern. Mein Chef _____ mir _____, einen Kurs für gute Umgangsformen im Berufsalltag

zu besuchen. Er meint, _____, sich immer kompetent und höflich zu präsentieren.

b Infinitiv mit oder ohne *zu*? Kreuzen Sie an.

1. Ich habe vor, mein Englisch	a	auffrischen	☒	aufzufrischen.
2. Du solltest unbedingt diesen Kurs	a	besuchen	b	zu besuchen.
3. Für mich ist es wichtig, möglichst schnell	a	lernen	b	zu lernen.
4. Ich habe die Absicht, den Fortsetzungskurs	a	buchen	b	zu buchen.
5. Ich werde eine Sprachprüfung	a	ablegen	b	abzulegen.
6. Es ist erforderlich, sich rechtzeitig	a	anmelden	b	anzumelden.
7. Es macht mir Spaß, mit anderen Sport	a	treiben	b	zu treiben.
8. Ich lasse mir die Teilnahme am Kurs	a	bestätigen	b	zu bestätigen.

c Ergänzen Sie die Tabelle mit Beispielen aus 3a und b. Sammeln Sie weitere.

zu + Infinitiv steht nach	Beispiele
1. bestimmten Verben	*vorhaben,*
2. Adjektiv + *sein*	*wichtig sein,*
3. Nomen + *haben/machen*	*Spaß machen,*

▶ Ü 2–5

4 Sehen Sie sich die Kurstitel an. Welchen Kurs / Welche Kurse würden Sie gern besuchen und warum?

WÜNSCHE AUSDRÜCKEN		
Ich hätte Lust, …	Ich wünsche mir, …	Für mich wäre es gut, …
Ich hätte Zeit, …	Ich habe vor, …	Für mich ist es wichtig, …
Ich hätte Spaß daran, …	Ich würde gern …	

Yoga und Entspannung

Ganzkörpertraining

Finanzbuchführung

Moderne Lerntechniken

Mein Tablet – mein mobiles Büro

Männer kochen wie die Profis

Ich hätte Lust, noch besser kochen zu lernen. Darum würde ich den Kurs „Männer kochen wie die Profis" besuchen. ▶ Ü 6

Surfst du noch oder lernst du schon?

1 Welche Rolle spielt für Sie der Computer? Wie arbeiten Sie damit? Sammeln Sie sechs Fragen, beantworten Sie sie in Gruppen und stellen Sie Ihre Ergebnisse vor.

> *1. Wie oft benutzen Sie einen Computer?*
> *2. Wie viel Zeit ...?*
> *3. ...*

▶ Ü 1–2

2a Immer wieder wird über den Einsatz von digitalen Medien im Unterricht und beim Lernen diskutiert. Klären Sie zuerst die Begriffe im Kurs.

die Kompetenz	digital
das Netzwerk	sich ablenken lassen
süchtig sein nach	die Verantwortung
das Smartphone	die Motivation
sich einprägen	

b Lesen Sie nun die Stellungnahmen von zwei Medienexperten zum Thema digitale Medien im Unterricht. Unterstreichen Sie die Argumente.

SPRACHE IM ALLTAG

Die Sprache bei digitalen Medien ist „denglisch". Englische Wörter mit deutscher Grammatik:
*goog**eln** – hat **ge**googel**t**;* ebenso: *chatten, surfen, downloaden;*
*der Link – die Link**s**, **ver**link**t**;*
*online **gehen**, online **sein***

Pro

*Dr. Kristin Schröth,
Beauftragte Digitales
Lernen, Aachen*

Mit digitalen Medien können wir die ganze Welt ins Klassenzimmer holen. Ein großer Vorteil der digitalen Medien ist, dass man auch langweilige Inhalte motivierend und anschaulich darstellen kann. Un-
5 tersuchungen zeigen, dass dies besonders schwachen Schülern helfen kann. Ich bin der Ansicht, dass junge Menschen mit Tablets, Smartphones & Co. unter der richtigen Anleitung auch ganz nebenbei Medienkompetenz, Verantwortung und Selbstständigkeit lernen
10 können. Es ist logisch, dass die Kinder die Medien dann auch benutzen dürfen. „Heft vergessen" funktioniert als Ausrede heute nicht mehr, wenn Schüler die Hausaufgaben online abgeben. Schwere Bücher werden durch leichte Tablets ersetzt. Ein weiterer Aspekt
15 ist das leichtere Üben und Wiederholen von Inhalten. In Netzwerken können Schüler und Lehrer Übungen und Lernmaterial ganz einfach austauschen. Außerdem macht der jungen Generation die Arbeit mit diesen Medien Spaß. Und was Spaß macht, prägt sich
20 meiner Meinung nach leichter ein und bleibt länger im Gedächtnis.

Contra

*Dr. Hannes Jausen,
Forschungsgruppe
„Schulmedien", Stuttgart*

Wie lautet der Satz des Pythagoras? Das kann man doch schnell googeln. Studien zeigen aber, dass ein schneller Blick ins Internet nicht immer eine gute
25 Idee ist: Wenn Schüler nur wenig Zeit für das Suchen nach Lösungen benötigen, dann können sie auf Dauer das selbstständige Denken verlernen. Es ist auch anzunehmen, dass das Lesen und Verstehen von längeren Texten und die persönliche Handschrift bei der
30 Nutzung der digitalen Medien leiden, denn es wird kaum noch mit der Hand geschrieben. Es stimmt zwar, dass man mit diesen Medien Daten im Unterricht schnell präsentieren kann, aber ich bin der Meinung, dass das Tempo für manche Schüler zu schnell
35 ist. Außerdem lassen sich die Schüler im Internet leicht ablenken. Auf den ersten Blick ist die digitale Welt groß und bunt. Ich finde es aber problematisch, dass einige Schüler fast schon süchtig nach den Medien sind. Das sollte die Schule nicht unterstützen. Und die
40 neuen Medien kosten Geld. Ich sehe da ein Problem, wenn der Besitz solcher Medien von der Schule vorausgesetzt wird.

3a Sammeln Sie die Argumente aus den Texten an der Tafel.

b Mit welchen Redemitteln argumentieren die Experten? Sammeln Sie und ergänzen Sie eigene Ausdrücke.

ARGUMENTE EINLEITEN

Ich bin der Ansicht, dass …

… zeigen, dass …

Es ist logisch, dass …

▶ Ü 3–4

4a Sind Sie für oder gegen digitale Medien im Unterricht? Schreiben Sie eine Stellungnahme zum Thema. Das Beispiel hilft.

STRATEGIE

Eine Stellungnahme schreiben

Schritt 1:
Sammeln Sie Argumente aus dem Text für Ihren Standpunkt.
Schritt 2:
Sammeln Sie weitere eigene Argumente.

Schritt 3:
Bauen Sie Ihren Text auf:
– Schreiben Sie, welche Ansicht Sie vertreten.
– Nennen Sie Ihr erstes, zweites, drittes … Argument.
– Schreiben Sie einen abschließenden Satz.

Einstieg	*Digitale Medien können wir heute überall im Alltag finden. Ich benutze einen Laptop und surfe täglich im Internet. Trotzdem finde ich den Einsatz von neuen Medien in der Schule problematisch.*
Argument 1	*Ein wichtiger Vorteil im normalen Unterricht ist, dass die Schüler in der Gruppe arbeiten und dass sie lernen, sich gegenseitig zu unterstützen. Am Computer sitzt jeder alleine.*
Argument 2	*Gerade in der Schule finde ich es sehr wichtig, dass alle die gleichen Chancen haben. Nicht alle Familien können sich Smartphones oder Laptops leisten. Was machen diese Kinder, wenn die Hausaufgaben in einer Mail stehen?*
Argument 3	*Außerdem finde ich den Faktor Zeit wichtig: Ich bin manchmal viele Stunden im Internet und lasse mich leicht ablenken. Ich glaube, bei Kindern ist es noch schlimmer.*
Schluss	*Sicher sollten Schüler das Lernen mit neuen Medien kennenlernen. Aber das kann die Schule in freien Stunden oder an Projekttagen anbieten.*

b Lesen Sie in Gruppen Ihre Stellungnahmen vor. Wer ist für, wer gegen digitale Medien im Unterricht? Welche neuen Argumente werden genannt?

c Sammeln Sie im Kurs Themen, zu denen es unterschiedliche Positionen gibt. Wählen Sie ein Thema und schreiben Sie eine Stellungnahme.

Stadt oder Land?   Wählen mit 16?   Studiengebühren?   Fleisch essen?   …

Können kann man lernen

1a Sehen Sie das Bild an. Was ist hier los?

🔊 1.34

b Hören Sie das Lied und ergänzen Sie die Lücken.

Da sitz ich wieder mal vor dir,
du leeres Stückchen _Papier_____.
Da liegst du _w_____ und bleich,
statt wörterreich[1]
5 und gar nicht voll.
Ich weiß nicht, ich weiß nicht,
was ich schreiben _s_____.

Das darf nicht wahr sein,
mir fällt kein Text ein.
10 Die Wörter kann ich nicht drängen.
Die Sätze lassen mich hängen[2].

Ich kann _G_____ schon ganz gut.
Und auch beim Sprechen hab ich _M_____.
Doch wenn's ums Schreiben geht,
15 ist bei mir alles, einfach alles, zu _s_____.

Das darf nicht wahr sein …

Heut' muss ich es _s_____.
Ich mach' mich bald zum Affen[3].
Ich darf nicht _n_____ denken,

20 darf keine Chance _v_____.
Ich will bestehen, will endlich besteh'n!
Dann kann ich neue _W_____ gehen.

Das darf nicht wahr sein …

Du musst einfach locker bleiben[4].
25 Lass mal die Gedanken treiben[5].

Dann _k_____ die Ideen blühen
und du brauchst dich nicht so mühen[6].
Erst ein _W_____, dann zwei,
dann _S_____,
30 dann kommt der Text, ganz ohne Hetze[7].

Kann es denn wahr sein?
Mir fällt ein Text ein.
Jetzt will ich die Wörter schreiben,
will, dass die Sätze bleiben.

35 Jetzt kann ich dir nur raten,
du musst _e_____ abwarten,
und wenn du meinst, nichts mehr zu wissen,
lass dich von der Muse küssen[8].

1. mit vielen Worten
2. jemanden nicht unterstützen
3. sich lächerlich machen
4. entspannt sein
5. an nichts Besonderes denken
6. sich anstrengen
7. ohne Eile
8. sich von etwas inspirieren lassen

▶ Ü 1   c Worum geht es im Lied? Waren Ihre Vermutungen aus 1a richtig?

d Welche Ratschläge können Sie für die Situation in dem Lied geben?

RATSCHLÄGE GEBEN			
Versuch doch mal, …	Da sollte man am besten …	Wenn ich du wäre, …	Man kann …
Ich kann euch nur raten, …	Am besten wäre es, …	An deiner Stelle würde ich …	Oft hilft …

2a Geschriebene und gesprochene Sprache. Vor einer Prüfung lesen Sie die Prüfungsordnung. Ihr Nachbar versteht sie nicht. Sie möchten es deshalb einfacher sagen. Schreiben Sie die Sätze 1–7 in a–g mit Modalverben.

> **Prüfungsordnung**
> 1. Wenn Sie <u>die Absicht haben</u>, an der mündlichen Prüfung teilzunehmen, melden Sie sich bitte an.
> 2. Bis zur Prüfung <u>sind Sie verpflichtet</u>, regelmäßig an einem Kurs teilzunehmen.
> 3. Bis zum 20.5. <u>hat es die Möglichkeit gegeben</u>, die Gebühr zu bezahlen.
> 4. Wenn Sie <u>nicht in der Lage sind</u>, die Prüfung zu schreiben, melden Sie sich vorher ab.
> 5. Für ein Zertifikat <u>ist es notwendig</u>, mindestens 120 Punkte zu erreichen.
> 6. <u>Es ist erlaubt</u>, ein Wörterbuch (Deutsch–Deutsch) zu benutzen.
> 7. <u>Es ist verboten</u>, in der Prüfung digitale Medien zu verwenden.

a) Wenn du *an der mündlichen Prüfung teilnehmen* willst, *melde dich an* _____.

b) _____ sollst du _____.

c) _____ hast du _____ bezahlen können.

d) Wenn du _____ nicht _____ kannst, _____.

e) _____ musst du _____.

f) Du darfst _____.

g) In der Prüfung darfst du _____ nicht _____. ▶ Ü 2

b Perfekt mit Modalverben. Vergleichen Sie zu zweit die Sätze und ergänzen Sie die Regel.

Präsens: Simon <u>kann</u> nicht an der Prüfung <u>teilnehmen</u>. Er ist krank.
Präteritum: Simon <u>konnte</u> nicht an der Prüfung <u>teilnehmen</u>. Er war krank.
Perfekt: Simon <u>hat</u> nicht an der Prüfung <u>teilnehmen können</u>. Er war krank.

> **Modalverben**
>
> Modalverben brauchen im Perfekt immer das Hilfsverb _____.
>
> Modalverben bilden das Perfekt mit *haben* + _____ + Infinitiv (Modalverb).
>
> Sie bilden kein _____. Wenn man über die Vergangenheit spricht,
>
> benutzt man die Modalverben meist im Präteritum.

Ⓖ

Infinitiv
haben
Partizip

▶ Ü 3–5

c Regeln in der Sprachschule: Jede/r schreibt einen Satz wie in 2a auf eine Karte. Person A zieht eine Karte und liest vor, Person B formuliert den Satz um.

Man darf in der Schule nicht rauchen.

Man muss die Räume …

Es ist verboten, in der Schule zu rauchen.

Sie sind verpflichtet, die Räume sauber zu hinterlassen.

Lernen und Behalten

1a Lesen Sie den Text. Um was für eine Art von Text handelt es sich?

Ein Fährmann gibt nicht auf

Ein Fährmann steht vor folgendem Problem: Er muss einen Fluss in einem kleinen Boot überqueren und dabei einen Wolf, ein Schaf und einen Kohlkopf ans andere Ufer bringen. Das Boot ist leider so klein, dass außer ihm immer nur ein Tier oder der Kohlkopf mit ins Boot passen. Dabei darf das Schaf nicht mit dem Kohlkopf allein bleiben, weil es ihn frisst. Ebenso frisst der Wolf das Schaf, wenn sie allein am Ufer zurückbleiben. Wie schafft der Fährmann es, alle auf die andere Seite zu bringen, ohne dass jemand dabei gefressen wird?

b Bilden Sie Gruppen und versuchen Sie, die Aufgabe zu lösen. Welche Gruppe schafft es zuerst?

Zuerst muss der Fährmann ... Dann ... Danach ... Schließlich ...

c Überlegen Sie, wie Sie die Aufgabe gelöst haben. Wie sind Sie vorgegangen? Was hat Ihnen bei der Lösung geholfen?

2a Was haben Sie schon alles vergessen? Sprechen Sie im Kurs.

Zahnarzttermin ...

1.35

b Hören Sie den ersten Abschnitt eines Radiobeitrags zum Thema „Gedächtnistraining". Machen Sie Notizen zu folgenden Punkten.

1. Was vergisst man oft im Alltag? _____

2. Was ist die Ursache dafür? _____

3. Was möchte der Bundesverband? _____

4. Was sind die Ziele des Programms? *flexibles Denken,* _____

_____

_____

1.36

c Hören Sie den zweiten Abschnitt des Beitrags, in dem Dr. Witt die Aufgabe des Fährmanns löst. Vergleichen Sie mit Ihrer Lösung.

d Dr. Witt spricht von zwei Lösungen für diese Aufgabe. Erklären Sie den anderen Lösungsweg. Hören Sie dazu den zweiten Abschnitt noch einmal.

▶ Ü 1–2

3 Suchen Sie im Internet ähnliche Denkaufgaben. Präsentieren Sie sie im Kurs und lassen Sie die anderen raten.

4 Wie kann man am besten Wörter lernen? Lesen Sie die Tipps und formulieren Sie zu jedem Tipp Aufforderungssätze.

1 Manche Menschen lernen mehr, schneller oder besser, wenn sie etwas sehen, andere, wenn sie etwas hören, wieder andere, wenn sie es schreiben. Am besten ist es, mehrere Lernwege zu kombinieren: sprechen, schreiben, lesen, hören.

2 Die erste Wiederholung sollte 20 Minuten nach dem ersten Lernen erfolgen, denn nach dieser Zeit vergisst man besonders viel. Die zweite Wiederholung sollte nach zwei Stunden stattfinden. Da merkt man, welche Wörter im Kopf geblieben sind.

3 Viele betrachten es als Unsinn, die Wörter aufzuschreiben. Das Aufschreiben von Wörtern ist aber enorm wichtig. Man erspart sich viel Lernarbeit, wenn man sich beim Schreiben das Wort intensiv bildlich vorstellt.

4 Wichtig ist, dass man nicht immer die gleichen Wörter hintereinander lernt, sonst lernt man die Reihenfolge auswendig. Man sollte immer von der Fremdsprache in die Muttersprache und umgekehrt lernen. Nur einen Weg zu lernen, hilft nicht weiter.

5 Besser, als zu viele Vokabeln auf einmal zu lernen, ist es, kleinere Gruppen zu bilden und sie zeitlich gut zu verteilen. Ein Lerngesetz sagt: Den Anfang und das Ende einer solchen Gruppe merkt sich das Gedächtnis fast automatisch.

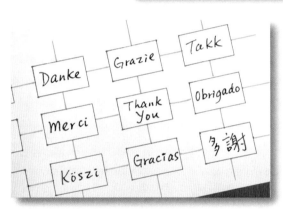

6 Gut ist, wenn man sich von seinen Freunden, seiner Familie usw. abfragen lässt. Die Wörter müssen durcheinander kontrolliert werden. Die Wörter, die man nicht kennt, notiert man auf einem Zettel und lernt sie dann noch einmal.

1. Lerne mit allen Sinnen! Kombiniere mehrere Lernwege!

5a Schreiben Sie anonym auf einen Zettel, welche Probleme Sie beim Lernen haben. Was ist für Sie schwierig? Sammeln Sie die Zettel ein.

Ich habe große Probleme damit, die Wörter richtig zu schreiben.

b Lesen Sie die Lernprobleme im Kurs vor. Geben Sie Tipps, wie man diese Probleme lösen kann.

Ich sehe immer im Wörterbuch nach. Dann schreibe ich das Wort auf und spreche es mehrmals laut.

▶ Ü 3

Lernen und Behalten

6a Was bedeutet Deutsch lernen? Legen Sie eine Mindmap an.

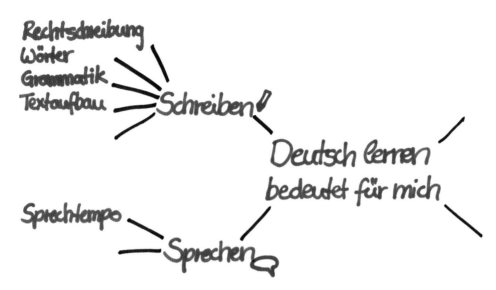

b Bearbeiten Sie in Gruppen je ein Teilthema aus 6a. Notieren Sie Stichpunkte.

Welche Erfahrungen?	Welche Probleme?	Welche Tipps?

c Ordnen Sie die Redemittel den Themen „Probleme", „Tipps" und „Erfahrungen" aus 6b zu.
Kennen Sie noch weitere Redemittel?

… ist wirklich empfehlenswert. – Wir haben gute/schlechte Erfahrungen gemacht mit … – Für viele ist es problematisch, wenn … – Wir schlagen vor, … – Uns ging es mit/bei … so, dass … – Dabei sollte man beachten, dass … – … ist ein großes Problem. – Wir würden raten, … – Es ist besser, wenn … – Es ist immer schwierig, … – … macht vielen (große) Schwierigkeiten. – Sinnvoll/Hilfreich/Nützlich wäre, wenn … – Wir haben oft bemerkt, dass … – Es gibt viele Leute, die …

ÜBER ERFAHRUNGEN BERICHTEN	PROBLEME BESCHREIBEN	TIPPS GEBEN

d Schreiben Sie nun den Kursratgeber zu Ihrem Teilthema. Geben Sie Lerntipps und bearbeiten Sie auch folgende Punkte:

- Warum dieses Thema?
- Welche Schwierigkeiten? Welche Probleme?
- Eigene Erfahrungen mit diesen Problemen?
- Welche Tipps für andere Lernende? Welche Lösungsvorschläge?

▶ Ü 4   **e** Gestalten Sie die Ratgeber mit Farben, Fotos usw. und legen Sie sie im Kurs aus.

7a Lesen Sie die Aufgabe und geben Sie sie mit Ihren Worten wieder.

Ihr Deutschkurs ist bald zu Ende. Sie haben die Absicht, an einer Prüfung teilzunehmen, um ein Zertifikat zu erhalten. Aus diesem Grund wollen Sie sich gut auf die Prüfung vorbereiten. Überlegen Sie gemeinsam mit Ihrer Gesprächspartnerin / Ihrem Gesprächspartner, wie Sie sich am besten vorbereiten können.

Sie haben sich dazu schon einen Zettel mit Notizen gemacht.

Vorbereitung Deutschprüfung:
– An welchen Tagen?
– Uhrzeit?
– Wo treffen?
– Welches Material?
– …

b Ergänzen Sie die Notizen und notieren Sie, über welche Themen oder Teilthemen Sie noch sprechen wollen.

Wochentage: _____   *Material:* _____

Uhrzeit: _____   *Treffpunkt:* _____

_____ _____   _____ _____

c Überlegen Sie, welche Redemittel Sie für die Aufgabe benötigen. Sammeln Sie Beispiele in der Tabelle.

ETWAS PLANEN			
etwas vorschlagen	**zustimmen**	**ablehnen**	**Gegenvorschlag machen**
Ich würde vorschlagen, wir …	*Das ist eine gute Idee.*	*Das finde ich nicht so gut.*	*Sollten wir nicht lieber …?* *Es wäre bestimmt viel besser, wenn wir …*

d Führen Sie nun das Gespräch.

Was hältst du davon, wenn wir zusammen für die Prüfung lernen?

Das ist eine gute Idee. Wann hast du Zeit?

Gerald Hüther

(* 15. Februar 1951)

Interview mit dem Hirnforscher

Prof. Dr. Gerald Hüther zählt zu den bekanntesten Hirnforschern Deutschlands. Er ist Professor für Neurobiologie an der Universität Göttingen. Einem breiten Publikum ist Professor Hüther bekannt durch seine Sach- und Fachbücher zum Thema kindliche Entwicklung und Lernen. Darin fordert er ein Lernen, das die Begeisterung und Neugierde, die Kreativität und die Entdeckungslust von Kindern fördert.

Claudia Haase: Wie funktioniert Lernen aus der Sicht der Hirnforschung?

Gerald Hüther: Man kann Kinder durch Druck zwingen, sich bestimmtes Wissen anzueignen. Man kann ihnen auch Belohnungen versprechen, wenn sie besser lernen. So lernen sie aber nur, sich entweder dem Druck zu entziehen oder mit möglichst geringem Aufwand immer größere Belohnungen zu bekommen. Beide Verfahren zerstören genau das, worauf es beim Lernen ankommt: eigene Entdeckerfreude und Gestaltungslust. Diesen Lernzugang über die Eigenmotivation, nach dem Motto

„Erfahrung macht klug", suchen die Bildungseinrichtungen und die Eltern leider immer seltener. Kinder brauchen Zeit und Raum zum eigenen Entdecken und Gestalten. Das geschieht zum Beispiel beim Spielen. Deshalb ist Spielen allerhärteste Lernarbeit.

C. H.: Ist das eine neue Erkenntnis?
G. H.: Wie wenig das gegenwärtig in Wirklichkeit verstanden wird, erhärte ich gerne an einem anderen Beispiel: Singen wird auch gern als nutzloses und unwichtiges Fach angesehen und fällt im Unterricht mal schnell unter den Tisch. Aus der Sicht der Hirnforscher ist aber gerade Singen das beste Kraftfutter für Kindergehirne. In der Gemeinschaft muss man sich auf andere einstimmen, lernt also, sich auf andere Menschen einzustellen. Durch das Singen lernen Kinder, ihre Gefühle zum Ausdruck zu bringen. Eine Gesellschaft, die keinen Gesang mehr kennt, verliert somit auch die Kommunikationsform, in der sich die Menschen über ihre Gefühle verständigen.

C. H.: Was bedeutet das für die Schule? Müssen wir die neu erfinden?
G. H.: Unsere heute in die Kritik gekommene Schule ist ein logisches Produkt ihrer Entstehungszeit, dem Industrie- und Maschinenzeitalter. Da kam es in hohem Maße darauf an, dass man später fast so wie die Maschinen „funktionierte", seine Pflichten erfüllte und wenig Fragen stellte. Diese Art von Arbeit stirbt bei uns aber aus. Unsere Gesellschaft braucht dringend begeisterte Gestalter.

C. H.: Wie müsste ein Wunschpädagoge aus Ihrer Sicht sein?
G. H.: Das müsste jemand sein, der die Kinder und Jugendlichen mag. Der sie unterstützt und ihnen dabei hilft, ihre Potentiale zu entfalten. Wenig überraschend ist das fast identisch mit dem Zukunftsmodell, das auch für Manager wünschenswert wäre. Viele von uns hatten mehr oder weniger zufällig den einen oder anderen Lehrer mit dieser Begeisterung, eine solche souveräne Persönlichkeit. So jemand nimmt die Schüler ernst, ist voller Wertschätzung für sie. Da lernt man viel – ohne Druck und Dauerlob.

www Mehr Informationen zu Gerald Hüther.

Sammeln Sie Informationen über Persönlichkeiten aus dem In- und Ausland, die für das Thema „Lernen" interessant sind, und stellen Sie sie im Kurs vor. Sie können dazu die Vorlage „Porträt" im Anhang verwenden.

Beispiele aus dem deutschsprachigen Bereich: Johann Heinrich Pestalozzi – Kurt Hahn – Friedrich Wilhelm August Fröbel – Eugenie Schwarzwald – Helene Lange

1 Infinitiv mit und ohne *zu*

Infinitiv **ohne *zu*** nach:	Infinitiv **mit *zu*** nach:

1. Modalverben:
    Er muss arbeiten.
2. werden (Futur I):
    Ich werde das Buch lesen.
3. bleiben:
    Wir bleiben im Bus sitzen.
4. lassen:
    Er lässt seine Tasche liegen.
5. hören:
    Sie hört ihn rufen.
6. sehen:
    Ich sehe das Auto losfahren.
7. gehen:
    Wir gehen baden.
	1. einem Nomen + Verb:
	    den Wunsch haben, die Möglichkeit haben, die Absicht haben,
	    die Hoffnung haben, Lust haben, Zeit haben, Spaß machen …
	    → *Er hat den Wunsch, Medizin <u>zu</u> studieren.*
	2. einem Verb:
	    anfangen, aufhören, beginnen, beabsichtigen, empfehlen, bitten,
	    erlauben, gestatten, raten, verbieten, vorhaben, sich freuen …
	    → *Wir haben vor, die Prüfung <u>zu</u> machen.*
	3. sein + Adjektiv:
	    wichtig, notwendig, schlecht, gut, richtig, falsch …
	    → *Es ist wichtig, regelmäßig Sport <u>zu</u> treiben.*

Nach manchen Verben können Infinitive mit und ohne *zu* folgen:

lernen:	*Hans lernt Auto fahren.*	*Hans lernt, Auto <u>zu</u> fahren.*
helfen:	*Ich helfe dir das Auto reparieren.*	*Ich helfe dir, das Auto <u>zu</u> reparieren.*

2 Modalverben: Tempus und Bedeutung

Präsens:	Simon <u>kann</u> nicht an der Prüfung <u>teilnehmen</u>. Er ist krank.
Präteritum:	Simon <u>konnte</u> nicht an der Prüfung <u>teilnehmen</u>. Er war krank.
Perfekt:	Simon <u>hat</u> nicht an der Prüfung <u>teilnehmen können</u>. Er war krank.

Die Modalverben bilden das Perfekt mit *haben* + Infinitiv + Infinitiv (Modalverb). Sie bilden kein Partizip. Wenn man über die Vergangenheit spricht, benutzt man die Modalverben meist im Präteritum.

Modalverb	Bedeutung	Alternativen (immer mit *zu* + Infinitiv)
dürfen	Erlaubnis	*es ist erlaubt, es ist gestattet, die Erlaubnis / das Recht haben*
nicht dürfen	Verbot	*es ist verboten, es ist nicht erlaubt, keine Erlaubnis haben*
können	a) Möglichkeit b) Fähigkeit	*die Möglichkeit/Gelegenheit haben, es ist möglich* *die Fähigkeit haben/besitzen, in der Lage sein, imstande sein*
möchten	Wunsch, Lust	*Lust haben, den Wunsch haben*
müssen	Notwendigkeit	*es ist notwendig, es ist erforderlich, gezwungen sein, haben*
sollen	Forderung	*den Auftrag / die Aufgabe haben, aufgefordert sein, verpflichtet sein*
wollen	eigener Wille, Absicht	*die Absicht haben, beabsichtigen, vorhaben, planen*

Hochbegabte Kinder

1a Wann lernen Kinder was? Ordnen Sie zu.

| lesen | schreiben | sprechen | laufen | sitzen | spielen | ein Instrument spielen | essen |

0 ······ 1 ······ 2 ······ 3 ······ 4 ······ 5 ······ 6 ······ 7 ······ 8 Jahre

b Wie wirkt dieses Mädchen auf Sie? Sammeln Sie Adjektive und beschreiben Sie das Mädchen.

konzentriert

Lotta, 7 Jahre

 2 Sehen Sie die erste Filmsequenz. Worum geht es?

1

 3a Sehen Sie die zweite Filmsequenz. Machen Sie Notizen zu den folgenden Punkten:

2

- Wie sind die Eltern auf Lottas Hochbegabung aufmerksam geworden?
- Wie haben die Eltern darauf reagiert? Wie haben sie sich gefühlt?
- Welche Folgen hat die Hochbegabung für Lotta?

b Welche weiteren Vor- oder Nachteile könnte Lotta durch ihre Hochbegabung haben?

4a Ergänzen Sie die Ausdrücke zum Thema „Lernen". Was bedeuten sie genau? Klären Sie – auch mithilfe des Wörterbuchs – die Bedeutung.

1. sich selbst etwas _____

2. Unterricht in etwas _____

3. _____ und etwas herausfinden

4. etwas auswendig _____

| können | beibringen | bekommen |
| | probieren | |

b Welche Wörter und Ausdrücke stehen für „intelligent"? Welche bedeuten das Gegenteil?

nicht auf den Kopf gefallen sein – schlau – dumm – klug – clever – dämlich – begabt – unbegabt – talentiert – gescheit – beschränkt – aufgeweckt – doof – eine lange Leitung haben – scharfsinnig – geistreich – blöd – schwachsinnig – wissbegierig

5a Sehen Sie die dritte Sequenz. Wer könnte was sagen? Ordnen Sie die Aussagen den Personen zu.

1. Ich übe nur noch Klavier, wenn Lotta nicht da ist.
2. Musik gehört zu meinem Leben.
3. Wir müssen Lotta ständig fördern, damit sie sich nicht langweilt.
4. Mir ist egal, wie alt meine Freunde sind.
5. Es ist manchmal nicht einfach, auf alle ihre Fragen eine Antwort zu geben.
6. Manchmal ärgert sie mich damit, dass sie so viel besser ist.

A

B

C

b Wie geht die Familie mit Lottas besonderen Fähigkeiten um? Welche Probleme gibt es?

6 Wie stellen Sie sich Lottas Leben als Jugendliche und als junge Erwachsene vor? Wählen Sie zu zweit oder in Gruppen einen Textanfang und schreiben Sie ihn zu Ende.

> 5. Mai
> *Gestern New York, heute Tokyo ... Ein Leben ohne meine Geige – das kann ich mir nicht vorstellen ...*

Lokales _____April 2020

Mit 15 Jahren schon an der Universität

München. Die jüngste Studentin

 ○ ○

Liebe Carola,
vielen Dank für deine E-Mail! Tut mir leid, dass ich erst jetzt antworte ... Aber du weißt ja, ich habe seit Kurzem einen neuen Job als ...

Berufsbilder

A

Fahrradkurier

Maskottchen

Taxifahrer

Küchenhilfe

▶ AB **Wortschatz**

Möbelpacker

Erntehelfer
bei der Weinlese

Stadtführer

Zimmermädchen

1 Wählen Sie einen Beruf. Die anderen im Kurs stellen Ihnen Fragen, um den Beruf zu erraten.
   Sie dürfen nur mit Ja oder Nein antworten.

2a Wählen Sie ein Foto und beschreiben Sie die Personen. Wann/Wo/Wie arbeiten sie?

2.2–2.5

b Hören Sie vier Erfahrungsberichte. Über welche Arbeit wird jeweils gesprochen? Welche positiven
   und negativen Aspekte werden genannt? Machen Sie Notizen und vergleichen Sie.

3 Als was haben Sie schon gearbeitet? Welche Erfahrungen haben Sie gemacht? Was war
   interessant? Berichten Sie.

Wünsche an den Beruf

1a Notieren Sie fünf Punkte, die Ihnen im Beruf sehr wichtig sind. Erstellen Sie dann im Kurs eine Liste.

2.6
b Hören Sie die Radiosendung. Was ist Jugendlichen am wichtigsten im Beruf? Notieren Sie
1 (sehr wichtig) bis 8 (nicht wichtig) hinter die Wünsche.

hohes Einkommen ___   Sicherheit auch in der Zukunft ___   kein Umzug ___

Anerkennung ___   Beruf gut mit Familie vereinbar ___   Spaß am Beruf ___

Aufstiegs- und Karrierechancen ___   Beruf mit Herausforderungen ___

▶ Ü 1   **c** Welche Unterschiede gibt es zu Ihrer Liste in 1a? Welche Gründe kann es dafür geben?

2.7–10
2a Hören Sie eine Straßenumfrage, in der vier Personen erzählen, wie sie sich ihr Berufsleben in zwei Jahren vorstellen. Machen Sie Notizen zu den Personen (Beruf, aktuelle Situation, Wünsche an die Zukunft).

b Welche neuen Wünsche haben die Personen genannt?

c Über die Zukunft sprechen. Hören Sie noch einmal den Friseur. Ergänzen Sie die Regel und
notieren Sie je ein Beispiel.

2.11

Zukünftiges ausdrücken

Präsens   oft mit Zeitangabe (z. B. *morgen, in zwei Jahren*)

Beispiel: _____

Futur I   „_____" + Infinitiv

Beispiel: _____

▶ Ü 2

d Mit Futur I kann man auch über die Gegenwart sprechen. Was drücken die Sätze aus? Kreuzen Sie an.

	Zukünftiges	Gegenwärtiges	
		Vermutung	Aufforderung
1. Hast du Marco gesehen? – Nein, er wird schon in der Kantine sein.	☐	☐	☐
2. In zwei Wochen werde ich unseren neuen Kunden treffen.	☐	☐	☐
3. Sie werden das Protokoll jetzt bitte sofort schreiben.	☐	☐	☐
4. Hast du den neuen Beamer schon getestet? – Nein, er wird schon funktionieren.	☐	☐	☐
5. Was macht denn der Müll hier auf Ihrem Schreibtisch? – Ich werde ihn gleich wegräumen.	☐	☐	☐
6. Die Adressliste hier muss noch überprüft werden. – Ja, das wird unsere Praktikantin übernehmen.	☐	☐	☐

▶ Ü 3

3a Notieren Sie auf einem Zettel Ihren Namen, Ihren beruflichen Zukunftstraum und wie Sie ihn
erreichen könnten. Dann werden die Zettel gemischt und verteilt.

> *Nora*
> *Zukunftstraum:*
> *eigenes Café eröffnen, Spezialitäten: selbstgebackene Kuchen, gute Musik*
>
> *Realisierung:*
> *Kurs für Unternehmensgründer besuchen, jede Woche neue Kuchenrezepte*
> *ausprobieren ...*

b Ziehen Sie einen Zettel und stellen Sie die Person vor. Sagen Sie nicht den Namen. Die anderen raten.

*Diese Person hier will ein eigenes Café eröffnen. Sie wird in dem Café selbstgebackene Kuchen anbieten und
es wird dort immer gute Musik laufen. ...*

4 Suchen Sie im Internet eine Seite mit einem Test zur Berufswahl. Geben Sie Ihre Wünsche ein.
Recherchieren Sie Informationen zu dem Beruf, der Ihnen vorgeschlagen wird, und stellen Sie ihn
kurz vor.

Der Test hat mir folgenden Beruf vorgeschlagen: ...
Die Ausbildung zum ... dauert ... Jahre. Man kann die Ausbildung entweder bei ... oder ...

1a Was braucht man, um sich selbstständig zu machen? Welche Eigenschaften und Talente sind wichtig? Sammeln Sie.

Man muss gut organisieren können.

b Arbeiten Sie zu dritt. Jeder liest eine Anzeige und das Kurzporträt dazu. Welchen Service bieten die Leute an? Wie kamen sie zu ihrer Idee? Berichten Sie.

Handwerker-Expressdienst

24 Stunden für SIE da!
Mobil: 0133 – 300 20 103

- Ihr Regal hängt schief?
- Der Kleine hat die Wand eingecremt?
- Die Gardinenstange will nicht an die Wand?
- Probleme beim Teppichverlegen?
- Der Rasenmäher macht keinen Mucks mehr?
- Kleine und größere Katastrophen?
- ▶ Da kann ich helfen!

Schnell anrufen!!!
Kompetenter Handwerker kommt sofort!
schnell – sauber – preiswert – persönlich
7.00–17.00 Uhr; 35,– € / Std.; unkomplizierter Service
Notdienst nach Absprache

Siggi Hausmann hilft, wenn nichts läuft, wie es soll. Noch vor Kurzem hatte er selbst eine Baufirma, dann kam die Pleite. Heute arbeitet er mit dem, was ihm blieb: einem Kasten mit Werkzeug, seinem handwerklichen Talent und seinem Mut, etwas Neues anzupacken.

Sie haben Probleme mit Ihrem Hund?

Sie möchten eine harmonische und stressfreie Beziehung zu Ihrem Hund?

Sie wollen Ihren Hund endlich verstehen?

Die Hundeflüsterin hilft!
Tierpsychologin bietet professionelle, kompetente Beratung und individuelles Einzeltraining mit modernen und innovativen Erziehungsmethoden.

Wo: Hundeschule Münstererstraße 45
        (großes Trainingsgelände) oder bei Ihnen zu Hause
Kosten: 50 Euro pro Stunde

Erziehen Sie Ihren Hund – ich helfe Ihnen dabei!

Kontakt: Mira Kleinstuber 0178–45020423 oder
          info@hundefluesterin.de

Mira Kleinstuber wollte schon immer etwas mit Tieren machen. Als sie dann vor sieben Jahren einen Hund aus dem Urlaub mitbrachte, fing sie an, sich intensiv mit Hundeerziehung zu beschäftigen. Ein paar Jahre später machte sie ihr Hobby zum Beruf.

Unser Sommer-Special!

Last-Minute-Picknick

Sonntag, Sonne und nix im Kühlschrank?
Wir versorgen euch ruckzuck mit einem großartigen
Picknick und leckeren Snacks.
Geschirr, Besteck und Gläser liefern wir gleich mit.

Zum Beispiel:
Dicke-Freunde-Picknick für zwei Personen:
Auswahl an Brat- und Grillspezialitäten
(Frikadellen, Hähnchenschenkel u.v.m.),
zwei Sorten Salate, Baguette, Käseplatte,
Dessert, Getränke nach Wahl für 44,- €

44,- €

Nutzt unseren zuverlässigen und
praktischen Service!
Picknick-Alarm
0221-113779086 (Lieferung frei Haus)
www.picknick-alarm.de

Die Geschwister Dieter und Steffi Hausmark liefern Picknick im Raum Köln. Die Idee wurde in ihrer WG geboren, in der eines Sonntags nichts Essbares mehr zu finden war. Sie träumten von einem leckeren Picknick im Park und erfüllen heute anderen Menschen diesen Traum.

c Welche Geschäftsidee wird Ihrer Meinung nach den größten Erfolg haben? Warum?

d Welche Adjektive verwenden die Leute in den Anzeigen, um für ihren Service zu werben? Markieren Sie und sammeln Sie weitere.

kompetent ...

► Ü 1–2

2a Bilden Sie Gruppen. Welche Fähigkeiten und Talente gibt es in Ihrer Gruppe?

Ich kann nähen!   *Cem kann gut organisieren.*   *Du spielst doch so gut Klavier.*

b Welchen Service oder welches Produkt könnte Ihre Gruppe anbieten?

Für wen? Für welche Situation?	Was?
Menschen, die in eine neue Wohnung ziehen.	*Kissen, Gardinen, Vorhänge etc. für die neue Wohnung. Alles fertig bis zum Umzug. „Neuer Look fürs neue Heim"?*

c Klären Sie dann die folgenden Fragen:

1. Wie nennen Sie Ihre Dienstleistung / Ihr Produkt?
2. Welchen Service bieten Sie an?
3. Was kostet Ihr Angebot / Ihr Produkt?
4. Wie kann man Sie erreichen?

d Schreiben Sie eine Anzeige für Ihr Angebot. Verwenden Sie auch die Adjektive aus 1d. Hängen Sie die Anzeigen im Kurs auf und vergleichen Sie. Welches Angebot würden Sie nutzen?

► Ü 3

Darauf kommt's an

▶ Ü 1

1a Was gehört zu einer Bewerbung? Zu welchen Teilen einer Bewerbung könnten Sie Tipps gebrauchen? Sammeln Sie.

b Was sagen die Profis? Lesen Sie die Tipps von drei Personalchefs aus unterschiedlichen Branchen. Werden Ihre Themen aus 1a angesprochen?

Peter Brandt,
Städtische Betriebe Dresden

Heiner Stölter,
Verband Deutscher
Kreditinstitute

Beata Gräser-Kamm,
Reiseallianz Österreich

Denken Sie daran, dass viel vom ersten Eindruck abhängt. Die Bewerbungsunterlagen sollten ordentlich zusammengestellt und voll-
5 ständig sein, also ein Anschreiben, einen lückenlosen Lebenslauf, ein Foto, das letzte Schulzeugnis und die Arbeitszeugnisse der letzten Arbeitgeber enthalten.
10 Sorgen Sie dafür, dass in Ihren Unterlagen keine Fehler sind. Dass sich Eselsohren und Fettflecken gar nicht gut verkaufen, sollte selbstverständlich sein.
15 Wer in seiner Freizeit bei einem Verein mitarbeitet oder Theater spielt, sollte darauf ruhig eingehen. Damit kann man zeigen, dass man über soziale Kompetenzen verfügt.
20 Aber bitte nicht übertreiben – und vor allem bei der Wahrheit bleiben!

Wer sich als neuer Mitarbeiter bewirbt, sollte sich im Vorfeld gut über das Unternehmen informie-
25 ren, z. B. bei der Firma anrufen und sich nach weiteren Informationen zu der Stelle erkundigen.
Im Anschreiben und im Gespräch sollten die Interessenten zeigen,
30 wofür sie sich bei der Firma besonders interessieren und mit welchen Tätigkeiten sie vielleicht schon vertraut sind.
Wir achten also nicht nur auf Fach-
35 wissen, sondern auch auf Engagement und Motivation.
Wer zu einem Vorstellungsgespräch eingeladen wird, sollte natürlich und gepflegt auftreten.
40 Dort kann der Bewerber den Arbeitgeber dann von seinen Qualitäten überzeugen.

Fast alle Unternehmen erwarten von den Interessenten eine
45 Online-Bewerbung, die wenigsten Bewerber schicken ihre Unterlagen noch per Post. Bei allen Bewerbungen kommt es darauf an, dass die Unterlagen nicht nur
50 formal korrekt sind, sondern auch das Interesse der Unternehmen wecken. Das Schreiben sollte auf die Frage antworten: „Warum sollen wir ausgerechnet Sie neh-
55 men?" Vergessen Sie nicht in der Anzeige geforderte Informationen beispielsweise zu Gehaltsvorstellungen oder Eintrittstermin.
Auf das Vorstellungsgespräch soll-
60 te man sich gut vorbereiten. Am besten trainiert man vorher in einem Rollenspiel, wie man seine Stärken am besten präsentiert.

c Fassen Sie die Tipps zusammen. Was war besonders interessant für Sie?

▶ Ü 1
Vorbereitung   Bewerbungsunterlagen   Vorstellungsgespräch   Sonstiges

2 Worauf sollte man bei einer Bewerbung in Ihrem Land achten? Was ist gleich/ähnlich? Was ist anders? Berichten Sie in Gruppen.

Bei einer Bewerbung ist bei uns der persönliche Kontakt am wichtigsten. Im Gespräch ist es sehr wichtig, etwas Positives über die Firma zu sagen oder ein kleines Kompliment z. B. über das Büro zu machen.

3a Markieren Sie die Verben mit Präpositionen in den Texten. Nennen Sie ein Verb, Ihr Partner / Ihre Partnerin ergänzt eine passende Präposition. Dann tauschen Sie.

abhängen …?   *… von!*

b Einige Verben haben mehr als eine Präposition. Verbinden Sie die beiden Beispielsätze. Schreiben Sie dann mit zwei weiteren Verben ähnliche Sätze.

G

   1. *diskutieren + mit* + Dativ   Ich diskutiere *mit* meinem Chef.

   2. *diskutieren + über* + Akkusativ   Ich diskutiere *über* mein Gehalt.

   3. *diskutieren + mit* + Dativ + *über* + Akkusativ   *Ich*_____

Ebenso: *sich informieren bei + über*   *sich bewerben bei + als*   *sprechen mit + über*

            sich entschuldigen bei + für   *sich erkundigen bei + nach*   *sich beschweren bei + über*

4a Präpositionen mit *wo(r)…/da(r)…* oder Präposition mit Pronomen? Wann verwendet man was? Vergleichen Sie die Dialoge und ergänzen Sie die Regel.

A
○ Na, dein Gespräch war wohl nicht so gut.
● Ja, leider. Ich habe mich so *darüber* geärgert.
○ *Worüber* denn genau?
● *Über* die blöden Fragen.
○ Echt?
● Na ja, eigentlich mehr *darüber*, dass ich so unsicher war.

B
○ Und *auf wen* warten Sie?
● *Auf* Herrn Müller.
○ Ach, der kommt bestimmt gleich.
● Ich warte auch erst fünf Minuten *auf ihn*.
○ Ah, da kommt er ja.

G

Präpositionaladverbien und Fragewörter

wo(r)… und *da(r)…* verwendet man bei _____ und _____.

da(r)… steht auch vor Nebensätzen (*dass*-Satz, Infinitiv mit *zu*, indirekter Fragesatz).

Präposition und Pronomen/Fragewort verwendet man bei _____.

| Sachen |
| Personen |
| Ereignissen |

b Schreiben und spielen Sie kleine Dialoge wie in 4a. Wählen Sie Verben mit Präpositionen aus der Liste im Anhang des Arbeitsbuchs.

▶ Ü 2–3

c Notieren Sie fünf Fragen mit Verben mit Präpositionen. Gehen Sie durch den Kursraum und stellen Sie Ihre Fragen.

Interessierst du dich für Wirtschaft?

Nein, dafür interessiere ich mich nicht. Über wen …?

▶ Ü 4–7

Mehr als ein Beruf

1a Ordnen Sie die Ausdrücke den Fotos zu. Manche Ausdrücke passen mehrmals.

als Türsteher arbeiten   ~~eine Geschäftsreise machen~~   ~~mit Hunden unterwegs sein~~   Patienten behandeln

mit der Bahn reisen   Krankengeschichten beachten   Menschen einschätzen

in den Bergen wandern

für Ruhe sorgen   Stammgäste begrüßen   schwere Aktenkoffer tragen

Kühe, Ziegen und Schafe hüten

unangenehme Gäste hinausbegleiten   jemanden massieren   eine Hütte/Alp bewirtschaften

Vorträge halten   Bergschuhe anziehen

an Besprechungen/Konferenzen teilnehmen   sich mit der Anatomie gut auskennen

Gymnastikübungen erklären   wichtige berufliche Termine einhalten   Telefonkonferenzen abhalten

Mann mit Hunden	Mann am Bahnhof	Mann in Praxis	Mann vor der Bar
mit Hunden unterwegs sein,	eine Geschäftsreise machen,		

▶ Ü 1

b Was machen die beiden Männer wahrscheinlich beruflich? Wählen Sie eine Person aus und beschreiben Sie ihren Alltag.

VERMUTEN	
Ich kann/könnte mir gut vorstellen, dass …, denn/ weil …	Der Mann wird … sein.
	Der Mann sieht aus wie ein …
Es kann/könnte (gut) sein, dass …	In seinem Alltag wird er …
Ich vermute/glaube / nehme an, dass …	Er wird vermutlich/wahrscheinlich …
Vielleicht/Wahrscheinlich/Vermutlich ist/macht …	Es ist denkbar/möglich/vorstellbar, dass …

▶ Ü 2

c Lesen Sie die Texte über die beiden Personen und kreuzen Sie die richtigen Aussagen zu den einzelnen Texten an.

Rudolf Helbling, 45

Nach einem Forschungsaufenthalt in Neuseeland erfüllte ich mir meinen großen Traum und wurde Alphirt. Meine Frau und unsere vier Kinder leben in der Nähe von St. Gallen. Aber von Mai bis Oktober arbeite und wohne ich auf unserer Alp. Sie liegt zwischen 1.800 und 3.000 Metern über Meer im Kanton Graubünden.

Auf der etwa 2.500 Hektar großen Alp hüte ich mit meinen Angestellten 1.600 Schafe, 250 Kühe, 300 Ziegen
5 und 30 Pferde. Die Tiere gehören den Bauern aus dem Unterland. Ich bin von morgens früh bis abends spät mit meiner Herde unterwegs. Insgesamt ist die Alpwirtschaft eine große physische und psychische Herausforderung. Das Material wird mit Pferden und Maultieren, teilweise mit dem Helikopter auf die Alp geschafft. Ich liebe die Arbeit in der freien Natur und bewege mich gerne in dieser rauen Welt.

Mein zweites Standbein ist die Tätigkeit als Dozent an der Uni St. Gallen. Die Alpwirtschaft und meine
10 Lehrtätigkeit haben einige Gemeinsamkeiten, geht es doch an beiden Orten um ökonomische, ökologische und politische Fragen. Bis jetzt habe ich mein abwechslungsreiches Doppelleben nicht bereut. Nicht immer einfach ist, dass ich im Sommer meine Familie nur selten sehe.

1. In dem Text geht es um einen Mann, der …

   a in Neuseeland als Farmer arbeitet.
   b in der Schweiz Forschungs-arbeiten macht.
   c zwei Berufe hat.

2. Rudolf Helbling …

   a arbeitet im Sommer ganz alleine.
   b besitzt viele verschiedene Tiere.
   c ist im Sommer den ganzen Tag mit Tieren unterwegs.

3. Im Winter …

   a arbeitet Rudolf Helbling an einer Universität.
   b können nur Helikopter die Alp erreichen.
   c arbeitet Rudolf Helbling als Unternehmer.

Manfred Studer, 30

Freitagmorgen, 5:30 Uhr: Ich mache mich auf den Weg in meine Praxis, denn um 7:00 Uhr wartet schon der erste Patient. Vor inzwischen sechs Jahren bin ich mit meiner Ausbildung zum Physiotherapeuten und Heilprak-tiker fertig geworden. Dann habe ich viele Jahre in einem Krankenhaus in Luzern gearbeitet, aber vor einem Jahr habe ich eine eigene Praxis eröffnet. Ich bin sehr froh darüber, nun mein eigener Herr zu sein, aber die Kon-
5 kurrenz ist groß und die Miete für die Praxisräume ist sehr hoch, also habe ich mir einen zweiten Job gesucht.

Ich arbeite freitags und samstags von 21:00 bis 3:00 Uhr für eine Bar in der Innenstadt. Ich bin Türsteher und passe auf, dass nur die Gäste reinkommen, die erwünscht sind. Betrunkene Gäste zum Beispiel sind hier nicht gerne gesehen. In diesem Beruf kommen mir meine Erfahrungen mit Menschen sehr zugute.

Ich bin zufrieden mit meinen Jobs, aber Freizeit habe ich nun so gut wie keine mehr. Im Grunde hoffe ich
10 doch, dass ich bald so viele Patienten in der Praxis habe, dass ich nicht mehr als Türsteher arbeiten muss.

4. In dem Text geht es um …

   a das Nachtleben in Luzern.
   b das Schweizer Gesundheits-system.
   c finanzielle Probleme und wie ein Mann sie gelöst hat.

5. Manfred Studer …

   a arbeitet nur am Wochenende und nachts.
   b ist in einer Klinik tätig.
   c möchte selbstständiger Physiotherapeut bleiben.

6. Menschenkenntnis …

   a ist vor allem im Beruf eines Türstehers wichtig.
   b ist in beiden Berufen von Manfred Studer zentral.
   c hat Manfred Studer in seiner Ausbildung erlernt.

▶ Ü 3

2 Sammeln Sie im Kurs Vor- und Nachteile eines Lebens mit zwei Jobs. Überlegen Sie, was man alles anders organisieren muss. Berichten Sie auch von eigenen Erfahrungen.

Mehr als ein Beruf

2.12

3a Berufswechsel. Hören Sie den Beginn eines Interviews und notieren Sie: Als was hat Valerija zuerst gearbeitet, was macht sie jetzt und warum?

Arbeit früher: _____

2.13

b Hören Sie das ganze Interview und ergänzen Sie die Übersicht. Vergleichen Sie dann Ihre Notizen mit Ihrem Partner / Ihrer Partnerin.

1. der Anfang: Valerija taucht zum ersten Mal	**2. die Idee: Valerija will Tauchlehrerin werden**
Urlaub Ägypten mit Freund	

3. der Entschluss: als Tauchlehrerin arbeiten	**4. der Abschied: die Freunde und die Familie**

5. Beruf Tauchlehrer: Was ist schwer?	**6. Beruf Tauchlehrer: Was ist schön?**

STRATEGIE

Beim Hören Notizen machen

Notieren Sie nur die wichtigsten Informationen und lassen Sie Platz für Ergänzungen nach dem Hören.
Verwenden Sie Abkürzungen („+" für *und*, „/" für *oder*, „→" für Konsequenzen).
Lassen Sie Pronomen weg und notieren Sie Nomen ohne Artikel und Verben im Infinitiv. Das spart Zeit.

c Was ist für Sie an Ihrem Beruf oder Ihrer Ausbildung besonders schön oder schwer? Berichten Sie.

d Welche anderen Hobbys oder Interessen kann man zum Beruf machen? Sammeln Sie im Kurs.

4a Anstrengender Arbeitsalltag. Lesen Sie den Chat. Kreuzen Sie an, was für die Sprache in einem Chat typisch ist.

Animator an Coolmax um 23:25:12
Hallo! Ich hab 'ne Krise. Der Job hier ist nix für mich! Jeden Abend lustig sein, immer gute Laune haben. Hab echt keine Lust mehr!

Coolmax an Animator um 23:25:28
Soooo schlimm? Hey, bist doch erst 4 Wochen im Club. Macht's denn gar keinen Spaß?

Animator an Coolmax um 23:26:31
Nee 😫!!! Meine Kollegen reden nur über Essen und Gäste. Und die Gäste wollen mich von 8 bis 0 Uhr immer gut gelaunt. Ich hab nie meine Ruhe!

Coolmax an Animator um 23:27:07
Na komm, Kopf hoch! Hier ist's auch nicht besser … 😃 Mein Chef nervt tierisch! Muss jetzt ins Bett! Biba und gute N8!

	für einen Chat	
	typisch	**untypisch**
1. komplexe und lange Sätze	☐	☐
2. verkürzte Wörter (Endungen oder Vorsilben weglassen …)	☐	☐
3. Ausrufe wie in Alltagsgesprächen (*Ah, Oh* …)	☐	☐
4. Smileys (😃 / 😫 / …)	☐	☐
5. Anrede: *Sie*	☐	☐
6. direkte Rede	☐	☐
7. Abkürzungen	☐	☐
8. lange Absätze	☐	☐
9. Personalpronomen weglassen	☐	☐
10. viele Nebensätze	☐	☐

SPRACHE IM ALLTAG 〕〕

Abkürzungen in E-Mails, Chats und SMS

Biba = bis bald
N8 = Nacht
LG = liebe Grüße
GG = großes Grinsen
kA = keine Ahnung
WD = wieder da

▶ Ü 4

b Schreiben Sie zu zweit den Chat weiter. Jeder übernimmt eine Rolle.

Rolle A: Animator
Unterhalter in All-inclusive-Ferienclub
sehr unglücklich mit Job, weil:
- anstrengend
- immer dasselbe
- Clubgäste stellen immer gleiche Fragen
- manche meckern immer
- Heimweh
- …
Sie wollen nach Hause.

Rolle B: Coolmax
guter Freund von Animator
seit 5 Wochen neue Stelle in Reisebüro:
- Arbeit gut
- aber Chef sehr launisch
neidisch auf Job von Animator, weil im Ferienclub:
- immer schönes Wetter
- Arbeit mit gut gelaunten Leuten
- Essen inklusive
- wohnen im Hotel mit Service
Sie wollen Animator überreden, nicht aufzugeben.

▶ Ü 5

DaWanda

Eine Geschäftsidee für Kreative

Die DaWanda-Gründer Michael Pütz und Claudia Helming

Selbstgemachtes ist wieder in. Besonders wenn man etwas Besonderes sucht, das nicht jeder hat. Nachdem fast alles in Massenproduktion hergestellt wird, dreht sich die Welt jetzt wieder ein bisschen zurück. Im Netz entstehen Läden, in denen man Handgemachtes kaufen kann: Einzelstücke oder Kleinserien, in teuren Industrieländern gefertigt, womöglich im heimischen Wohnzimmer von Hobby-Schneiderinnen, die gleichzeitig Ladenbesitzerinnen sind. Oder von der Oma für ihren verkaufstüchtigen Enkel.

Für den Trend hat in Deutschland vor allem ein Internetportal gesorgt: DaWanda. Das Portal gibt es seit Dezember 2006 und es ist schnell gewachsen. Es trägt ein Herz im Logo, das Lieblingswort der Verkäufer lautet „süß" und das Angebot ist mit 3,5 Millionen Produkten schier unüberschaubar. 220 000 Menschen verkaufen auf DaWanda ihre Sachen – vom Schulranzen über Kapuzenpullis und selbstgeschriebene Gedichte bis hin zu irren Dingen wie Häkelbikinis oder einem Sarg als Bett. Alles handgemacht, so das Versprechen. In Zeiten, da man sich eher fünf Paar

neue Socken kauft, als die alten zu stopfen – mal abgesehen davon, dass man gar nicht wüsste, wie das geht – ist die Rückkehr zum Selbstgemachten überraschend. Das bedeutet nicht, dass die Kunden jetzt den kratzigen Ringelpullunder von Tante Agathe tragen wollen. Aber sie suchen originelle Einzelstücke, mit denen sie ihre Grundausstattung aus H&M-Shirt, Ikea-Regal und Apple-Handy aufpeppen können. Gerne darf es auch witzig sein. Die weitaus meisten Liebhaber der selbstgemachten Dinge sind Frauen – auf DaWanda mehr als 90 Prozent der Käufer. DaWanda-Gründerin Claudia Helming erklärt sich das damit, dass Frauen mehr Lust zum Stöbern haben. Und auf DaWanda vergeht schnell eine Stunde mit Klicken, Gucken, Vergleichen und Weiterklicken. „Männer kaufen lieber zielgerichtet ein", sagt Helming. Auch die Verkäufer sind vor allem Frauen. Viel mit ihren Verkäufen verdienen, das schaffen sie allerdings selten. Denn – Handarbeit hin oder her – die Kundinnen sind jung und nicht gerade Millionäre. Deshalb ist vieles erstaunlich günstig.

Urlaubsreife der Welt, outet euch! Zum Beispiel mit diesen Ohrringen

www Mehr Informationen zu DaWanda.

Sammeln Sie Informationen über Firmen, Geschäftsideen oder Persönlichkeiten aus dem In- und Ausland, die für das Thema „Arbeit und Beruf" interessant sind, und stellen Sie sie im Kurs vor. Sie können dazu die Vorlage „Porträt" im Anhang verwenden.

Beispiele aus dem deutschsprachigen Bereich: Vaude – Lala Berlin – Heidi Klum – Stefan Raab

1   Zukünftiges ausdrücken

Zukünftiges kann man mit zwei Tempusformen ausdrücken.

Präsens (oft mit Adverbien und anderen Zeitangaben)	*Bald* **habe** *ich einen besseren Job.*
Futur I (*werden* + Infinitiv)	*Ich* **werde** *(bald) einen besseren Job* **haben**.

Das Futur I wird auch oft verwendet, um Vermutungen oder Aufforderungen auszudrücken.
Hast du Marco gesehen? – Ach, der **wird** *schon in der Kantine* **sein**.   Vermutung
Sie **werden** *das Protokoll jetzt bitte sofort* **schreiben**.   Aufforderung

Aufforderungen mit Futur I sind sehr direkt und eher unhöflich.

2   Verben mit Präpositionen

Viele Verben stehen mit einer oder mehreren Präpositionen. Bei Verben mit Präpositionen bestimmt die Präposition den Kasus der Ergänzungen.

diskutieren **über** + Akk.	*Wir diskutieren* **über** <u>*die neuen Arbeitszeiten*</u>.
diskutieren **mit** + Dat.	*Wir diskutieren* **mit** <u>*unserem Chef*</u>.
diskutieren **mit** + Dat. **über** + Akk.	*Wir diskutieren* **mit** <u>*unserem Chef*</u> **über** <u>*die neuen Arbeitszeiten*</u>.

Eine Übersicht über Verben mit Präpositionen finden Sie im Anhang des Arbeitsbuchs.

3   Präpositionaladverbien und Fragewörter

Sachen/Ereignisse	**Personen/Institutionen**
***wo(r)* + Präposition**	**Präposition + Fragewort**
○ **Woran** *denkst du?* ● **An** *unsere Zukunft!*	○ **An wen** *denkst du?* ● **An** *meine Kollegin.*
○ **Wovon** *redet er?* ● **Vom** *neuen Projekt.*	○ **Mit wem** *redet er?* ● **Mit** *dem Projektleiter.*
***da(r)* + Präposition**	**Präposition + Pronomen**
○ *Erinnerst du dich* **an dein Bewerbungsgespräch**? ● *Natürlich erinnere ich mich* **daran**. *Ich erinnere mich auch* **daran**, *wie nervös ich war.*	○ *Erinnerst du dich* **an Sabine**? ● *Natürlich erinnere ich mich* **an sie**.

Nach *wo…* und *da…* wird ein *r* eingefügt, wenn die Präposition mit einem Vokal beginnt:
auf → wo**r**auf/da**r**auf

da(r)… steht auch vor Nebensätzen (*dass*-Satz, Infinitiv mit *zu*, indirekter Fragesatz).

Auf der Walz

1 Wie und wo erlernt man normalerweise einen Beruf? Wie sammelt man Berufserfahrung?

2a Sehen Sie das Foto an. Beschreiben Sie das Aussehen der beiden Männer. Welchen Beruf üben die beiden wahrscheinlich aus?

b Lesen Sie den Info-Text. Was bedeutet der Begriff „Wanderschaft"?

> Was in früheren Jahrhunderten in Handwerksberufen üblich war, machen heute nur noch wenige junge Handwerker: Die Gesellen – so heißen Handwerker, wenn sie ihre Lehrzeit mit einer Prüfung abgeschlossen haben – gehen auf Wanderschaft. Während dieser Zeit, die auch „Wanderjahre" oder „Walz" genannt wird, arbeiten sie an verschiedenen Orten und sammeln in unterschiedlichen Betrieben Berufserfahrung.

3a Sehen Sie die erste Filmsequenz. Was erfahren Sie über die beiden Männer? Kreuzen Sie die richtigen Informationen an.

- ☐ 1. David und Christian sind Zimmerleute.
- ☐ 2. Die beiden sind immer nur zu Fuß unterwegs.
- ☐ 3. Sie haben nicht viel Geld und wenig Gepäck.
- ☐ 4. Sie müssen immer aufpassen, dass ihnen nichts geklaut wird.
- ☐ 5. Zu ihrer Ausrüstung gehört ein Hammer.

b Was bedeuten die folgenden Ausdrücke? Ordnen Sie zu.

____ 1. per Anhalter unterwegs sein	a nur mit viel Mühe zu schaffen
____ 2. nur das Allernötigste dabeihaben	b jemandem etwas Unangenehmes zufügen
____ 3. mit großer Anstrengung verbunden sein	c nur das mitnehmen, was man unbedingt braucht
____ 4. jemandem etwas verpassen	d Autostopp machen

c Sehen Sie die Sequenz noch einmal. Welche Kleidung und Ausrüstung ist typisch für einen Zimmergesellen auf Wanderschaft? Welche Informationen bekommen Sie darüber?

d In welchen Berufen gibt es besondere Bekleidungen? Sammeln Sie Beispiele und beschreiben Sie die Kleidung.

4a Sehen Sie die zweite Filmsequenz. Was erfahren Sie noch über die Wanderschaft?

b Wie reagieren die Leute, wenn sie einen Zimmermann auf Wanderschaft sehen?

5a Was denken Sie? Welche Eigenschaften muss ein Zimmergeselle, der auf Wanderschaft gehen will, wahrscheinlich haben? Warum?

- a ☐ Er darf nicht verheiratet sein.
- b ☐ Er darf keine Schulden haben.
- c ☐ Er darf nicht älter als 29 Jahre sein.
- d ☐ Er muss sportlich sein.
- e ☐ Er darf nicht anspruchsvoll sein.
- f ☐ Er muss viele Sprachen können.

b Sehen Sie die dritte Filmsequenz und überprüfen Sie Ihre Vermutungen.

c Was bedeutet der Ausdruck „von der Hand in den Mund leben"?

6 „Die Walz, eine Schule fürs Leben." Sehen Sie die dritte Sequenz noch einmal. Wie hat die Wanderschaft die beiden Männer verändert?

7 Könnten Sie sich vorstellen, wie David und Christian auf Wanderschaft zu gehen? Warum (nicht)? Was finden Sie positiv, was negativ? Diskutieren Sie in Gruppen.

Für immer und ewig

A

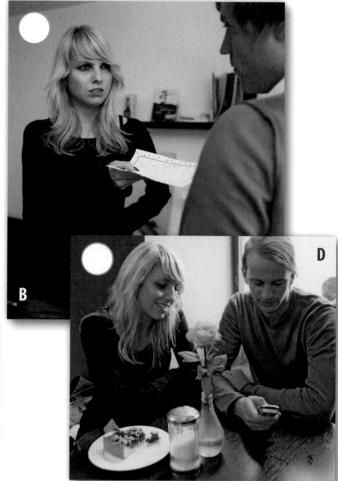

B

C

D

E

Arbeiten Sie zu dritt. Ordnen Sie die Fotos zu einer Geschichte. Schreiben Sie dann Dialoge oder kurze Texte zu den Bildern und tragen Sie Ihre Geschichte vor.

Lebensformen

1a Es gibt viele verschiedene Lebensformen. Welche passen zu den Fotos? Welche kennen Sie noch? Sammeln Sie im Kurs.

> Patchworkfamilie   kinderlos   Single   Fernbeziehung   Wohngemeinschaft   alleinlebend
>
> geschieden   Großfamilie   verwitwet   Partner   alleinerziehend   Lebensgefährte

b Diskutieren Sie in Gruppen: Warum gibt es heute so viele verschiedene Lebensformen? Was sind die Vor- und Nachteile dieser Lebensformen? Vergleichen Sie dann im Kurs.

▶ Ü 1

Wenn Kinder in einer Patchworkfamilie aufwachsen, lernen sie ...
Fernbeziehungen haben auch Vorteile, zum Beispiel ...   Früher konnten sich Paare nicht trennen, weil ...

2a Hören Sie einen Radiobeitrag und erklären Sie kurz, worum es geht.
2.14-15

b Hören Sie den ersten Abschnitt noch einmal und beantworten Sie die Fragen.
2.14

1. Was ist das Lebensziel der meisten Deutschen?

2. Wie hoch ist die Scheidungsrate in Deutschland?

3. In welchen Familienformen leben Kinder in Deutschland?

_____ % mit beiden leiblichen Eltern

_____ % mit einem alleinerziehenden Elternteil

_____ % in einer Patchworkfamilie

2.15

c Hören Sie den zweiten Abschnitt und notieren Sie.

Lebensform?

Familienmitglieder?

Situation?

Frau Schröder und Lara

Herr Massmann

d Schreiben Sie anhand Ihrer Notizen ein kurzes Porträt zu einer der beiden Familien.   ▶ Ü 2

3a Im Radiobeitrag haben Sie diese reflexiv gebrauchten Verben gehört. Wählen Sie drei Verben und schreiben Sie Beispielsätze.

sich scheiden lassen – sich sehen – sich gut verstehen – sich treffen – sich entschließen – sich wünschen – sich trennen – sich verlieben – sich gewöhnen an – sich etwas sagen lassen – sich zusammenraufen – sich ändern

b Welche anderen reflexiven Verben kennen Sie? Sammeln Sie in Gruppen und vergleichen Sie.

c Lesen Sie die Beispiele. Markieren Sie dann die Verben und die Reflexivpronomen. Welches Beispiel gehört zu welcher Regel?

A Ich verstehe mich gut mit Peter.
   Ich verstehe diesen Mann einfach nicht.

B Ich habe mich entschlossen, wieder zu arbeiten.
   Er hat sich sofort in sie verliebt.

1. Manche Verben sind **immer** reflexiv. _____

2. Manche Verben können reflexiv sein oder mit einer Akkusativergänzung stehen. _____

C Ich ziehe mich an.
   Ich ziehe mir den Mantel an.

D Ich wünsche mir mehr Zeit.
   Merk dir dieses Datum!

3. Reflexivpronomen stehen normalerweise im Akkusativ. Gibt es eine Akkusativergänzung,

   steht das Reflexivpronomen im Dativ. _____

4. Bei manchen Verben steht das Reflexivpronomen **immer** im Dativ. Diese Verben brauchen

   immer eine Akkusativergänzung. _____

   ▶ Ü 3–6

4 Lesen Sie die Verben. Überlegen Sie sich zu zweit eine kurze Geschichte und erzählen Sie.

sich scheiden lassen   sich kennenlernen   sich trennen   sich interessant finden

sich verabreden   heiraten   sich gut verstehen   sich verlieben   sich verloben

Klick dich zum Glück

1a Sehen Sie die Bilder an. Welche Situation wird hier dargestellt?

b Wie/Wo lernt man in Ihrem Land einen Partner / eine Partnerin kennen?

2 Lesen Sie den Artikel. Notieren Sie Informationen zu den folgenden Punkten und vergleichen Sie im Kurs.

– Vor- und Nachteile der Partnersuche im Internet
– unterschiedliche Arten der Kontaktbörsen
– Kosten und Qualität

Mit einem Klick zum Partnerglück

Die Zeiten ändern sich: Vor noch nicht allzu langer Zeit waren Menschen, die über eine Zeitungsanzeige einen Partner suchten, nur schwer vermittelbar. Heute ist es ganz normal, über Online-Plattformen Freunde oder Lebensgefährten zu finden. Von den Singles in
5 Deutschland zwischen 20 und 70 haben bereits zwei Drittel schon einmal eine Online-Kontaktbörse genutzt. Online-Dating boomt.

Was macht die Partnersuche im Internet so attraktiv?

Die große Schwierigkeit bei der Partnersuche besteht oftmals darin, dass es nicht so einfach ist, mögliche Partner kennenzulernen. In den unterschiedlichen Partnerbörsen, Dating-
10 Portalen und Online-Partnervermittlungen hat man die Möglichkeit, eine große Anzahl Menschen zu treffen, die ebenfalls auf der Suche sind. Jemanden anzusprechen, fällt dort vielen leichter als auf einer Party oder bei einem Konzertbesuch. Ein Problem kann jedoch sein, dass man bei der Menge der Informationen überfordert ist, einen möglichen Partner auszusuchen. Suchmaschinen helfen, eine erste Auswahl zu treffen.

15 **Die richtige Partnerbörse finden**

Dank der großen Auswahl an Partnerbörsen gibt es für jede Zielgruppe den passenden Anbieter. So gibt es Partnerbörsen für Akademiker, für Senioren, für Alleinerziehende und viele mehr.

Darüber hinaus spielt bei den Partnerbörsen der Faktor Geld eine wichtige Rolle. Immerhin
20 sind die meisten Dating-Portale gebührenpflichtig und verlangen einen wöchentlichen, monatlichen oder jährlichen Beitrag. Natürlich gibt es auch Partnerbörsen, die völlig kostenlos sind und ausschließlich als Plattform dienen. Die Zahl dieser Plattformen ist stark gestiegen. Allerdings bieten solche Partnerbörsen keine besonderen Dienste, die die Partnersuche um ein Vielfaches erleichtern. Kostenpflichtige Portale zeichnen sich zum Beispiel durch
25 Persönlichkeitstests aus, die einem zeigen, wie gut man mit wem zusammenpassen würde.

▶ Ü 1

3a Sie haben im Internet den Artikel „Mit einem Klick zum Partnerglück" gelesen. Im Gästebuch lesen
Sie die Meinung von Maria. Was hält sie von der Partnersuche im Internet?

Maria

16.06. | 19:35 Uhr
Ich kann mir das Kennenlernen eines Partners im Internet überhaupt nicht
vorstellen. Das ist mir viel zu unpersönlich. Ich weiß gar nicht, wem ich da
schreibe! Jemandem, den ich gar nicht kenne, könnte ich keine
persönlichen Informationen über mich geben.

b Überlegen Sie sich Argumente für und gegen die Partnersuche im Internet.

pro	contra
schnelle Kontaktaufnahme	*falsche Angaben im Profil*

c Lesen Sie die Sätze und unterstreichen Sie die Redemittel, die Argumente verbinden.

1. <u>Zunächst einmal</u> denke ich, dass diese Art der Partnersuche effektiver ist.
2. Ein weiterer Vorteil ist, dass man zeitlich flexibel ist.
3. Weiterhin ist für mich wichtig, dass man eine große Auswahlmöglichkeit hat.
4. Ich glaube darüber hinaus, dass man so einen Menschen besser kennenlernen kann.
5. Nicht zu vergessen ist die zeitliche Flexibilität.
6. Schließlich möchte ich noch darauf hinweisen, dass die Partnersuche immer schwierig ist.

▶ Ü 2

4a Schreiben Sie nun Ihre Meinung (circa 80 Wörter). Entscheiden Sie, welche Redemittel aus 3c
Sie verwenden wollen.

b Lesen Sie Ihren Text nach dem Schreiben noch einmal. Korrigieren Sie eventuelle Fehler.

STRATEGIE

Einen Text korrigieren

Lesen Sie Ihren Text mehrmals durch und achten Sie dabei auf häufige Fehler:
1. Ist das Verb richtig konjugiert?
2. Steht das Verb an der richtigen Position?
3. Stimmen die Endungen (Adjektive, Nomen)?
4. Sind alle Wörter richtig geschrieben?

c Arbeiten Sie zu zweit. Tauschen Sie Ihre Texte und korrigieren Sie sich gegenseitig. Wo gibt es
Probleme? Was verstehen Sie nicht? Verbessern Sie die Texte gemeinsam.

Die große Liebe

1 Die große Liebe – gibt es das? Kennen Sie Beispiele? Erzählen Sie.

2 Ein kleiner Augenblick, ein ganz besonderer Satz und plötzlich weiß man: Das ist die große Liebe. Lesen Sie die drei Texte aus einer Zeitschrift und beantworten Sie die Fragen.

1. Wie oder wo haben sich die Paare kennengelernt?
2. Was ist die besondere Situation der Paare?
3. Welche Pläne haben die Paare?

Ernst Kostner, 77: Maja habe ich vor einem Jahr durch eine Kontaktanzeige kennengelernt. In dem Moment, als wir uns angesehen haben, wusste ich: Das ist sie! Ich wollte gerne eine Frau, mit der ich etwas erleben kann. Maja ist meine große Liebe, weil wir zusammen lachen können und ich mit ihr alles nachholen kann, was ich verpasst habe. Einmal ist Maja nachts um drei ein Tanzschritt eingefallen, den sie dann geübt hat. Ich bin aufgewacht und wir haben zusammen weitergetanzt. Einfach so.

Maja Stinner, 73: Das, was mir wichtig ist, finde ich in dieser Beziehung, denn mit Ernst ist einfach immer etwas los. Er ist sehr aktiv, schmiedet immer Pläne. Nächsten Monat zum Beispiel fahren wir zusammen nach Prag, wo wir an einem Tanzwettbewerb teilnehmen.

Pia Fischer, 40: Wir passen einfach perfekt zueinander. Es gibt eigentlich nichts, was mich an ihm stört. Conni ist so begeisterungsfähig und wir teilen so viele Interessen. Nur unsere Umwelt hat immer noch ein Problem mit unserer Beziehung, denn der Altersunterschied ist etwas, was andere Leute komisch finden. Auch meine Familie kann nicht verstehen, dass ich mit einem Mann zusammen bin, der zwölf Jahre jünger ist

als ich. Komischerweise hat niemand ein Problem damit, wenn der Mann älter ist als die Frau. Mich interessiert dieser Altersunterschied nicht. Ich fühle mich einfach wohl mit ihm.

Cornelius Horsmann, 28: Kennengelernt habe ich Pia in dem Café, in dem ich jobbe. Ich fand sie sofort interessant. Pia ist eine faszinierende Frau, die weiß, was sie vom Leben will, und die schon eine Menge erlebt hat. Die Vorurteile, denen wir ständig begegnen, sind schon unglaublich. Aber mir ist es völlig egal, was die anderen sagen, und nächstes Jahr werden wir heiraten.

Paulo Gomes, 35: Ich komme aus São Paulo. Anne habe ich in England kennengelernt, wo wir beide bei einer Marketingfirma gearbeitet haben. Mir war ziemlich schnell klar, dass Anne die Frau ist, mit der ich eine Familie gründen will, und ich bin zu ihr nach Hamburg gezogen. Es hat dann eine Weile gedauert, bis ich eine Arbeit gefunden habe, aber jetzt arbeite ich in einem wirklich netten Team. Manchmal fehlen mir meine Freunde, die alle in Brasilien leben. Unsere Kinder sehen ihre Großeltern selten, was ich wirklich schade finde. Und die deutsche Mentalität ist mir oft zu ernst, ich vermisse die brasilianische Lebensart. Spätestens in zwei oder drei Jahren möchte ich mit meiner Familie nach Brasilien ziehen.

Anne Gomes, 32: Paulo ist der Mensch, dem ich grenzenlos vertraue. Er ist mein bester Freund und gleichzeitig meine große Liebe. Das passiert sicher nur einmal im Leben. Allerdings plagt ihn immer wieder das Heimweh und am liebsten würde er mit mir und den Kindern nach Brasilien ziehen, was ich mir aber gar nicht vorstellen kann. Dort eine Arbeit zu finden, die meinen Qualifikationen entspricht, wäre sicher sehr schwierig, zumal mein Portugiesisch nicht besonders gut ist. Und die Kinder müssten sich an eine Umgebung gewöhnen, die ihnen fremd ist.

▶ Ü 1

3a Wovon hängt die Form des Relativpronomens ab? Markieren Sie und ergänzen Sie dann die Regel.

1. Paulo ist der Mensch, dem ich grenzenlos vertraue.

2. Einmal ist Maja nachts ein Tanzschritt eingefallen, den sie dann geübt hat.

3. Anne ist die Frau, mit der ich eine Familie gründen will.

Artikel	Kasus	Informationen	Bezugswort

Relativsätze geben genauere _Informationen_, beschreiben etwas oder jemanden.

Form des Relativpronomens:

→ wie der bestimmte _____ (Ausnahmen: Dativ Plural *denen* und Genitiv *dessen/deren*)

→ Genus *(der/das/die)* und Numerus (Singular/Plural) richten sich nach dem _____.

→ Der _Kasus_____ (Nom., Akk., Dat.) richtet sich nach dem Verb oder der Präposition

im Relativsatz.

b Schreiben Sie zu zweit für jeden Kasus je einen Relativsatz. Tauschen Sie die Sätze mit einem anderen Paar und korrigieren Sie sich gegenseitig. ▶ Ü 2–3

4a Lesen Sie die Regel und ergänzen Sie die Beispielsätze.

Gibt ein Relativsatz einen Ort oder eine Richtung an, kann man statt Präposition + Relativpronomen auch *wo/woher/wohin* verwenden.

Ich habe Anne in der Stadt kennengelernt,

in der wir gearbeitet haben.	**in die** ich gezogen bin.	**aus der** mein Kollege kommt.
_____ wir gearbeitet haben.	_____ ich gezogen bin.	_____ mein Kollege kommt.
Ort	**Richtung auf etwas zu**	**Richtung von etwas weg**

b Sehen Sie sich die Beispiele an. Worauf bezieht sich das Relativpronomen *was*? Markieren Sie und ergänzen Sie die Regel.

1. Das, was mir wichtig ist, finde ich in dieser Beziehung.
2. Mit Maja kann ich alles nachholen, was ich verpasst habe.
3. Der Altersunterschied ist etwas, was andere Leute komisch finden.
4. Es gibt eigentlich nichts, was mich an ihm stört.
5. Unsere Kinder sehen ihre Großeltern selten, was ich schade finde.

Bezieht sich das Relativpronomen auf einen ganzen Satz oder stehen die Pronomen *das*,

_____, _____ und _____ im Hauptsatz, dann verwendet man das

Relativpronomen *was*. ▶ Ü 4

5 Beschreiben Sie Ihren Traumpartner / Ihre Traumpartnerin. Bilden Sie mindestens fünf Relativsätze.

Ich suche eine Partnerin, mit der ich zum Mond fliegen kann.
Mein Traummann ist ein Mensch, der immer zu mir hält.
Ich will mit meinem Partner in alle Länder fahren, wo …

Eine virtuelle Romanze

1a Lesen Sie die Meinungen aus einem Literaturforum über den E-Mail-Roman „Gut gegen Nordwind" von Daniel Glattauer. Welche Meinungen sind positiv, welche negativ?

> **1** Ein witziger und spannender Mail-wechsel zwischen zwei intelligenten Menschen, nämlich Emmi Rothner und Leo Leike, die sich mit jeder weiteren E-Mail näherkommen. Meine Empfehlung: sehr lesenswert.

> **2** Kann man mit geschriebenen E-Mails ein Buch füllen? Man kann. Am Anfang war ich sehr skeptisch und ich dachte, Mails zu lesen, wird lang-weilig. Aber bereits nach der dritten Seite war ich süchtig. Ich konnte das Buch nicht mehr weglegen.

> **3** Obwohl ich das Buch an einem Tag gelesen habe, weil ich neugierig war, wie es mit Leo und Emmi weitergeht, war ich stellenweise genervt. Die E-Mails sind zum Teil langatmig mit vielen Wortspie-lereien. Und das Ende überrascht mich nicht.

> **4** Ich habe das Buch zum Geburtstag ge-schenkt bekommen. Das beste Geschenk! Ich habe es verschlungen. Man fühlt mit Emmi und Leo und hofft, dass alles gut ausgeht.

b Was erfahren Sie aus den Meinungen über den Roman?

2a Lesen Sie den ersten Abschnitt des Romans. Beantworten Sie die Fragen.

    1. An wen schreibt Emmi Rothner?
    2. Was ist der Grund der E-Mails?
    3. Warum bekommt sie zuerst keine Antwort?

---

15. Jänner[1]
Betreff: **Abbestellung**
Ich möchte mein Abonnement kündigen. Geht das auf diesem Wege? Freundliche Grüße, E. Rothner.

18 Tage später
Betreff: **Abbestellung**
Ich will mein Abonnement kündigen. Ist das per E-Mail möglich? Ich bitte um kurze Antwort.
Freundliche Grüße, E. Rothner.

33 Tage später
Betreff: **Abbestellung**
Sehr geehrte Damen und Herren vom „Like"-Verlag, sollte Ihr beharrliches[2] Ignorieren meiner Versuche, ein Abonnement abzubestellen, den Zweck haben, weitere Hefte Ihres im Niveau leider stetig sinkenden Produkts absetzen[3] zu können, muss ich Ihnen leider mitteilen: Ich zahle nichts mehr!
Freundliche Grüße, E. Rothner.

Acht Minuten später
AW:
Sie sind bei mir falsch. Ich bin privat. Ich habe: woerter@leike.com. Sie wollen zu: woerter@like.com. Sie sind schon der Dritte, der bei mir abbestellen will. Das Heft muss wirklich schlecht geworden sein.

Fünf Minuten später
RE:
Oh, Verzeihung! Und danke für die Aufklärung[4]. Grüße, E.R.

1. Januar, 2. ausdauernd, entschlossen, 3. verkaufen, 4. Erklärung, Information

---

b Lesen Sie die dritte E-Mail noch einmal. Wie reagiert Emmi? Markieren Sie.

☐ freundlich ☐ genervt ☐ bittend ☐ frech ☐ höflich

3a Lesen Sie weiter. Wie reagiert Leo auf die nächste Mail von Emmi?

> *Neun Monate später*
> Kein Betreff
> Frohe Weihnachten und ein gutes neues Jahr wünscht Emmi Rothner.
>
> *Zwei Minuten später*
> AW:
> Liebe Emmi Rothner, wir kennen uns zwar fast noch weniger als überhaupt nicht. Ich danke Ihnen dennoch für Ihre herzliche und überaus originelle Massenmail[1]! Sie müssen wissen: Ich liebe Massenmails an eine Masse, der ich nicht angehöre[2]. MfG[3], Leo Leike.
>
> *18 Minuten später*
> RE:
> Verzeihen Sie die schriftliche Belästigung[4], Herr MfG Leike. Sie sind mir irrtümlich in meine Kundenkartei gerutscht[5], weil ich vor einigen Monaten ein Abonnement abbestellen wollte und versehentlich[6] Ihre E-Mail-Adresse erwischt[7] hatte. Ich werde Sie sofort löschen.
> PS: Wenn Ihnen eine originellere Formulierung einfällt, jemandem „Frohe Weihnachten und ein gutes neues Jahr" zu wünschen, als „Frohe Weihnachten und ein gutes neues Jahr", dann teilen Sie mir diese gerne mit. Bis dahin: Frohe Weihnachten und ein gutes neues Jahr! E. Rothner.
>
> 1. eine E-Mail an sehr viele Menschen, 2. ein Mitglied oder Teil von etwas sein, 3. Mit freundlichen Grüßen, 4. Störung, 5. gekommen, 6. nicht mit Absicht, 7. genommen

b Was wollen Emmi und Leo mit den Formulierungen sagen? Markieren Sie.

1. „Ihre herzliche und überaus originelle Massenmail"
   - a Leo hält die Idee, eine Massenmail zu schreiben, für sehr kreativ.
   - b Leo mag diese Art von E-Mail gar nicht und ist deswegen ironisch.

2. „Herr MfG Leike"
   - a Emmi kennt diese allgemeine Abkürzung der Grußformel und findet sie zu unpersönlich.
   - b Emmi mag die Abkürzung und verwendet sie deswegen auch für die Anrede.

3. „Wenn Ihnen eine originellere Formulierung einfällt, …"
   - a Emmi will in einer Massenmail keinen anderen Weihnachtsgruß schreiben.
   - b Emmi findet diesen Weihnachtsgruß in einer Massenmail passend.

c Welchen Eindruck haben Sie von Emmi und Leo? Markieren Sie passende Adjektive.

ernsthaft	korrekt	offen	aggressiv	gestresst	herzlich	humorvoll	verärgert
schlagfertig	ironisch	herausfordernd	schüchtern	genervt	höflich	kreativ	

4 Ist Ihnen schon einmal etwas Ähnliches wie Emmi passiert?

5 Was denken Sie: Wie geht der Mailwechsel zwischen Emmi und Leo weiter?

6 Lesen Sie weiter. Leo stellt Vermutungen über Emmis Alter an. Er charakterisiert bestimmte Altersstufen. Notieren Sie zu diesen Altersstufen Leos Begründungen.

Emmi und Leo tauschen weitere E-Mails aus. Emmi erfährt, dass Leo sich beruflich mit der Sprache von E-Mails befasst. Er ist Kommunikationsberater und Assistent für Sprachpsychologie an der Universität. Dort arbeitet Leo an einer Studie über den Einfluss der E-Mail auf das Sprachverhalten. Leo glaubt, dass Emmi jünger klingt, als sie in Wirklichkeit ist. Emmi fragt, wie er darauf kommt. Leo antwortet:

---

45 Minuten später
AW:
Sie schreiben wie 30. Aber Sie sind um die 40, sagen wir: 42. Woran ich das zu erkennen glaube? – Eine 30-Jährige liest nicht regelmäßig „Like". Das Durchschnittsalter einer „Like"-Abonnentin beträgt etwa 50 Jahre. Sie sind aber jünger, denn beruflich beschäftigen Sie sich mit Homepages, da könnten Sie also wieder 30 und sogar deutlich darunter sein. Allerdings schickt keine 30-Jährige eine Massenmail an Kunden, um ihnen
5 „Frohe Weihnachten und ein gutes neues Jahr" zu wünschen. Und schließlich: Sie heißen Emmi, also Emma. Ich kenne drei Emmas, alle sind älter als 40. Mit 30 heißt man nicht Emma. Emma heißt man erst wieder unter 20, aber unter 20 sind Sie nicht, sonst würden Sie Wörter wie „cool", „spacig", „geil[1]", „elementar", „heavy" und Ähnliches verwenden. Außerdem würden Sie dann weder mit großen Anfangsbuchstaben noch in vollständigen Sätzen schreiben. Und überhaupt hätten Sie Besseres zu tun, als sich mit einem humorlosen
10 vermeintlichen Professor zu unterhalten und dabei interessant zu finden, wie jung oder alt er Sie einschätzt. Noch etwas zu „Emmi": Heißt man nun Emma und schreibt man jünger als man ist, zum Beispiel weil man sich deutlich jünger fühlt, als man ist, nennt man sich nicht Emma, sondern Emmi. Fazit, liebe Emmi Rothner: Sie schreiben wie 30, Sie sind 42. Stimmt's? Sie haben 36er Schuhgröße. Sie sind klein, zierlich[2] und quirlig[3], haben kurze dunkle Haare. Und Sie sprudeln[4], wenn Sie reden. Stimmt's? Guten Abend, Leo Leike.

1. toll, cool, 2. schlank, 3. temperamentvoll, lebhaft, 4. sehr viel und sehr schnell reden

---

20 Jahre	30 Jahre	40 Jahre	50 Jahre
			typische „Like"-Abonnentin

7 Lesen Sie Emmis Antwort. Markieren Sie dann, ob die Aussagen 1–4 richtig oder falsch sind.

Am nächsten Tag
Betreff: **Nahe treten**
Lieber Leo, den „Leike" lasse ich jetzt weg. Sie dürfen dafür die „Rothner" vergessen. Ich habe Ihre gestrige Mail sehr genossen, ich habe sie mehrmals gelesen. Ich möchte Ihnen ein Kompliment machen. Ich finde es spannend, dass Sie sich so auf einen Menschen einlassen[1] können, den Sie gar nicht kennen, den Sie noch nie gesehen haben und wahrscheinlich auch niemals sehen werden, von dem Sie auch sonst nichts zu erwarten
5 haben, wo Sie gar nicht wissen können, ob da jemals irgend etwas Adäquates[2] zurückkommt. Das ist ganz atypisch[3] männlich, und das schätze ich an Ihnen. Das wollte ich Ihnen vorweg nur einmal gesagt haben. So, und jetzt zu ein paar Punkten:
1.) Sie haben einen ausgewachsenen Massenmail-Weihnachtsgruß-Psycho[4]! Wo haben Sie den aufgerissen[5]? Anscheinend kränkt man Sie zu Tode, wenn man „Frohe Weihnachten und ein gutes neues Jahr" sagt. Gut,
10 ich verspreche Ihnen, ich werde es nie, nie wieder sagen! Übrigens finde ich es erstaunlich, dass Sie von „Frohe Weihnachten und ein gutes neues Jahr" auf ein Lebensalter schließen können wollen. Hätte ich „Frohe Weihnachten und ein glückliches neues Jahr" gesagt, wäre ich dann zehn Jahre jünger gewesen?
2.) Tut mir Leid, lieber Leo Sprachpsychologe, aber dass eine Frau nicht jünger als 20 Jahre sein kann, wenn sie nicht „cool", „geil" und „heavy" verwendet, kommt mir schon ein bisschen weltfremd oberprofessoren-
15 haft[6] vor. Nicht, dass ich darum kämpfe, so zu schreiben, dass Sie meinen könnten, ich sei jünger als 20 Jahre. Aber weiß man es wirklich?
3.) Ich schreibe also wie 30, sagen Sie. Eine 30-Jährige liest aber nicht „Like", sagen Sie. Dazu erkläre ich Ihnen gerne: Die Zeitschrift „Like" hatte ich für meine Mutter abonniert. Was sagen Sie jetzt? Bin ich nun endlich jünger, als ich schreibe?

20 4.) Mit dieser Grundsatzfrage muss ich Sie alleine lassen. Ich habe leider einen Termin. (Firmunterricht? Tanzschule? Nagelstudio? Teekränzchen? Suchen Sie es sich ruhig aus.) Schönen Tag noch, Leo! Emmi.

Drei Minuten später
RE:
Ach ja, Leo, eines will ich Ihnen doch noch verraten: Bei der Schuhgröße waren Sie gar nicht so schlecht. Ich trage 37. (Aber Sie brauchen mir keine Schuhe zu schenken, ich habe schon alle.)

1. *hier:* einen Menschen kennenlernen wollen, 2. etwas Gleiches, 3. nicht typisch, 4. Psychose, psychische Krankheit, 5. Wie ist das denn entstanden?, 6. wie jemand, der alles besser weiß

	richtig	falsch
1. Emmi glaubt, dass sie sich mit Leo noch treffen wird.	☐	☐
2. Emmi findet, dass Leo große psychische Probleme hat.	☐	☐
3. Das Abonnement der Zeitschrift „Like" gehörte Emmis Mutter.	☐	☐
4. Emmi hat einen Kurs und kann nicht weiterschreiben.	☐	☐

8 Bilden Sie zwei Gruppen. Wie stellen Sie sich Leo und Emmi vor? Jede Gruppe schreibt für beide einen Steckbrief. Ergänzen Sie die Informationen aus den E-Mails mit Ihren Vermutungen. Vergleichen Sie dann die Ergebnisse im Kurs.

Emmi
Alter:
Familienstand: wahrscheinlich ledig
Beruf:
Aussehen: Schuhgröße 37, zierlich,
Hobbys:

9a Leo meldet sich nicht mehr. Wie findet Emmi das?

Drei Tage später
Betreff: **Etwas fehlt**
Lieber Leo, wenn Sie mir drei Tage nicht schreiben, empfinde ich zweierlei: 1.) Es wundert mich. 2.) Es fehlt mir etwas. Beides ist nicht angenehm. Tun Sie was dagegen! Emmi.

b Lesen Sie weiter: Warum hat Leo nicht geantwortet? Warum will er Emmi nicht treffen?

Am nächsten Tag
Betreff: **Endlich gesendet!**
Liebe Emmi, zu meiner Verteidigung gebe ich an: Ich habe Ihnen täglich geschrieben, ich habe die E-Mails nur nicht abgeschickt, nein, im Gegenteil, ich habe sie allesamt wieder gelöscht. Ich bin in unserem Dialog nämlich an einem heiklen Punkt angelangt[1]. Sie, diese gewisse Emmi mit Schuhgröße 37, beginnt mich schön langsam mehr zu interessieren, als es dem Rahmen, in dem ich mich mit ihr unterhalte, entspricht[2]. Und
5 wenn sie, diese gewisse Emmi mit Schuhgröße 37, von vornherein feststellt: „Wahrscheinlich werden wir uns niemals sehen", dann hat sie natürlich völlig Recht und ich teile ihre Ansicht. Ich halte das für sehr, sehr klug, dass wir davon ausgehen, dass es zu keiner Begegnung zwischen uns kommen wird. Ich will nämlich nicht, dass die Art unseres Gesprächs hier auf das Niveau eines Kontaktanzeigen- und Chatroom-Geplänkels[3] absinkt.
10 So, und diese Mail schicke ich nun endlich weg, damit sie, diese gewisse Emmi mit Schuhgröße 37, wenigstens irgendwas von mir in der Mailbox hat. (Aufregend ist der Text nicht, ich weiß, es ist auch nur ein Bruchteil von dem, was ich Ihnen schreiben wollte.) Alles Liebe, Leo

1. an einen schwierigen Punkt kommen, 2. mehr als es zur Situation passt, 3. ein banales Gespräch

10 Was denken Sie: Gibt es ein Happy End? Schreiben Sie für die Geschichte ein Ende. ▶ Ü 1–3

11 Würden Sie das Buch gerne lesen? Warum? Warum nicht?

Daniel Glattauer *(* 19. Mai 1960)*

Schriftsteller

Daniel Glattauer beschreibt sich selbst als „einen recht freundlichen und entspannt wirkenden Mann mit relativ wenigen, dafür aber bereits leicht grauen Haaren und einer markanten dunkel umrandeten Brille". Dabei ist er einer der erfolgreichsten Autoren Österreichs und des deutschen Sprachraums. Seine beiden E-Mail-Romane *Gut gegen Nordwind* und *Alle sieben Wellen* wurden in 37 Sprachen übersetzt und verkauften sich millionenfach. Glattauer wuchs in Wien auf. Er studierte zunächst Pädagogik und Kunstgeschichte. Nach Abschluss seines Studiums begann er, als Kellner zu arbeiten, und verfasste nebenher Liedtexte. Dann wurde er Journalist und schrieb zunächst rund drei Jahre lang für *Die Presse*, danach für die damals neu gegründete Tageszeitung *Der Standard*. Er schrieb Gerichtsreportagen und das *Einserkastl*, eine Kolumne auf der Titelseite des *Standard*, wo er mit viel Humor über alltägliche Begegnun-

Daniel Glattauer

gen philosophierte. Eine Auswahl der Kolumnen erschien 2011 in Buchform *(Mama, jetzt nicht!)*. Neben seiner journalistischen Arbeit schrieb er Romane, z. B. *Der Weihnachtshund*.

Der große Erfolg kam allerdings erst mit dem 2006 veröffentlichten Roman *Gut gegen Nordwind*, der im selben Jahr für den Deutschen Buchpreis nominiert wurde. Über 220 Seiten schreiben sich ein alleinstehender Mann und eine verheiratete Frau E-Mails – viel mehr passiert nicht. Und trotzdem wurde dieses Buch sehr erfolgreich und machte Daniel Glattauer berühmt. Auch der Roman *Ewig Dein* ist ein Beziehungsroman, aber auch ein Psychothriller.

Die Redaktion des *Standard* verließ er 2009 beim Erscheinen seines Romans *Alle sieben Wellen*. Seitdem lebt Daniel Glattauer von der Literatur. Er pendelt zwischen Wien und seinem Haus in Niederösterreich, wo seine Familie und seine fünf indischen Laufenten leben.

---

www Mehr Informationen zu Daniel Glattauer.

Sammeln Sie Informationen über Persönlichkeiten aus dem In- und Ausland, die für das Thema „Liebe" interessant sind, und stellen Sie sie im Kurs vor. Sie können dazu die Vorlage „Porträt" im Anhang verwenden.

Beispiele aus dem deutschsprachigen Bereich: Anna Katharina Hahn – Marlene Streeruwitz – Max Frisch – Juli Zeh – Julia Franck – Katharina Hagena – Uwe Timm

1 Reflexive Verben

Personal-pronomen	Reflexivpronomen im Akkusativ	im Dativ	Personal-pronomen	Reflexivpronomen im Akkusativ/Dativ
ich	mich	mir	wir	uns
du	dich	dir	ihr	euch
er/es/sie	sich		sie/Sie	sich

Manche Verben sind immer reflexiv.	*sich entschließen, sich verlieben, sich beschweren, sich kümmern, sich beeilen …*
Manche Verben können reflexiv sein oder mit einer Akkusativergänzung stehen.	*(sich) verstehen, (sich) ärgern, (sich) treffen, (sich) unterhalten …*
Reflexivpronomen stehen normalerweise im Akkusativ. Gibt es eine Akkusativergänzung, steht das Reflexivpronomen im Dativ.	*sich anziehen, sich waschen, sich kämmen …*
Bei manchen Verben steht das Reflexivpronomen immer im Dativ. Diese Verben brauchen immer eine Akkusativergänzung.	*sich etwas wünschen, sich etwas merken, sich etwas vorstellen, sich etwas denken …*

Eine Übersicht über reflexive Verben finden Sie im Anhang des Arbeitsbuchs.

2 Relativsätze

	Singular			Plural
Nominativ	der	das	die	die
Akkusativ	den	das	die	die
Dativ	dem	dem	der	**denen**
Genitiv	**dessen**	**dessen**	**deren**	**deren**

Genus und Numerus des Relativpronomens richten sich nach dem Bezugswort.
Der Kasus richtet sich nach dem Verb im Relativsatz oder der Präposition.

Sie war die erste Frau, die ich getroffen habe.   + Akk.   *Sie war die erste Kollegin, **mit** der ich gearbeitet habe.*   **mit** + Dat.

Gibt ein Relativsatz einen Ort, eine Richtung oder einen Ausgangspunkt an, kann man statt Präposition und Relativpronomen *wo, wohin, woher* verwenden.

Ich habe Anne in der Stadt kennengelernt,

… **wo** *wir gearbeitet haben.*	**Ort**
… **wohin** *ich gezogen bin.*	**Richtung**
… **woher** *mein Kollege kommt.*	**Ausgangspunkt**

Bei Städte- und Ländernamen benutzt man immer *wo, wohin, woher*.
*Gabriel kommt aus São Paulo, **wo** auch seine Familie lebt.*

Bezieht sich das Relativpronomen auf einen ganzen Satz oder stehen die Pronomen *das, etwas, alles* und *nichts* im Hauptsatz, dann verwendet man das Relativpronomen *was*.
*Das, **was** du suchst, gibt es nicht.*
*Meine Beziehung ist etwas, **was** mir viel bedeutet.*
*Alles, **was** er mir erzählt hat, habe ich schon gewusst.*
*Es gibt nichts, **was** ich meinem Freund verschweigen würde.*
*Meine Schwester hat letztes Jahr geheiratet, **was** mich sehr gefreut hat.*

Beim Geld hört die Liebe auf

 1 a Sehen Sie die erste Sequenz des Films ohne Ton.
Was vermuten Sie: Worum geht es in dem Beitrag?

b Sehen Sie die Sequenz nun mit Ton. Waren Ihre
Vermutungen richtig?

 2 Sehen Sie den ganzen Film und achten Sie besonders auf die kleinen Spielszenen des Paares.
Worum geht es in den vier Szenen? Geben Sie in Gruppen jeder Szene eine Überschrift.

 3 a Sehen Sie die zweite Filmsequenz. Männer
oder Frauen: Wer kann besser mit Geld
umgehen? Was denken Sie?

b Welcher Lösungsvorschlag wird im Film
genannt, wenn es um das Finanzieren von
Extrawünschen geht? Sammeln Sie weitere
Möglichkeiten.

> Die Männer, absolut! Die sind rationeller,
> die machen keine Spontaneinkäufe
> wie die Frauen …

4a Sehen Sie die dritte Filmsequenz. Was „sagen" der Mann und die Frau in der Spielszene? Übersetzen Sie Mimik und Körpersprache. Gruppe A schreibt die Sätze des Mannes, Gruppe B die der Frau.

b Bilden Sie Paare aus Gruppe A und B und spielen Sie den Dialog.

5 Was sagt die Passantin? Überrascht Sie das? Wie ist die Rollenverteilung beim Einkaufen in Ihrer Familie oder in Ihrem Freundeskreis?

6 Sehen Sie die vierte Filmsequenz. Was denken die Personen? Arbeiten Sie zu dritt und formulieren Sie die Gedanken der Personen in der Café-Szene. Spielen Sie die Szene vor.

7 Hört beim Geld wirklich die Liebe auf? Ist es wichtig, *meins, deins* und *unsers* auseinanderzuhalten? Diskutieren Sie.

8a In welchen Situationen streiten Paare? Beschreiben Sie zu zweit eine Situation auf einem Zettel. Dann werden alle Zettel gemischt.

b Jedes Paar zieht einen Zettel und überlegt sich einen Dialog zu der Situation. Sammeln Sie für Ihr Streitgespräch zuerst passende Wörter und Redemittel. Spielen Sie dann Ihre Szene vor.

Kaufen, kaufen, kaufen

1   Gehen Sie gerne einkaufen oder ist es Ihnen eher lästig? Berichten Sie.

2a   Sehen Sie sich die Zeichnungen an und beschreiben Sie die Situationen. Kennen Sie noch andere Situationen?

b   Schreiben Sie, was die Personen denken oder sagen. Vergleichen Sie dann im Kurs.

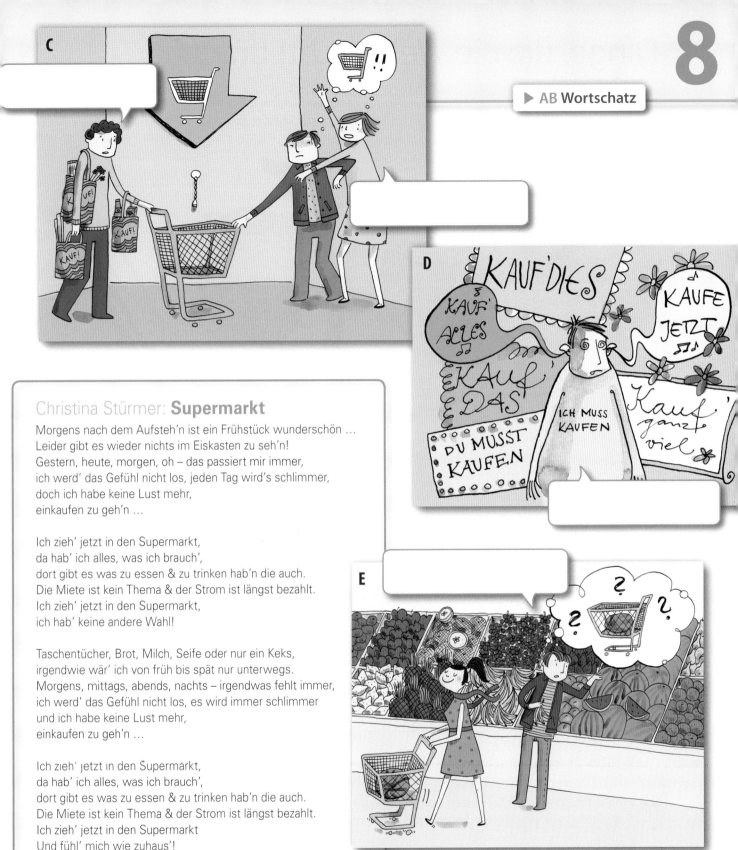

Christina Stürmer: **Supermarkt**

Morgens nach dem Aufsteh'n ist ein Frühstück wunderschön …
Leider gibt es wieder nichts im Eiskasten zu seh'n!
Gestern, heute, morgen, oh – das passiert mir immer,
ich werd' das Gefühl nicht los, jeden Tag wird's schlimmer,
doch ich habe keine Lust mehr,
einkaufen zu geh'n …

Ich zieh' jetzt in den Supermarkt,
da hab' ich alles, was ich brauch',
dort gibt es was zu essen & zu trinken hab'n die auch.
Die Miete ist kein Thema & der Strom ist längst bezahlt.
Ich zieh' jetzt in den Supermarkt,
ich hab' keine andere Wahl!

Taschentücher, Brot, Milch, Seife oder nur ein Keks,
irgendwie wär' ich von früh bis spät nur unterwegs.
Morgens, mittags, abends, nachts – irgendwas fehlt immer,
ich werd' das Gefühl nicht los, es wird immer schlimmer
und ich habe keine Lust mehr,
einkaufen zu geh'n …

Ich zieh' jetzt in den Supermarkt,
da hab' ich alles, was ich brauch',
dort gibt es was zu essen & zu trinken hab'n die auch.
Die Miete ist kein Thema & der Strom ist längst bezahlt.
Ich zieh' jetzt in den Supermarkt
Und fühl' mich wie zuhaus'!

3a Lesen Sie den Text des Liedes „Supermarkt" von Christina Stürmer. Geht sie gern in den
Supermarkt?

b Hören Sie nun das Lied. Wie gefallen Ihnen der Text, die Melodie, der Rhythmus, die Stimme?

2.16

Dinge, die die Welt (nicht) braucht

1a Was ist das und was macht man damit? Wenn Sie es nicht wissen, raten Sie.

b Lesen Sie nun die Produktbeschreibungen. Welcher Text passt zu welchem Foto?

A Sie sind zu Fuß oder mit Inlineskates unterwegs und plötzlich kommt von der Seite ein Radfahrer, der Sie nicht sieht. Wenn Sie doch jetzt eine Klingel dabei hätten, mit der Sie auf sich aufmerksam machen könnten! Kein Problem, den Klingelring stecken Sie sich einfach an den Finger, um sicher zu sein. Sie müssen nur leicht auf den Ring drücken, damit die laute Klingel ertönt. Sie sind nicht zu überhören!

B Wer kennt das nicht: Kekskrümel auf und in der Tastatur? Das ist nicht nur unappetitlich, manchmal funktionieren sogar die Tasten nicht mehr. Kein Problem für den kleinen lustigen Tastaturstaubsauger. Mit einem fröhlichen Lächeln entfernt er schnell unerwünschten Staub und Dreck. Und er kommt auch in die kleinsten Ecken. Damit auch Sie immer was zu lachen haben, stellen Sie ihn einfach gut sichtbar neben Ihren Computer.

C Schon wieder: Die Gäste sitzen am wunderschön gedeckten Tisch, der Gastgeber schenkt edlen Rotwein in die Gläser und natürlich ist gleich ein Fleck auf der weißen Tischdecke. Zum Glück bieten wir Ihnen jetzt den Tropfenfänger, damit das nicht mehr passiert. Man rollt das runde Blättchen einfach zusammen und steckt es in den Flaschenhals. Und schon sind alle Tischdecken sicher.

D Sie haben sich schon oft etwas gewünscht, um immer den perfekten Durchblick zu haben, egal ob in der Nähe oder in die Ferne? Das winzig kleine Monokular – nicht größer als eine Streichholzschachtel und nur 46 Gramm leicht – ist die Lösung: Es ist Fernglas und Lupe in einem. Das Gerät ist so klein, dass man es jederzeit in der Hosentasche bei sich tragen kann.

▶ Ü 1   **c** Welches Produkt würden Sie kaufen? Kennen Sie ähnliche Produkte?

2a Finalsätze. Markieren Sie in den Texten die Konnektoren *damit* und *um … zu*. Suchen Sie die Subjekte in den markierten Sätzen und ergänzen Sie die Regel mit *damit* und *um … zu*.

> **Finalsätze mit *damit* und *um … zu***
>
> Finalsätze drücken ein Ziel oder eine Absicht aus.
>
> Subjekt im Hauptsatz = Subjekt im Nebensatz: _____ oder _____
>
> Subjekt im Hauptsatz ≠ Subjekt im Nebensatz: _____
>
> *wollen, sollen* und *möchten* stehen nie in Finalsätzen: .
> *Ich hebe Geld ab. Ich will das Monokular kaufen. → Ich hebe Geld ab,* **um** *das Monokular* **zu** *kaufen.*

Ⓖ

b Welche Sätze kann man mit *um … zu* sagen? Kreuzen Sie an und formulieren Sie diese Sätze um.

- ☐ 1. Passen Sie gut auf das Monokular auf, damit Sie es nicht verlieren.
- ☐ 2. Benutzen Sie den kleinen Staubsauger, damit Ihre Tastatur sauber wird.
- ☐ 3. Nehmen Sie den Klingelring mit, damit Sie auf sich aufmerksam machen können.
- ☐ 4. Klingeln Sie vor scharfen Kurven, damit andere Personen Sie hören.
- ☐ 5. Kaufen Sie den Tropfenfänger, damit Sie Ihre Tischdecke nicht schmutzig machen.

c Arbeiten Sie zu zweit. Jeder notiert vier Fragen mit *Wozu?*.
A beginnt, liest eine Frage vor und wirft dann eine Münze:
Zahl = *damit*, Kopf = *um … zu*. B antwortet und stellt die
nächste Frage.

A: Wozu kaufst du neue Joggingschuhe?
B: Damit ich schneller laufen kann.

SPRACHE IM ALLTAG 🌙🌙

Auf eine Frage mit *Warum?* kann
man mit einem Finalsatz antworten:
○ *Warum gehst du in die Stadt?*
● *Um einzukaufen.*

▶ Ü 2–5

3 Lesen Sie die Kundenbewertungen und ergänzen Sie die Sätze in der Übersicht.

○○○

★ ★ ★ ★ ★

Super! Ich teile mir einen Computer mit drei Personen … Die Tastatur ist meist sehr schmutzig. Ich putze sie sehr oft und das dauert ziemlich lang. Um Zeit zu sparen, nehme ich nur noch den Tastaturstaubsauger. 😊

★ ☆ ☆ ☆

Ich habe den Tastaturstaubsauger geschenkt bekommen, aber er ist viel zu laut. Zum Reinigen meiner Tastatur nehme ich ein feuchtes Taschentuch. Das funktioniert sowieso viel besser.

Nebensatz mit *um … zu*

Um _____,
nehme ich nur noch den Tastaturstaubsauger.

Um die Tastatur _____,
nehme ich ein feuchtes Taschentuch.

zum + nominalisierter Infinitiv Ⓖ

Zum Zeitsparen _____ nehme
ich nur noch den Tastaturstaubsauger.

Zum _____ meiner
Tastatur nehme ich ein feuchtes Taschentuch.

▶ Ü 6

4 Präsentieren Sie ein Produkt, auf das Sie nicht verzichten wollen. Beschreiben Sie es, ohne den Produktnamen zu nennen. Die anderen raten.

ETWAS BESCHREIBEN

Aussehen beschreiben	Funktion beschreiben
Es ist aus … / Es besteht aus …	Ich habe es gekauft, damit …
Es ist ungefähr so groß/breit/lang wie …	Besonders praktisch ist es, um …
Es ist rund/eckig/flach/oval/hohl/gebogen/…	Es eignet sich sehr gut zum …
Es ist schwer/leicht/dick/dünn/…	Ich finde es sehr nützlich, weil …
Es ist aus Holz/Metall/Plastik/Leder/…	Ich brauche/benutze es, um …
Es ist … mm/cm/m lang/hoch/breit.	Dafür/Dazu verwende ich …
Es ist billig/preiswert/teuer/…	

STRATEGIE

**Mit Umschreibungen
arbeiten**

Sie wissen nicht, wie etwas auf
Deutsch heißt? Erklären Sie es:
- Wie sieht es aus (Größe, Farbe,
Form)?
- Wo findet man es? Wo benutzt
man es? Wo kommt es her?
- Wozu braucht man es? Was
kann es oder was kann man
damit machen?

Konsum heute

1 Sehen Sie sich die Fotos an. Sammeln Sie in Gruppen Wörter und Begriffe, die Ihnen zu den Fotos einfallen.

▶ Ü 1   *Foto C: Kundenbewertungen lesen*

2 „Konsumgesellschaft" – Was ist das? Was ist typisch dafür?

3 Hören Sie den ersten Abschnitt einer Gesprächsrunde und notieren Sie. Wie leben die drei Talkgäste und was sagen sie zu ihrem Konsumverhalten?

2.17-19

Lukas Schröder   Mario Meier-Brill   Evelyne Fassbach

_____   _____   _____

_____   _____   _____

_____   _____   _____

_____   _____   _____

4a Hören Sie nun den zweiten Abschnitt. Welche Themen werden im Zusammenhang mit Konsum angesprochen?

2.20

Besitz reduzieren, ... _____

_____

_____

b Hören Sie den zweiten Abschnitt noch einmal. Kreuzen Sie an: Wer sagt was?

	Herr Schröder	Herr Meier-Brill	Frau Fassbach
1. Unsere Wirtschaft leidet, wenn wir zu wenig kaufen.	☐	☐	☐
2. Man sollte einen Menschen nicht nach seinem Besitz beurteilen.	☐	☐	☐
3. Wir müssen zugunsten der Umwelt über unser Konsumverhalten nachdenken.	☐	☐	☐
4. Wir können nicht an die Umwelt denken, wenn es der Wirtschaft schlecht geht.	☐	☐	☐
5. Kindern müssen wieder andere Werte vermittelt werden.	☐	☐	☐
6. Es ist ganz normal, dass auch Kindern bestimmte Produkte wichtig sind.	☐	☐	☐
7. Die jüngere Generation konsumiert gerne.	☐	☐	☐
8. Weniger zu konsumieren, heißt, weniger arbeiten zu müssen.	☐	☐	☐

c Welchen Aussagen können Sie zustimmen, welchen nicht? Begründen Sie.

Der ersten Aussage stimme ich zu, da …
Ich denke, diese Einstellung ist falsch, denn …
Ich finde, Lukas Schröder hat damit recht, dass …

5a Sammeln Sie Ideen: Was könnte man tun, um nicht unnötig neue Dinge zu kaufen?

2.21 b Hören Sie den dritten Abschnitt und erklären Sie:

• Was macht Herr Meier-Brill, um weniger zu konsumieren? Wie finden Sie das?
• Warum kauft Frau Fassbach gerne ein?
• Worauf möchte Herr Schröder nicht verzichten?

▶ Ü 2

6a Organisieren Sie einen Tauschring. Jede/r bringt etwas zum Tauschen mit. Was ist an Ihrem Produkt für andere attraktiv? Werben Sie für Ihr Produkt.

b Tauschen Sie im Kurs. Was ist Ihnen Ihr Produkt wert? Welcher Tausch ist gut / nicht so gut?

EIN VERKAUFS-/TAUSCHGESPRÄCH FÜHREN

ein Produkt bewerben/anpreisen	etwas aushandeln / Angebote bewerten
Ich habe es gekauft, weil …	Tut mir leid. Das habe ich schon.
Man kann es super gebrauchen, um … zu …	Das ist ein bisschen wenig/viel.
Das kannst du immer …	Ich würde lieber gegen … tauschen.
Das ist noch ganz neu / wenig gebraucht / …	Das finde ich einen guten Tausch / ein faires Angebot.
… steht dir super / ist total praktisch / …	

▶ Ü 3–4

Die Reklamation

1a Welches Gerät ist bei Ihnen zuletzt kaputt gegangen?
Was haben Sie damit gemacht?

b Hören Sie ein Telefongespräch und nummerieren Sie die Sätze
in der richtigen Reihenfolge.

2.22

___ Frau Stadler schildert das Problem mit dem Laptop.

___ Der Angestellte bedankt sich für den Anruf und verabschiedet sich.

_1_ Frau Stadler ruft einen Elektroversand an und nennt den Grund ihres Anrufs.

___ Der Angestellte fragt nach der Rechnungsnummer.

___ Der Angestellte bittet Frau Stadler, das Problem schriftlich zu schildern.

___ Frau Stadler fragt nach dem Namen ihres Gesprächspartners.

___ Der Angestellte hat noch Fragen zu den Reklamationsgründen.

▶ Ü 1   ___ Frau Stadler fragt, wie lange es dauert, bis sie ein neues Gerät bekommt.

2a Lesen Sie Sätze aus dem Telefongespräch und markieren Sie die Verben im Konjunktiv II.
Kreuzen Sie an, was die Sätze ausdrücken.

	höfliche Bitte	Irreales	Vermutung	Vorschlag
1. Hätten Sie bitte die Rechnungsnummer für mich?	☐	☐	☐	☐
2. Das könnte diese Nummer sein.	☐	☐	☐	☐
3. Dann würde ich Sie bitten, dass Sie uns das Problem schriftlich schildern.	☐	☐	☐	☐
4. Ich bräuchte die Reklamation schriftlich von Ihnen.	☐	☐	☐	☐
5. Ich hätte mir das Gerät in einem Geschäft kaufen sollen.	☐	☐	☐	☐
6. Ich wäre gekommen, wenn ich Zeit gehabt hätte.	☐	☐	☐	☐
7. Ich könnte Ihnen ein Leihgerät anbieten.	☐	☐	☐	☐

b Ergänzen Sie die Regeln zum Konjunktiv II.

haben	haben	würde	sollen	sein

G

Konjunktiv II

Bildung Konjunktiv II Gegenwart

_____ + Infinitiv: *ich würde kaufen*

Bei _____, *sein*, Modalverben und *brauchen/wissen*: Präteritum + Umlaut (*a, o, u → ä, ö, ü*):
hätte, wäre, müsste, bräuchte, wüsste

Ausnahme: *wollen* und _____ ohne Umlaut: *er sollte umtauschen*

Bildung Konjunktiv II Vergangenheit

Konjunktiv II von _____ oder _____ + Partizip II: *ich hätte gekauft, er wäre gekommen*

▶ Ü 2   mit Modalverb: Konjunktiv II von *haben* + Infinitiv + Modalverb im Infinitiv: *ich hätte gehen können*

3a Ergänzen Sie die Sätze. Verwenden Sie den Konjunktiv II.

SICH BESCHWEREN	AUF BESCHWERDEN REAGIEREN
Könnten Sie mich bitte mit … verbinden?	Ich _____ Sie bitten, sich an den Hersteller zu wenden.
_____ Sie mir ein Ersatzgerät geben?	
Ich _____ vorschlagen, dass Sie …	Wir _____ Ihnen ein Leihgerät geben.
_____ ich bitte Ihren Chef sprechen?	_____ Sie bitte zu uns kommen?
Darauf _____ Sie hinweisen müssen.	Wir _____ Ihnen eine Gutschrift geben.
Wenn Sie alles pünktlich verschickt _____,	_____ Sie mir das bitte alles schriftlich geben?
_____ ich jetzt kein Problem.	

▶ Ü 3–5

b Wählen Sie zu zweit eine Situation und spielen Sie ein Reklamationsgespräch.

> **Sie haben online eine Hose bestellt und merken beim Auspacken, dass der Reißverschluss kaputt ist.**

> **Sie haben eine Kamera gekauft und merken zu Hause, dass der Zoom nicht funktioniert.**

> **Heute wurde Ihnen ein Kaffeeservice geliefert. Ein Teller ist kaputt.**

4a Frau Stadler hat einen Brief geschrieben. Bringen Sie die Textteile in die richtige Reihenfolge.

☐ wie bereits telefonisch besprochen, möchte ich Ihnen hiermit schriftlich meine Reklamation mitteilen. Ich habe den bei Ihnen bestellten Laptop heute erhalten, aber leider funktioniert er nicht.

☐ Sehr geehrter Herr Högel,

☐ Das Gerät ist sehr langsam. Das Öffnen einer Datei kann Minuten dauern. Es könnte sein, dass die Software defekt ist.

☐ Ich freue mich auf Ihre Antwort und ein neues Gerät.
Mit freundlichen Grüßen

Katja Stadler

☐ Da das Gerät offensichtlich kaputt ist, bitte ich Sie, mir so schnell wie möglich Ersatz zu schicken. Ich benötige das Gerät dringend für meine Arbeit.

☐ **Betreff:** Reklamation, Rg.-Nr. 8073472-1

b Wählen Sie eine Situation aus 3b und schreiben Sie eine Reklamation.

Kauf mich!

1a Welche Werbung haben Sie gelesen, gehört oder gesehen, die Ihnen besonders im Gedächtnis geblieben ist? Erzählen Sie.

b Schätzen Sie sich selbst ein: Lassen Sie sich leicht durch Werbung beeinflussen? Was haben Sie in der Werbung gesehen und daraufhin gekauft?

2a Welche Mittel nutzt Werbung, um ein Produkt attraktiv zu machen? Sammeln Sie im Kurs.

▶ Ü 1
Fotos von glücklichen Menschen
tolle Versprechen

b Arbeiten Sie zu zweit. Lesen Sie den Zeitschriftentext und markieren Sie thematische Abschnitte.

So wickelt uns Werbung ein

① [Bildschöne Frauen tanzen braungebrannt unter Palmen im Sonnenuntergang. Coole Typen sitzen nach einem langen Tag am Feuer in der einsamen Prärie, Babys lachen. Möwen segeln sanft über das Meer,
5 Berge grüßen mit grünen Wiesen und weißen Gipfeln. Jede Menge Klischees: Aber diese Werbung wirkt. Auch bei Ihnen.] Die kritischen Kunden glauben, die Werbefallen zu kennen, und gehen auf Distanz. Damit sind sie nur selten erfolgreich, denn
10 das, was wir in der Werbung zu sehen und zu hören bekommen, zeigt bei fast allen seine Wirkung. Die Werber sprechen mit ihren Botschaften das an, was wir sein wollen: frei, glücklich, beliebt, mutig. Wie die Botschaften sich in unseren Kopf schleichen,
15 merken wir oft gar nicht. Versuche haben gezeigt, dass Männer besonders gut auf ein schönes Panorama reagieren. Folglich fahren sie ihre schicken Autos im Werbespot durch spektakuläre Bergszenen oder trinken ihr Bier gerne mit Blick ins Tal oder aufs
20 Meer. Aber auch die Frauen sind nicht sicher vor Werbeklischees: Bei ihnen funktioniert der Blick aus großen Kinderaugen besonders gut – das Kindchenschema. Die süßen Kleinen servieren Kaffee oder einen schönen Kuchen für die Mama, wenn sie nicht
25 gerade in Szenen für Waschpulver oder Süßigkeiten ihren Auftritt haben. Darüber hinaus gibt es aber eine noch erfolgreichere Strategie als den Appell an die Sehnsüchte. Sie lautet: Mach dem Kunden richtig Druck! Das Schnäppchen, für das Sie sich bis
30 morgen entscheiden müssen, das Sonderangebot, von dem es nur einen begrenzten Vorrat gibt. Ein Limit bringt die erwünschte Entscheidung schnell voran. Im Kaufhaus können wir eine ganze Sammlung an Werbestrategien finden. Die Kaufhausmusik ist
35 wohl die bekannteste davon. Werbepsychologen sind sich sicher, dass sie unseren Einkauf positiv beeinflusst. Sie entspannt und lenkt ab. Aber nicht nur unsere Ohren, sondern auch unsere Nasen haben die Werbenden entdeckt. Die zarten Düfte, die
40 überall im Kaufhaus versprüht werden, streicheln unsere Nerven nicht nur in der Parfümerie im Erdgeschoss. Sie bringen uns auch zwei Etagen höher bei den Musik-CDs und der Bettwäsche in Kauflaune. Und ist Ihnen schon einmal aufgefallen, dass
45 am Eingang von Supermärkten ein Bäcker heute Standard ist? Beim Duft von frisch Gebackenem läuft so manchem Kunden das Wasser im Mund zusammen und er wird dazu animiert, mehr zu kaufen, als auf dem Einkaufszettel steht. Und unter Ihren Füßen gehen die Strategien weiter: harter und
50 glatter Boden für die Wege, um schnell zur Ware zu gehen. Dort angekommen, bleiben Sie lange und angenehm auf weichem Teppich stehen. Und auch die Hände sollen angesprochen werden. In letzter
55 Zeit finden wir Kleidung oft schön auf Tischen sortiert und gestapelt. Sie müssen erst alles hochheben, um es richtig anzuschauen. Schon etwas lästig, aber die Werbung weiß: Haben wir das Produkt erst in der Hand, fällt die Entscheidung zum Kauf
60 leichter. Und auch das Verkaufspersonal ist mit den neuesten Strategien geschult: „Nein, diese Farbe ist leider nichts für Sie." Das finden Sie ja auch und sind begeistert von so einem ehrlichen Verkaufsgespräch. „Ja, es steht Ihnen wirklich gut. Aber
65 stimmt, das schöne Stück ist nicht ganz billig." Diese kritische Offenheit überrascht uns positiv – das muss man der netten Dame einfach abkaufen. Oder lieber doch nicht?

c Was bedeuten diese Ausdrücke aus dem Text? Ordnen Sie die richtige Bedeutung zu.

1. ___ jmd. einwickeln (Überschrift)
2. ___ einen Auftritt haben (Z. 26)
3. ___ jmd. Druck machen (Z. 28/29)
4. ___ etw. voranbringen (Z. 32/33)
5. ___ jmd. in Kauflaune bringen (Z. 42–44)
6. ___ jmd. läuft das Wasser im Mund zusammen (Z. 47/48)
7. ___ jmd. etw. abkaufen (Z. 67)

a Appetit auf etwas haben
b etw. weiterentwickeln
c jmd. durch Komplimente überzeugen
d jmd. Lust auf Einkaufen machen
e in einer Szene eine Rolle spielen
f jmd. glauben
g jmd. unter Stress setzen

d Notieren Sie die Zeilenangaben Ihrer Abschnitte aus 2b und geben Sie den Abschnitten eine Überschrift. Vergleichen Sie im Kurs und begründen Sie Ihre Einteilung der Abschnitte.

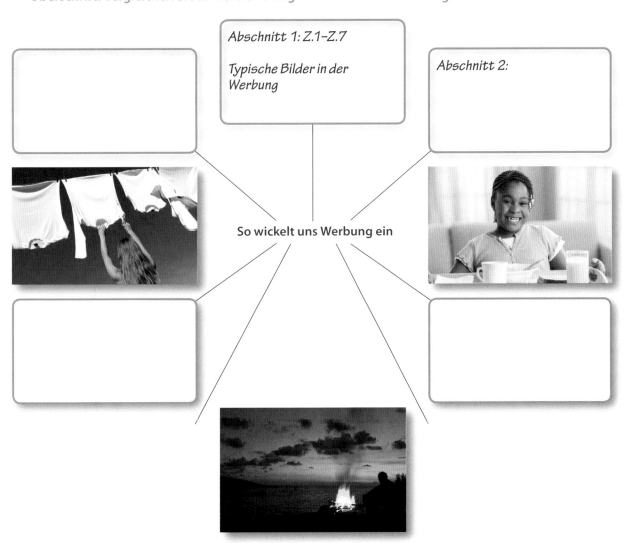

Abschnitt 1: Z.1–Z.7

Typische Bilder in der Werbung

Abschnitt 2:

So wickelt uns Werbung ein

e Fassen Sie den Inhalt der einzelnen Abschnitte kurz mit eigenen Worten zusammen. ▶ Ü 2-3

 3 Welche Werbekampagnen waren oder sind in Ihrem Land besonders erfolgreich? Gibt es berühmte Werbefiguren oder berühmte Werbeslogans? Suchen Sie eine für Ihr Land typische Werbung in einer Zeitschrift/Zeitung oder im Internet und stellen Sie sie vor.

Kauf mich!

4 Sehen Sie sich die Werbungen an. Wofür wird hier geworben? Welches Werbeplakat gefällt Ihnen am besten? Welches gefällt Ihnen nicht? Warum?

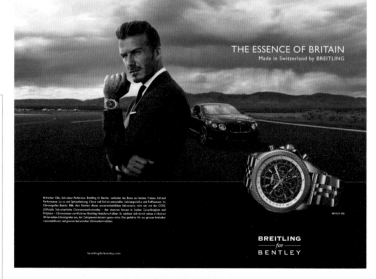

5a Hören Sie die Radio-Werbungen. Welches Foto passt zu welchem Spot? Schreiben Sie die Nummer
des Spots zum passenden Foto.

2.23-26

b Wofür werben die einzelnen Spots? Notieren Sie.

1. _____ 2. _____ 3. _____ 4. _____

c Hören Sie die Radio-Werbungen noch einmal und entscheiden Sie, ob die Aussagen richtig oder
falsch sind.

	richtig	falsch
1. Netec löst alle Probleme mit dem Computer.	☐	☐
2. Weitere Informationen zu den Reisegutscheinen gibt es ausschließlich im Internet.	☐	☐
3. Apollo-Optik will sich mit den günstigen Brillen-Fassungen bei den Kunden bedanken.	☐	☐
4. Der neue Tarif ist nur einen Monat gültig.	☐	☐

6a Bilden Sie Gruppen und entwickeln Sie eine Werbung. Entscheiden Sie:

– Für welches Produkt oder welche Dienstleistung wollen Sie werben?
– Wollen Sie eine Anzeige oder einen Radio-Spot entwerfen?

Anzeige:
· Fertigen Sie eine Zeichnung an oder suchen/
  machen Sie ein passendes Foto.
· Überlegen Sie sich einen Werbeslogan,
  der die Kunden anspricht.

Radio-Spot:
· Überlegen Sie sich einen kurzen Dialog,
  einen Text oder ein Lied.
· Überlegen Sie sich einen Werbeslogan,
  der die Kunden anspricht.

b Präsentieren Sie Ihre Werbung im Kurs und entscheiden Sie gemeinsam, welche besonders
ansprechend ist.

Götz Wolfgang Werner

Kaufmann und mehr ...

*(*5. Februar 1944)*

Jeder Deutsche muss 1000 Euro bekommen

Unternehmer Götz Werner ist Gründer und Aufsichtsrat der Drogeriemarkt-Kette dm – und zugleich ein Sozialwirtschafts-Visionär. Sein Ziel: ein staatliches Grundgehalt für jeden Bürger

Götz Wolfgang Werner

Nur das tun, was man möchte, sich kreativ austoben, Ideen verwirklichen, voller Spaß und ohne Sorgen leben – wäre das nicht eine traumhafte Vorstellung? Für den Unternehmer Götz Werner ist sie jederzeit umsetzbar: „Der Mensch braucht ein Einkommen, um erst einmal leben und sich dann in die Gemeinschaft einbringen zu können. Das Einkommen ist nicht die Bezahlung der Arbeit, es ermöglicht sie erst. Durch meine Vision eines bedingungslosen Grundeinkommens für jeden entsteht ein ganz neues Leistungsvermögen. Denn wer sich keine Sorgen mehr um seine Existenz machen muss, nicht mehr von Familie, Kunden oder Arbeitgeber abhängig ist, kann sich an neue Ideen wagen. So schaffen wir viel mehr Risikobereitschaft, viel mehr Unternehmertum."

Reichtum und ein exorbitant hohes Bruttosozialprodukt durch Motivation und Spaß: Der Wunschtraum des Unternehmers ist eine Welt, in der die Menschen nur das tun, was sie aus eigenen Stücken wollen – und genau deshalb erfolgreich sind. „Der Mensch hat immer die Tendenz, über sich hinauswachsen zu wollen. Diese Initiativkräfte wecken wir mit dem Grundeinkommen. Wenn Sie Menschen zu Arbeiten zwingen, zu denen sie keine Lust haben, werden sie die Sache nicht gut machen."

Der Träger des Bundesverdienstkreuzes ist selbst überaus erfolgreich. Die dm-Drogeriemärkte beschäftigen in Deutschland rund 34.000 Mitarbeiter in 1.500 Filialen – und machten damit 5,8 Milliarden Euro Umsatz im Geschäftsjahr 2012/2013. Seine komplizierte Berechnung des bedingungslosen Grundeinkommens hat eine runde Zahl ergeben: „1000 Euro im Monat sind eine Art soziale Flatrate, um menschenwürdig in der Gesellschaft leben zu können. Das würde die Sozialbürokratie dramatisch entlasten."

1000 Euro pro Kopf und Monat ergeben bei 82 Millionen Deutschen die stolze Summe von etwa einer Billion Euro pro Jahr – ein Betrag, mit dem man locker einen EU-Staat subventionieren könnte. Woher soll das Geld kommen? „Das Finanzierungsproblem stellt sich nicht", so Götz Werner. „Denn wir leben nicht vom Geld, sondern von Gütern. Bei einem Bruttosozialprodukt von 2.500 Milliarden Euro und Konsumausgaben von 1.800 Milliarden Euro ist das bedingungslose Grundeinkommen auf jeden Fall bezahlbar." Der Finanzierungsplan des Querdenkers, der für seine Vision 2005 die Initiative „Unternimm die Zukunft" gegründet hat, beruht auf der Abschaffung der Einkommensteuer und der gleichzeitigen Erhöhung der Mehrwertsteuer als „Konsumsteuer" auf 100 Prozent.

Mit seinem Buch „1000 Euro für jeden. Freiheit, Gleichheit, Grundeinkommen" versucht Götz Werner, seine Gedanken weiter populär zu machen und in die Politik zu bringen. „Politiker orientieren sich an dem Wind, der aus der Gesellschaft weht. Diesen Impuls zu stärken, dafür arbeite ich. Wenn wir das Denken ändern, dann wird die Politik reagieren." Sein Lieblingszitat stammt übrigens vom französischen Schriftsteller Victor Hugo: „Nichts ist so stark wie eine Idee, deren Zeit gekommen ist."

www Mehr Informationen zu Götz Wolfgang Werner.

Sammeln Sie Informationen über Persönlichkeiten oder Konzerne aus dem In- und Ausland, die für das Thema „Konsum" interessant sind, und stellen Sie sie im Kurs vor. Sie können dazu die Vorlage „Porträt" im Anhang verwenden.

Beispiele aus dem deutschsprachigen Bereich: Aldi (Karl und Theo Albrecht) – Dirk Roßmann (Rossmann) – Albert Steigenberger – Konrad Birkenstock – Carl Zeiss – Karl Wlaschek (Billa) – Jil Sander

1 Finalsätze

Finale Nebensätze drücken ein Ziel oder eine Absicht aus. Sie geben Antworten auf die Frage *Wozu?* oder in der gesprochenen Sprache auch oft auf die Frage *Warum?*.

Gleiches Subjekt in Haupt- und Nebensatz → Nebensatz mit *um … zu* oder *damit*	
*Klingeln Sie, **damit** Sie auf sich aufmerksam machen.*	Im Nebensatz mit *damit* muss das Subjekt genannt werden.
*Klingeln Sie, **um** auf sich aufmerksam **zu** machen.*	Im Nebensatz mit *um … zu* entfällt das Subjekt, das Verb steht im Infinitiv.
Unterschiedliche Subjekte in Haupt- und Nebensatz → Nebensatz immer mit *damit*	
*Klingeln Sie, **damit** andere Personen Sie hören.*	
Hauptsatz mit *zum* + nominalisierter Infinitiv	
*Ich nehme ein feuchtes Taschentuch **zum Reinigen** meiner Tastatur.*	Alternative zu *um … zu* oder *damit* (bei gleichem Subjekt in Haupt- und Nebensatz)

wollen, *sollen* und *möchten* stehen nie in Finalsätzen:
Ich hebe Geld ab. Ich will das Monokular kaufen. → *Ich hebe Geld ab, um das Monokular zu kaufen.*

2 Konjunktiv II

Mit dem Konjunktiv II kann man:

Bitten höflich ausdrücken	*Könnten Sie mir das Problem bitte genau beschreiben?*
Irreales ausdrücken	*Hätten Sie die Ware doch früher abgeschickt.*
Vermutungen ausdrücken	*Es könnte sein, dass der Laptop einen Defekt hat.*
Vorschläge machen	*Ich könnte Ihnen ein Leihgerät anbieten.*

Konjunktiv II der Gegenwart
Die meisten Verben bilden den Konjunktiv II mit den Formen von *würde* + Infinitiv.

Singular	ich **würde** anrufen	du **würdest** anrufen	er/es/sie **würde** anrufen
Plural	wir **würden** anrufen	ihr **würdet** anrufen	sie/Sie **würden** anrufen

Die Modalverben, *sein*, *haben*, *brauchen* und *wissen* bilden den Konjunktiv II aus den Präteritum-Formen + Umlaut. Die 1. und 3. Person Singular von *sein* bekommt die Endung *-e*.

Singular	ich w**ä**re, h**ä**tte, m**ü**sste …	du w**ä**rst, h**ä**ttest, m**ü**sstest …	er/es/sie w**ä**re, h**ä**tte, m**ü**sste …
Plural	wir w**ä**ren, h**ä**tten, m**ü**ssten …	ihr w**ä**rt, h**ä**ttet, m**ü**sstet …	sie/Sie w**ä**ren, h**ä**tten, m**ü**ssten …

Aber: *ich s**o**llte, du s**o**lltest …; ich w**o**llte, du w**o**lltest …*

Konjunktiv II der Vergangenheit
Konjunktiv II von *haben* oder *sein* + Partizip II:
*Ich **wäre gekommen**, aber ich hatte keine Zeit.*
*Ich **hätte angerufen**, aber mein Akku war leer.*

mit Modalverb: Konjunktiv II von *haben* + Infinitiv + Modalverb im Infinitiv:
*Ich **hätte** ins Geschäft **gehen können**.*

Generation Konsum?

1a Sehen Sie die erste Filmsequenz und erklären Sie kurz, worum es geht.

b Was bedeuten diese Begriffe? Ordnen Sie die Erklärungen zu.

____ 1. die Kaufkraft

____ 2. das Statussymbol

____ 3. das Kaufverhalten

____ 4. die soziale Schicht

B etwas, womit man zeigen will, wie viel Geld oder welche gesellschaftliche Stellung man hat

D wie viel man kaufen bzw. bezahlen kann

A was, wie, wo und warum man kauft

C ein Teil der Bevölkerung, der ähnlich viel verdient und unter ähnlichen Bedingungen lebt

c Sehen Sie die Filmsequenz noch einmal. Wer sagt was? Ordnen Sie zu. Welche Aussagen und Informationen aus dem Film haben Sie überrascht?

Maria Stenzel, 17

Fern Campbell, 17

____ 1. Vor allem in der Schule merkt man, dass es nur um Konsum geht.

____ 2. Die Hälfte von dem, was Jugendliche kaufen, ist ihnen gar nicht wichtig.

____ 3. Immer das Aktuellste zu haben ist für viele junge Leute ein Statussymbol.

____ 4. Natürlich ist Konsum wichtig für mich – ich will mein Leben doch genießen!

____ 5. Wie vernünftig man einkauft, hängt auch von der sozialen Schicht und Bildung ab.

Fabian Krüger, 24

Claus Tully

2a Sprechen Sie in Gruppen: Was können Statussymbole für Jugendliche sein? Worauf können Jugendliche vermutlich am wenigsten verzichten? Warum?

2

b Sehen Sie die zweite Filmsequenz. Um welches Produkt geht es? Wozu nutzen die Jugendlichen es?

c Sehen Sie die Filmsequenz noch einmal. Warum ist Konsum für Jugendliche auch kompliziert?

3 In einem Forum zum Thema „Konsum" haben Sie diesen Eintrag gelesen. Wie finden Sie die Idee? Antworten Sie kurz und schreiben Sie Ihre Meinung.

Paul21 13.04. | 21:43 Uhr

Letzte Woche habe ich ein Experiment gemacht. Ich habe mein Handy eine Woche lang nicht benutzt. Am Anfang hatte ich ständig das Gefühl, dass mir etwas fehlt. Aber es geht: Verabredungen klappen auch so und zum Schluss habe ich mich richtig frei gefühlt, weil ich nicht immer auf mein Handy gucken musste. Nächstes Jahr mache ich wieder eine Woche „Handy-Fasten".

4a Lesen Sie die Aussagen und sehen Sie die dritte Filmsequenz. Korrigieren Sie die falschen Aussagen. Sehen Sie die Sequenz noch einmal und vergleichen Sie mit einem Partner / einer Partnerin.

1. Schon für Jugendliche zwischen 12 und 19 Jahren sind Marken sehr wichtig.
2. Es ist leicht, Produkte aus Bio-Baumwolle von anderer Kleidung zu unterscheiden.
3. Fern Campbell wünscht sich, dass es mehr Produkte aus Bio-Baumwolle gibt.
4. Bei der konsumkritischen Stadtführung erfahren die Jugendlichen, woher ihre Kleidung kommt.
5. Für die Herstellung einer Jeans braucht man 40 Liter Wasser.
6. Den Jugendlichen ist bewusst, dass ein T-Shirt für 5 Euro wahrscheinlich unter schlechten Arbeitsbedingungen produziert wurde. Deshalb kaufen sie solche Kleidungsstücke nicht.
7. Konsum hat immer auch Auswirkungen auf die Umwelt, deshalb ist es wichtig, darüber nachzudenken, was und wie man kauft.

b Arbeiten Sie in Gruppen. Jede Gruppe wählt eine Aufgabe (A oder B) und diskutiert die Fragen. Sprechen Sie dann im Kurs über Ihre Ergebnisse.

Gruppe A
- Wie wichtig finden Sie, dass Kleidergeschäfte Produkte aus Bio-Baumwolle anbieten?
- Würden Sie beim Kleidungskauf gern mehr für die Umwelt tun? Was könnte man tun?
- Wie ist die Situation in Kleidergeschäften in Ihrem Land? Kann man dort Produkte aus Bio-Baumwolle kaufen?

Gruppe B
- Würden Sie an einer konsumkritischen Stadtführung teilnehmen? Warum (nicht)?
- Glauben Sie, dass die Stadtführung das Kaufverhalten der Teilnehmer ändern kann?
- Wie könnte man sein Konsumverhalten ändern, um der Umwelt weniger zu schaden?

5 Claus Tully rät dazu, den Konsum aus ökologischen Gründen um die Hälfte zu reduzieren und nur das zu kaufen, was man wirklich braucht. Wie finden Sie diesen Vorschlag?

Endlich Urlaub

Was für ein Reisetyp sind Sie?

1. Meine Planung:

④ Ich fahre einfach los.

③ Reiseführer helfen mir bei der Vorbereitung.

② Ich buche Last-Minute-Trips im Internet.

① Mein Reisebüro plant meinen Urlaub.

2. So muss meine Reise sein:

④ Ich fahre am liebsten in die Natur.

① Im Urlaub möchte ich alles so haben wie zu Hause.

③ Am liebsten mache ich Kulturreisen.

② Bei mir muss im Urlaub immer etwas los sein.

3. Dort übernachte ich am liebsten:

④ Zelt   ② Pension   ③ Hotel   ① Ferienhaus

Sie lernen

Modul 1 | Ein Interview zu einer Weltreise verstehen

Modul 2 | Starke Zweifel / Ablehnung ausdrücken

Modul 3 | Texte mit Reiseangeboten verstehen

Modul 4 | Informationen auf Reisen erfragen und geben

Modul 4 | Einen Kurztext über eine Stadt schreiben

Grammatik

Modul 1 | Konnektoren: Temporalsätze

Modul 3 | temporale Präpositionen

4. Diesen Reiseführer packe ich ein:

① Ich brauche doch keinen Reiseführer!

④ Wanderführer

③ Kunstreiseführer

② Szeneführer

5. Zusammen oder allein?

① Mein Schatz und ich fahren zusammen immer an den gleichen Ort.

② Auf Reisen möchte ich lustige Leute kennenlernen.

④ Ich bin gerne alleine unterwegs, da kann ich frei entscheiden.

③ Ich nehme gerne an Führungen in der Gruppe teil.

6. Aus der Küche:

④ Exotische Spezialitäten? – Ich will alles probieren!

① Essen im Ausland? – Lieber keine Experimente.

② Ich buche Vollpension. Kochen, nein, danke.

③ Abends ein gutes Essen und ein Glas Wein im Restaurant. Herrlich!

7. So sieht mein Gepäck aus:

8. Das bringe ich von der Reise mit:

④ Die besten Mitbringsel sind meine schönen Erinnerungen.

① Eine Kleinigkeit für unsere Nachbarn. Fürs Blumengießen.

③ Ein schickes Andenken für mich.

② Ich kaufe nichts von dem Touristen-Kram. Die wollen doch nur mein Geld!

1a Reisetypen. Machen Sie den Test.

b Zählen Sie Ihre Punkte zusammen und lesen Sie auf Seite 188 nach, welcher Reisetyp Sie sind.

c Oder sind Sie ein ganz anderer Typ? Welche anderen Reisetypen gibt es noch?

Ich mache am liebsten Gruppenreisen, weil …
Ich verreise nicht so gerne, weil …
Am liebsten bin ich …

Einmal um die ganze Welt

Island

Kanada

Brasilien

Australien

Indonesien

1 In welche Länder, Städte, Gebiete oder Regionen sind Sie schon gereist? Zu welchem Zweck? Berichten Sie.

2.27

2a Hören Sie den ersten Teil einer Radiosendung aus der Reihe „Fernweh". Ergänzen Sie die Informationen zur Weltreise von Axel Franke.

1. Anzahl der besuchten Kontinente: _____

2. Anzahl der besuchten Länder: _____

3. Anzahl der Städte: _____

4. zurückgelegte Kilometer: _____

5. Dauer der Reise: _____

2.28

b Hören Sie den zweiten Teil des Interviews. Machen Sie Notizen und vergleichen Sie mit Ihrem Partner / Ihrer Partnerin.

Wie die Idee zur Reise entstand
1. als Kind: _____
_____
2. nach der Schule: _____
_____
3. mit 25: _____
_____

Wie Axel die Reise finanziert hat
1. Sparziel: _____
2. erreicht durch:
a) _____
b) _____
c) _____

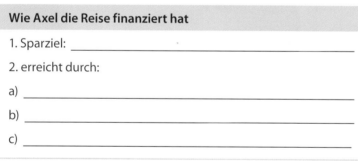

2.29

c Hören Sie den dritten Teil. Markieren Sie, über welche Teilthemen Axel Franke spricht.

☐ sein Traum von einem Leben am Strand
☐ sich in der Fremde zu Hause fühlen
☐ die schönsten Sehenswürdigkeiten auf der Reise
☐ Reisen ganz ohne Stress
☐ Probleme bei der Beschaffung von Informationen
☐ eine detaillierte Liste der Reiseländer erstellen
☐ die Weiterreise nicht vergessen

d Wohin würden Sie gern reisen? Würden Sie auch so eine lange Reise machen?

▶ Ü 1

3a Ergänzen Sie die Sätze aus dem zweiten Teil des Interviews mit passenden Konnektoren.
Hören Sie dann die Sätze zur Kontrolle.

als	wenn	bevor	solange	während	nachdem

1. Immer _____ ich Radtouren unternommen habe, hat mich das Reisefieber gepackt.

2. _____ ich nicht zu Hause war, war ich einfach glücklich.

3. _____ ich das Abi geschafft hatte, fuhr ich per Anhalter durch Europa.

4. _____ ich 25 war, bekam ich großes Fernweh.

5. _____ ich die Reise beginnen konnte, brauchte ich das notwendige Startkapital.

6. _____ ich letzte Reisevorbereitungen traf, verkaufte ich meinen kompletten Hausrat.

b In Temporalsätzen werden Zeitverhältnisse beschrieben. Finden Sie in 3a Beispiele für A–C und
ergänzen Sie die Konnektoren.

zeitliche Abfolge von Geschehen in Hauptsatz und Nebensatz	Beispiele	Konnektoren
A Nebensatz gleichzeitig mit Hauptsatz		
B Nebensatz vor Hauptsatz		
C Nebensatz nach Hauptsatz	*Nr. 5*	*bevor*

▶ Ü 2–3

c Der Konnektor *nachdem* wird mit Zeitenwechsel gebraucht. Lesen Sie die Sätze und ergänzen Sie
die Verben in der richtigen Zeitform.

Zeitenwechsel bei *nachdem*

Gegenwart	*Ich _____ per Anhalter durch Europa,* *nachdem ich das Abi _____.*	Präsens Perfekt
Vergangenheit	*Ich fuhr per Anhalter durch Europa,* *nachdem ich das Abi geschafft hatte.*	Präteritum Plusquamperfekt

▶ Ü 4

4 Die Konnektoren *seit/seitdem* und *bis* beschreiben einen Zeitraum. Lesen Sie die Beispiele und
ergänzen Sie *vom Anfang* oder *bis zum Ende*.

Beispiele	Zeitraum
***Seitdem** ich nichts mehr besitze, fühle ich mich freier.*	_____ der Handlung
***Bis** die Reise beginnen konnte, hat es noch einen Monat gedauert.*	_____ der Handlung

▶ Ü 5–7

5 Erfinden Sie in Gruppen eine Reisegeschichte. Schreiben Sie einen Satzanfang und geben Sie ihn
weiter. Die nächste Gruppe beendet den Satz und formuliert einen neuen Satzanfang.

A: Als ich einmal in der Sahara war, …
B: …, ritt ich auf einem Kamel. Nachdem das Kamel …

▶ Ü 8–9

Urlaub mal anders

1a Lesen Sie die Überschrift und sehen Sie sich die Bilder an. Was hat das mit Urlaub zu tun? Wofür könnten sich die Menschen hier engagieren?

Sich engagieren in internationalen Gruppen

b Lesen Sie den Artikel. Warum engagieren sich junge Leute in Workcamps?

Anpacken im Urlaub

Morgens aufstehen, die Ärmel hochkrempeln und jeden Tag fünf bis sieben Stunden schuften. Daran denken wohl die wenigsten, wenn sie das Wort „Urlaub" hören. Und dennoch finden sich in den internationalen Workcamps
5 meist junge Menschen aus aller Welt, um mit viel Begeisterung genau so ihre freien Tage zu verbringen.
Was macht diese Camps so beliebt? Den meisten „Workcampern" gefällt daran, dass sie zusammen mit anderen eine Sache anpacken und weiterbringen. In Wäldern, auf
10 Feldern, beim Bauen von Straßen und Häusern oder in Kindergärten und Schulen arbeiten sie gemeinsam und unterstützen gesellschaftlich oder sozial wichtige Projekte. Dabei lernt jeder Teilnehmer sich selbst, andere Teilnehmer und Land und Leute aus einer ganz neuen Perspektive kennen. Und darum sind die „Workcamper" nicht
15 für Geld, sondern aus Interesse und Engagement – für die Umwelt, für ein Kulturprojekt oder für die Friedensarbeit – mit dabei.

2.31

2a Hören Sie das Interview mit der Workcamp-Teilnehmerin Britta Kühlmann zweimal. Entscheiden Sie bei jeder Aussage: Habe ich das im Text gehört oder nicht? Markieren Sie „richtig" oder „falsch".

	richtig	falsch
1. Britta war schon mehrfach in einem Workcamp.	☐	☐
2. Sie hat geholfen, ein Dorf aufzubauen.	☐	☐
3. Die Arbeit im Workcamp war schwer.	☐	☐
4. Britta ist nach dem Camp nach Italien gereist.	☐	☐
5. Mit Einheimischen hatte sie guten Kontakt.	☐	☐
6. Das Gefühl, fremd zu sein, findet Britta eine wichtige Erfahrung.	☐	☐
7. Ab 20 kann man an einem Workcamp teilnehmen.	☐	☐
8. Brittas Trekkingtour hat 1.000 Euro gekostet.	☐	☐
9. Das Team im Workcamp organisiert fast alles für die Teilnehmer.	☐	☐
10. In Brittas Workcamp haben sie das gemeinsame Ziel erreicht.	☐	☐

b Was ist Ihre Meinung zu den Aussagen 1–6? Diskutieren Sie in Gruppen und benutzen Sie die Redemittel.

1. Workcamps sind nur etwas für junge Leute.
2. Arbeit und Erholung sind zweierlei.
3. Land und Leute lernt man am besten im normalen Alltag kennen.
4. Sehr viele Menschen engagieren sich ehrenamtlich.
5. Leute in Workcamps werden für die Projekte ausgenutzt.
6. Für ältere Menschen sind Workcamps zu anstrengend.

ZUSTIMMUNG AUSDRÜCKEN	STARKE ZWEIFEL AUSDRÜCKEN	ABLEHNUNG AUSDRÜCKEN
Ja, das kann ich mir (gut) vorstellen.	Ich glaube/denke kaum, dass …	Es kann nicht sein, dass …
Es ist mit Sicherheit so, dass …	Ich bezweifle, dass …	Es ist ganz sicher nicht so, dass …
Dem stimme ich zu, denn …	Ich habe da so meine Zweifel, denn …	Das kann ich mir überhaupt nicht vorstellen, weil …
Ja, das sehe ich auch so …	Ich sehe das völlig anders, da …	… halte ich für übertrieben.

▶ Ü 1–2

3a Tolle Erfahrung oder Ausbeutung? Lesen Sie die Blogbeiträge. Welcher Beitrag trifft Ihre Meinung?

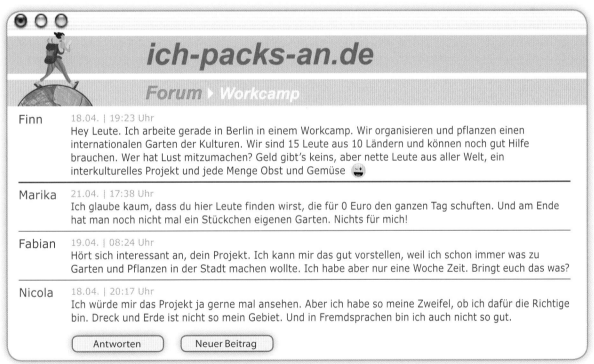

ich-packs-an.de

Forum ▶ Workcamp

Finn 18.04. | 19:23 Uhr
Hey Leute. Ich arbeite gerade in Berlin in einem Workcamp. Wir organisieren und pflanzen einen internationalen Garten der Kulturen. Wir sind 15 Leute aus 10 Ländern und können noch gut Hilfe brauchen. Wer hat Lust mitzumachen? Geld gibt's keins, aber nette Leute aus aller Welt, ein interkulturelles Projekt und jede Menge Obst und Gemüse 😀

Marika 21.04. | 17:38 Uhr
Ich glaube kaum, dass du hier Leute finden wirst, die für 0 Euro den ganzen Tag schuften. Und am Ende hat man noch nicht mal ein Stückchen eigenen Garten. Nichts für mich!

Fabian 19.04. | 08:24 Uhr
Hört sich interessant an, dein Projekt. Ich kann mir das gut vorstellen, weil ich schon immer was zu Garten und Pflanzen in der Stadt machen wollte. Ich habe aber nur eine Woche Zeit. Bringt euch das was?

Nicola 18.04. | 20:17 Uhr
Ich würde mir das Projekt ja gerne mal ansehen. Aber ich habe so meine Zweifel, ob ich dafür die Richtige bin. Dreck und Erde ist nicht so mein Gebiet. Und in Fremdsprachen bin ich auch nicht so gut.

[Antworten] [Neuer Beitrag]

▶ Ü 3

b Schreiben Sie selbst einen Beitrag an Finn. Vergleichen Sie Ihre Beiträge im Kurs.

Hallo Finn! Wo finde ich euch? Das ist eine …
Hi Finn, ich bezweifle, dass das ein sinnvolles Projekt ist. Ich …

4 Haben Sie schon einmal im Ausland gearbeitet oder bei einem Sprachkurs in einer Gastfamilie gewohnt? Berichten Sie (positive/negative Erfahrungen, Menschen, Kultur …).

Ich war schon als Au-Pair in der Schweiz. Die Familie war wirklich nett, aber …
Ich habe zwei Wochen lang in einem Projekt in Japan gearbeitet und …

Ärger an den schönsten Tagen ...

1 Eine Woche Urlaub im Hotel am Strand. Notieren Sie, was für Sie wichtig ist, und stellen Sie Ihre Notizen im Kurs vor.

Hotel direkt am Meer, Vollpension ...

2a Lesen Sie den Auszug aus einem Reiseangebot. Welche Informationen über die Reise erhalten Sie? Wie stellen Sie sich das Hotel vor?

endlich-ferien.de	
Ihr Hotel:	Paradise Village****
Ankunft:	23.07.
Abreise:	08.08.
Zimmer:	1 Doppelzimmer / Meerseite, 2 Personen
Verpflegung:	Vollpension
Lage:	verkehrsgünstig, direkt am Meer, Naturstrand
Preis:	1.365,00 € inkl. kurzer Transfer zum Hotel

Ausdrucken

Flugdaten:	Direktflug	Hinflug: 23.07.	Rückflug: 08.08.
	Lufthansa LH835	12:35 Uhr	08:05 Uhr

b Lesen Sie einen Abschnitt aus einem Ratgeber zum Thema „Reiseangebote richtig verstehen". Wie stellen Sie sich nun das Hotel in 2a vor?

Schmutziger Strand, Baustelle statt Meerblick, Flieger verspätet, Hotel überbucht: Jedes Jahr gehen nach der Urlaubszeit in Deutschland rund anderthalb Millionen Beschwerden von Reisen-
5 den bei den Reiseveranstaltern ein. Rund 30.000 davon landen regelmäßig vor Gericht, weil enttäuschte Urlauber ihr Geld zurückhaben wollen.

Aber viele Streitereien lassen sich vermeiden, wenn man weiß, wie die Angebote in Prospekten, Katalogen
10 und auf Internetseiten zu verstehen sind. Oft finden sich Beschreibungen des Ferienortes, die aus der Umgangssprache stammen, allerdings etwas anderes bedeuten, als man meinen könnte. So muss man bei Buchung eines Direktfluges – anders als bei einer Non-Stop-
15 Verbindung – mit Zwischenlandungen rechnen. Sollte nach Ankunft am Urlaubsort nur „ein kurzer Transfer zum Hotel" notwendig sein, befindet sich das Hotel in der Nähe des Flughafens. Fluglärm ist somit nicht auszuschließen. Nachfragen sollte man vor der Buchung
20 auf jeden Fall auch dann, wenn sich das Hotel „direkt am Meer" befindet. Das Hotel könnte sich dann nämlich ebenso an einer Steilküste oder am Hafen befinden, aber nicht am erhofften Badestrand. „Meerseite" heißt nicht, dass man freien Blick aufs Meer hat, sondern
25 meist ist der Blick durch andere Häuser verstellt. Wer

ganz sicher einen Blick aufs Meer haben möchte, muss auf das Wort „Meerblick" achten.

Auch bei der Lage des Hotels ist Vorsicht geboten. Eine „verkehrsgünstige Lage" bedeutet, dass das Hotel
30 sehr wahrscheinlich an einer Hauptverkehrsstraße liegt. Mit Lärm in der Nacht muss man da rechnen. Wenn das Hotel mit einem „Naturstrand" wirbt, dann sollte man beim Packen der Koffer die Badelatschen nicht vergessen. Ein Naturstrand kann nämlich aus allen möglichen
35 Materialien bestehen, auch aus Felsen.

Aber welche Reklamationen sind berechtigt? Kleinere Unannehmlichkeiten wie geringfügige Verspätungen, Staub, etwas Lärm oder kürzere Wartezeiten beim Essen muss der Reisende entschädigungslos
40 hinnehmen. Wenn der Reisende aber erhebliche Mängel hinnehmen muss, kann er einen Teil vom bezahlten Reisepreis zurückfordern. Wie viel Prozent das sein können, ist in der „Frankfurter Tabelle" nachzulesen. Dort findet man eine Auflistung möglicher Reisemängel
45 und der dazugehörigen Preisminderung. Sie wurde vom Landgericht Frankfurt erstellt und dient im Streitfall als Beispiel. Wichtig ist bei einer Reklamation, dass die Reisenden noch während des Urlaubs reklamieren und die Mängel nach der Reise innerhalb eines Monats dem
50 Reiseveranstalter schriftlich mitteilen.

c Welche Formulierungen aus Reiseprospekten (1–6) passen zu den Erklärungen (A–F)?
Ordnen Sie zu.

1. _D_ lebhafte Ferienanlage

2. ____ Strandnähe

3. ____ für junge Leute geeignet

4. ____ Leihwagen ist empfehlenswert.

5. ____ unaufdringlicher Service

6. ____ zweckmäßig eingerichtet

A Das Hotel ist einfach ausgestattet.

B Das Hotel liegt eventuell abgelegen.

C Das Personal ist vielleicht etwas langsam.

D Mit Lärmbelästigung ist zu rechnen.

E Man geht sicher 15 Minuten zum Strand.

F Im Hotel werden häufig Partys gefeiert.

3 Temporale Präpositionen. Ordnen Sie die Ausdrücke in eine Tabelle und schreiben Sie für jede
Kategorie zwei Beispielsätze.

> ~~nach der Reise~~   bis nächstes Jahr   vor der Buchung   während des Urlaubs   ab drei Tagen
> innerhalb eines Monats   für drei Tage   seit einem Monat   an den schönsten Tagen
> über eine Woche   beim Packen der Koffer   in der Nacht   außerhalb der Saison

	temporale Präpositionen	
mit Dativ	**mit Akkusativ**	**mit Genitiv**
nach der Reise …		

▶ Ü 1–3

4a Überlegen Sie, worüber Sie sich auf Reisen beschweren könnten.
Schreiben Sie Situationen auf Kärtchen.

*beim Frühstück lange
warten müssen*

*seit zwei Tagen kein
warmes Wasser*

*in der Nacht immer
Partylärm*

b Wer sagt was? Schreiben Sie G für Gast oder P für Personal.

1. Es kann doch nicht sein, dass … ____

2. Ich finde es nicht in Ordnung, dass … ____

3. Ich könnte Ihnen … anbieten. ____

4. Einen Moment bitte, ich regele das. ____

5. Es kann doch nicht in Ihrem Sinn sein, dass … ____

6. Ich muss Ihnen leider sagen, dass … ____

7. Es stört mich sehr, dass … ____

8. Entschuldigung, wir überprüfen das. ____

9. Ich habe da ein Problem: … ____

10. Ich möchte mich darüber beschweren, dass … ____

11. Oh, das tut mir sehr leid. ____

12. Wir kümmern uns sofort darum. ____

13. … lässt zu wünschen übrig. ____

c Tauschen Sie die Kärtchen aus 4a im Kurs und spielen Sie zu zweit die Situationen: A beschwert
sich, B reagiert darauf und umgekehrt.

▶ Ü 4

Eine Reise nach Hamburg

1a Was wissen Sie schon über Hamburg? Sammeln Sie im Kurs.

b Typisch Hamburg: Klären Sie diese Wörter und Ausdrücke.

die Elbe	die Seeleute	das Schmuddelwetter	die Börse	der Reeder	hanseatisch
die Alster	bummeln	das Szeneviertel	vornehm	das Dienstleistungszentrum	

c Lesen Sie den Text aus einem Reiseführer. Wählen Sie vier Orte aus, die Sie besuchen möchten. Markieren Sie sie im Text.

Wenn man in Deutschland die Stadt Hamburg erwähnt, dann fällt vielen sofort „das Tor zur Welt" ein. Sie denken an die großen Schiffe auf der Elbe, an den Hafen und die vielen schummrigen Bars
5 und Lokale rund um die *Reeperbahn*, wo die Seemänner ihr schwer verdientes Geld ausgeben.

Die Binnenalster mit Rathaus

Andere denken an die reichen Hamburger Hanseaten, die als Reeder mit ihren Schiffen oder mit Waren aus fernen Ländern ein Vermögen gemacht
10 haben. Und bei „reich" kommt vielen auch der *Jungfernstieg* in den Sinn, eine der teuersten Einkaufsstraßen Hamburgs.

Einigen fällt zu Hamburg auch das Schmuddelwetter mit Nebel, Regen und Wind oder der
15 Fischmarkt am Sonntagmorgen an den *Landungs-*

Die Landungsbrücken

brücken ein. Und gleich nebenan steht die St. Michaelis Kirche, auch *Michel* genannt. Das alles ist für viele die Hansestadt Hamburg.

Der Michel (St. Michaelis Kirche)

Wer heute in den Norden Deutschlands nach Ham-
20 burg reist, der wird vieles davon wiederfinden. Die großen Schiffe, die eleganten Geschäfte, viele Kneipen und Restaurants, Theater und Kultur. Beim Stichwort Hafen denken viele an Segelschiffe und Ozeanriesen. Aber die sieht man heute vor allem
25 beim Hafengeburtstag und anderen Festen. Der heutige Hafen liegt am Rand des Zentrums. Dort steht das hochmoderne Containerterminal, wo die Schiffe automatisch be- und entladen werden.

St. Pauli

Seeleute findet man heute auch seltener. Konnte
30 man sie früher in den zahlreichen Bars auf der Reeperbahn in *St. Pauli* antreffen, vergnügen sich dort heute vor allem Touristen.

Der Hamburger Fischmarkt

In den schicken Vierteln entlang der Elbe oder an der Alster zu wohnen, können sich heute nur die
35 wenigsten Hamburger leisten. Und neben den eleganten Geschäften am Jungfernstieg sind nun auch die modernen Hamburger Passagen oder die *HafenCity* ein Publikumsmagnet.

Nicht nur die Stadt, auch die Hamburger selbst ha-
40 ben sich verändert. Der Handel mit Schiffswaren ist weiterhin wichtig, dennoch ist Hamburg heute

Die Elbphilharmonie

mehr ein Dienstleistungszentrum. Hier haben sich Finanz- und Versicherungszentren, Medienfirmen und Verlage fest etabliert und so wandeln sich die
45 Hanseaten von Reedern zu Managern und die Hafenstadt zur Stadt mit Hafen.

Für die Hamburger und die Besucher gibt es in der Stadt aber viel Gelegenheit, sich zu erholen und zu entspannen. Mit seinem Zoo *Hagenbecks Tier-*
50 *park*, den schönen Parks, z. B. *Planten un Blomen*, seinen zahlreichen Museen und Theatern und der extravaganten *Elbphilharmonie* in der HafenCity ist Hamburg immer eine Reise wert.

Die Speicherstadt

Zu den Sehenswürdigkeiten wie dem *Rathaus*, der
55 *Börse* oder den alten Handelshäusern (den *Konto-ren*) in der Innenstadt kommt man schnell und bequem mit Bus, Bahn oder zu Fuß. Gehen Sie selbst auf Entdeckungstour, auf die Suche nach Tradition und Moderne. Auf geht's!

d Lesen Sie die Aussagen. Welche Information stimmt? Streichen Sie jeweils die falsche Information.

1. Das meiste Geld wird heute mit Handel / Dienstleistungen verdient.
2. Der Michel steht in der Nähe der Landungsbrücken / an der Binnenalster.
3. Der Fischmarkt findet am Samstag / Sonntag statt.
4. Die HafenCity ist ein Containerterminal / ein neuer Stadtteil.
5. Die Reeperbahn liegt an der Alster / in St. Pauli.

▶ Ü 1

2a Sie möchten eine Woche nach Hamburg fahren und haben im Internet eine günstige Übernachtung gefunden. Sie möchten das Zimmer telefonisch reservieren. Wonach sollten Sie sich erkundigen? Welche Informationen müssen Sie geben? Machen Sie Notizen.

2.32
b Herr Stadler möchte Hamburg besuchen und sucht ein Zimmer. Hören Sie das Telefongespräch und ergänzen Sie.

1. Herr Stadler sucht ein Zimmer vom _____ bis zum _____.

2. Er braucht ein _____ mit _____, das _____ und _____ ist.

3. Das Zimmer kostet _____ Euro.

4. Er kommt mit dem _____.

5. Das Hotel schickt ihm eine _____ und eine _____.

Eine Reise nach Hamburg

3a Ein Zimmer telefonisch buchen – Was sagt der Gast? Was sagt die Mitarbeiterin des Hotels? Ordnen Sie zu und sammeln Sie weitere Redemittel im Kurs.

1, _____
_____

_____
_____

1. Guten Tag, mein Name ist …
2. Ich möchte ein Zimmer buchen.
3. Wie reisen Sie an?
4. Was kostet das Zimmer?
5. Was kann ich für Sie tun?
6. Hotel …, mein Name ist …
7. Das Zimmer kostet … Euro pro Nacht.
8. Wie lautet Ihre Adresse?
9. Ich brauche ein Zimmer für … Nächte.
10. Ich komme mit dem Auto/Zug/…
11. Wann möchten Sie anreisen/abreisen?
12. Ich reise am … wieder ab.
13. Senden Sie mir bitte eine Bestätigung.
14. Reisen Sie alleine?
15. Ich möchte am … anreisen.
16. Wie lange werden Sie bleiben?
17. Haben Sie einen besonderen Wunsch?
18. Das Zimmer sollte ruhig/klimatisiert / ein Nichtraucherzimmer / … sein.
19. Möchten Sie eine Reservierungsbestätigung?
20. Gern geschehen. 21. Wir haben ein / leider kein Zimmer frei.
22. Wir sind zu zweit. 23. Danke für Ihre Hilfe.
24. Auf welchen Namen darf ich das Zimmer reservieren?

b Schreiben und spielen Sie jetzt selbst Telefongespräche für eine Zimmerreservierung.

STRATEGIE

Ein Telefongespräch vorbereiten

Notieren Sie Wörter, Redemittel, Fragen und Antworten, die Sie für das Telefongespräch brauchen oder erwarten.

2.33

4a Etwas in Hamburg unternehmen – Informationen erfragen. Lesen Sie die Fragen. Hören Sie dann den Dialog und notieren Sie die Antworten der Touristeninformation.

1. Guten Tag. Können Sie mir sagen, wann und wo es morgen Stadtführungen gibt?
2. Wie lange dauert eine Führung?
3. Zwei Stunden ist ziemlich lang. Geht man zu Fuß?
4. Was würden Sie empfehlen?
5. Gut, aber ich muss noch einmal überlegen. Wo könnte ich mich denn anmelden?

▶ Ü 2

SPRACHE IM ALLTAG

Auf Dank reagieren:
Gern. / Gerne. / Gern geschehen.
Bitte. / Bitte schön.
Keine Ursache. / Kein Problem.
Nichts zu danken. / Nicht der Rede wert.

b Wonach könnte man in der Touristeninformation noch fragen?

5a Arbeiten Sie zu zweit und erfragen Sie abwechselnd die fehlenden Informationen. A fragt als Tourist, B antwortet als Touristeninformation.

A Tourist
- Aufenthalt Hamburg am 28. Juli, Doppelzimmer frei? Max. 80 €?
- Hamburger Fischmarkt: Wann? Wo?
- Rundfahrt auf der Alster: Wo? / Wann? / Kosten? / Dauer?

B Touristeninformation
- Am 28. Juli frei: Hotel Hansa (DZ 79,- €) / Pension Alsterrose (DZ 65,- €)
- Fischmarkt: St. Pauli / So. 5.00–9.30 Uhr
- Alsterkreuzfahrt: weiße Schiffe / alle 60 Min. / Jungfernstieg / so lange Sie wollen / 12,00 €

b Wechseln Sie jetzt die Rollen. Fragen und antworten Sie weiter.

A Touristeninformation
- S-Bahn, Linie 1, 25 Minuten vom Flughafen zum Hauptbahnhof, 2,95 € einfache Fahrt
- Hamburg Card: Tageskarte ab 8,90 €
- Ab Hauptbahnhof Linie U2, Richtung Niendorf Nord, Station Hagenbecks Tierpark
- Kulturtermine: Zeitschrift *Szene Hamburg* oder www.hamburg-magazin.de

B Tourist
- Vom Flughafen zur Innenstadt? Dauer? Preis?
- Günstige Fahrten mit Bus, U- und S-Bahn für 24 Stunden?
- Weg zu Hagenbecks Tierpark?
- Kultur-Infos?

6a Unterwegs mit … Diese beiden Hamburger berichten, wie ihr idealer Tag aussieht. Wen würden Sie gerne begleiten? Warum?

Tim Mälzer

Er gilt als „Junger Wilder" unter Deutschlands Fernsehköchen. Die Kochshow des 42-Jährigen hat gute Quoten, seine Kochbücher führen die Bestseller-Listen an, und in seinem Restaurant „Das Weiße Haus" in Övelgönne muss man lange im Voraus reservieren. Ein idealer Tag ist für ihn ein Tag unter Menschen. Ob Hafengeburtstag, Eppendorfer Schlemmermeile, Altonale oder Alstervergnügen: Er liebt Volksfeste. Besonders den Dom, Hamburgs riesigen Rummel, der dreimal pro Jahr stattfindet. Laute Musik, grelle Lichter, lachende Kinder. Er mag es, wenn Leute gut drauf sind. Und wo es etwas Gutes zu Essen und zu Trinken gibt, das weiß Herr Mälzer mit Sicherheit auch.

TV-Kommissarin Bella Block ist wohl die bekannteste Rolle der Schauspielerin Hannelore Hoger, Tochter eines Inspizienten des Ohnsorg-Theaters. Ihr idealer Tag beginnt in der Hamburger Kunsthalle, in dem ihr Lieblingsbild „Das Paar vor den Menschen" von Ernst-Ludwig-Kirchner hängt. Nach einem Abstecher in die Galerie der Gegenwart fährt sie zum Restaurant Louis C. Jacob. Dort sitzt sie am liebsten auf den Lindenterrassen, die Max Liebermann 1902 als einen seiner Lieblingsplätze malte. Gestärkt bummelt sie anschließend durch Eppendorf, wo man ohne Großstadthektik wunderbar einkaufen gehen kann. Der Tag endet im kleinen St. Pauli Theater. „Tritt man dort auf, fühlt man sich vom Publikum regelrecht umarmt", schwärmt Frau Hoger.

Hannelore Hoger

b Wie sieht ein idealer Tag in Ihrer Stadt aus? Wohin würden Sie einen Gast mitnehmen? Schreiben Sie einen kurzen Text.

▶ Ü 3

7 Projekt: Suchen Sie sich eine deutschsprachige Stadt aus, die Ihnen gut gefällt. Sammeln Sie Informationen im Internet für einen fünftägigen Aufenthalt.

Städte:
www.berlin.de
www.zuerich.ch

An- und Abreise:
www.flug.de
www.oebb.at

Programm:
www.theater.de
www.tourismus-schweiz.ch

Sonstiges:
www.konsulate.de

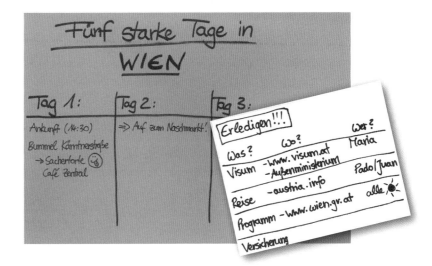

Alexander von Humboldt

Naturforscher und Mitbegründer der Geografie

(14. September 1769–6. Mai 1859)

Alexander von Humboldt wurde am 14. September 1769 in Berlin geboren. Sein Vater war preußischer Offizier, seine Mutter Französin. Alexander wuchs zusammen mit seinem älteren Bruder Wilhelm auf, dem späteren Sprachforscher, Erziehungsminister und Gründer der heutigen Humboldt-Universität zu Berlin. Die Brüder erhielten eine umfassende Bildung und Erziehung. Alexander begeisterte sich früh für die großen Entdeckungsreisenden seiner Zeit, besonders für James Cook. Er zeigte großes Interesse an Naturgegenständen und wurde in seinem Umfeld als „der kleine Apotheker" bezeichnet, weil er Insekten, Steine und Pflanzen sammelte.

1789 begann Alexander an der Universität Göttingen Chemie und Physik zu studieren. Zu dieser Zeit lernte er auch Georg Forster kennen, der James Cook auf seiner zweiten Weltreise begleitete. Durch Forster beschloss Alexander, die Welt zu bereisen, auch wenn er nach außen die Wünsche der Mutter respektierte. Nach dem Besuch der Handels- und der Bergakademie wurde er Assessor im Staatsdienst Preußens.

Alexander von Humboldt, Forschungsreisender

1796 starb Alexanders Mutter und er erbte ein großes Vermögen, durch das er seinen Lebenstraum finanzieren konnte: als Forschungsreisender die Welt zu erkunden. Am 5. Juni 1799 brach Alexander mit Freunden in die Neue Welt auf. Seine Forschungsreisen, von denen er mehrere unternahm, führten ihn über Europa hinaus nach Lateinamerika, in die USA sowie nach Zentralasien. Alexander begeisterte sich für viele Wissenschaften z. B. für Physik, Chemie, Geologie, Mineralogie, Vulkanologie, Botanik, Zoologie, Ozeanografie, Astronomie und Wirtschaftsgeografie. Noch im Alter von 60 Jahren legte Alexander 15.000 Kilometer mithilfe von 12.244 Pferden auf seiner russisch-sibirischen Forschungsreise zurück.

In den Folgejahren war er als Diplomat in Paris unterwegs und begleitete den König auf Reisen. In den Jahren 1845 bis 1858 verfasste Alexander sein mehrbändiges Hauptwerk mit dem Titel „Kosmos", das ein echter Bestseller wurde. Alexander starb am 6. Mai 1859 in seiner Wohnung in Berlin. Am 10. Mai wurde er in einem Staatsbegräbnis im Berliner Dom beigesetzt.

Alexander wird wegen seiner vielen Forschungsreisen als „der zweite Kolumbus" bezeichnet. Charles Darwin sagte über ihn, er sei der größte reisende Wissenschaftler gewesen, der jemals gelebt habe.

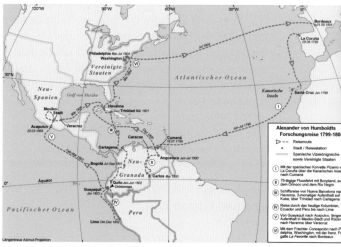

Amerika-Forschungsreise: 1799–1804

Alexanders Expeditionen wurden in Daniel Kehlmanns Roman „Die Vermessung der Welt" (2005) aufgegriffen und 2012 verfilmt.

www ▸ Mehr Informationen zu Alexander von Humboldt.

Sammeln Sie Informationen über Persönlichkeiten aus dem In- und Ausland, die zum Thema „Reisen" interessant sind, und stellen Sie sie im Kurs vor. Sie können dazu die Vorlage „Porträt" im Anhang verwenden.

Beispiele aus dem deutschsprachigen Bereich: Heinrich Schliemann – Georg Forster – Georg Schweinfurth – Gerlinde Kaltenbrunner – Ida Pfeiffer

1a Konnektoren: Temporalsätze

Fragewort	Beispiel
Wann? Wie lange? Gleichzeitigkeit: Hauptsatz **gleichzeitig mit** Nebensatz	*Immer **wenn** ich Radtouren <u>unternommen habe</u>, <u>hat</u> mich das Reisefieber <u>gepackt</u>.* **wenn:** wiederholter Vorgang in der Vergangenheit ***Als** ich 25 <u>war</u>, <u>bekam</u> ich großes Fernweh.* **als:** einmaliger Vorgang in der Vergangenheit ***Während** ich letzte Reisevorbereitungen <u>traf</u>, <u>verkaufte</u> ich meinen kompletten Hausrat.* **während:** andauernder Vorgang ***Solange** ich nicht zu Hause <u>war</u>, <u>war</u> ich einfach glücklich.* **solange:** gleichzeitiges Ende beider Vorgänge
Vorzeitigkeit: Nebensatz **vor** Hauptsatz	***Nachdem** ich das Abi <u>geschafft hatte</u>, <u>fuhr</u> ich per Anhalter durch Europa.*
Nachzeitigkeit: Nebensatz **nach** Hauptsatz	***Bevor** ich die Reise beginnen <u>konnte</u>, <u>brauchte</u> ich das notwendige Startkapital.*
Seit wann?	***Seitdem** ich nichts mehr <u>besitze</u>, <u>fühle</u> ich mich freier.*
Bis wann?	***Bis** die Reise beginnen <u>konnte</u>, <u>hat</u> es noch einen Monat <u>gedauert</u>.*

b Zeitenwechsel bei *nachdem*

Gegenwart:	*Ich <u>fahre</u> per Anhalter durch Europa, nachdem ich das Abi <u>geschafft habe</u>.*	Präsens Perfekt
Vergangenheit:	*Ich <u>fuhr</u> per Anhalter durch Europa, nachdem ich das Abi <u>geschafft hatte</u>.*	Präteritum Plusquamperfekt

2 Temporale Präpositionen

mit Akkusativ	mit Dativ	mit Genitiv
bis nächstes Jahr **für** drei Tage **gegen** fünf Uhr **um** Viertel nach sieben **um** Ostern **herum** **über** eine Woche	**ab** drei Tagen **an** den schönsten Tagen **beim** Packen der Koffer **in** der Nacht **nach** der Reise **seit** einem Monat **von** jetzt **an** **von** morgens **bis** abends **vor** der Buchung **zu** Weihnachten **zwischen** Montag und Mittwoch	**außerhalb** der Saison **innerhalb** eines Monats **während** des Urlaubs

Erfurt

1 Informieren Sie sich über die Stadt Erfurt.

Wo liegt die Stadt? Von welchem Bundesland ist Erfurt die Hauptstadt?
Welche Bundesländer sind in der Nachbarschaft? …

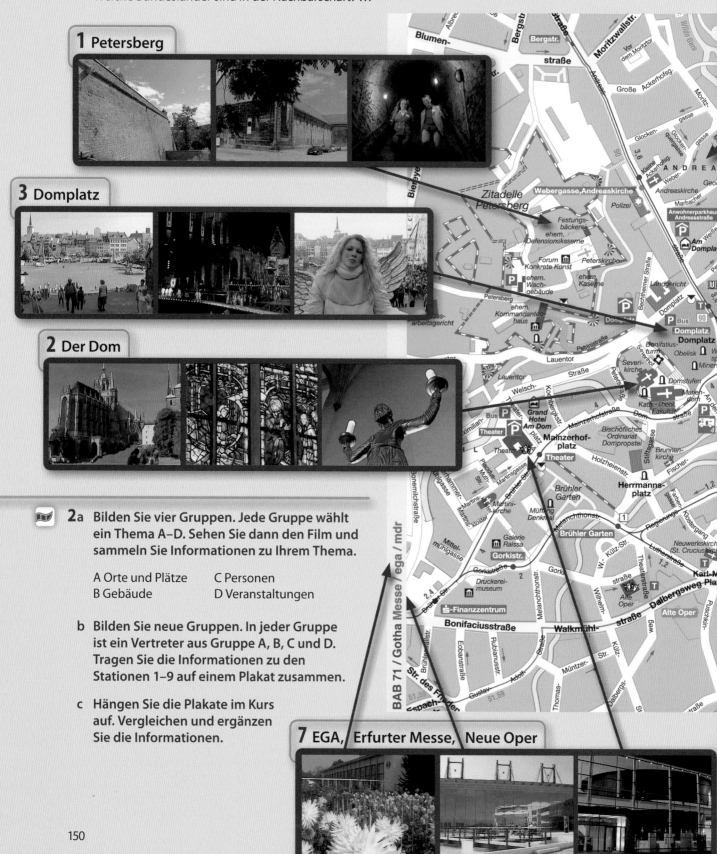

1 Petersberg

3 Domplatz

2 Der Dom

7 EGA, Erfurter Messe, Neue Oper

2a Bilden Sie vier Gruppen. Jede Gruppe wählt
ein Thema A–D. Sehen Sie dann den Film und
sammeln Sie Informationen zu Ihrem Thema.

A Orte und Plätze   C Personen
B Gebäude   D Veranstaltungen

b Bilden Sie neue Gruppen. In jeder Gruppe
ist ein Vertreter aus Gruppe A, B, C und D.
Tragen Sie die Informationen zu den
Stationen 1–9 auf einem Plakat zusammen.

c Hängen Sie die Plakate im Kurs
auf. Vergleichen und ergänzen
Sie die Informationen.

6 Andreasviertel

8 Kaisersaal

9 Krämerbrücke

5 Rathaus, Augustinerkloster

4 Fischmarkt

3 Welche besonderen Veranstaltungen, Attraktionen oder Feste gibt es in Ihrer Stadt? Berichten Sie.

Natürlich Natur!

Spielen Sie das Umwelt-Spiel. Sie können mit 4–6 Spielern spielen.

Anleitung

Sie brauchen einen Würfel und für jeden Spieler / jede Spielerin eine Spielfigur (z. B. eine Münze oder einen Radiergummi) und einen „Experten", der die Lösungen aus dem Lehrerhandbuch hat. Es gibt drei verschiedene Typen von Spielfeldern.

Orange Felder: Wenn Sie auf ein oranges Feld kommen, haben Sie entweder etwas falsch gemacht und müssen auf ein anderes Feld zurückgehen oder Sie haben etwas sehr gut gemacht und dürfen noch einmal würfeln.

Blaue Felder: Hier erklären Sie etwas oder spielen es vor. Ihre Gruppe entscheidet:
• Ihre Lösung ist nicht umweltfreundlich. Bleiben Sie stehen.
• Ihre Lösung ist umweltfreundlich. Gehen Sie zwei Felder vor und lösen Sie die Aufgabe.

Grüne Felder: Welche Antwort ist richtig? Wenn Sie die Aufgabe richtig lösen, dürfen Sie noch einmal würfeln. Wenn nicht, bleiben Sie stehen, bis Sie wieder dran sind.

Gewonnen hat, wer zuerst im Ziel ist.

Wie viel länger leuchtet eine Energiesparlampe im Vergleich zu einer Glühbirne?
A acht Mal so lang
B gleich lang
C 1.000 Mal so lang

3

Wieder mal eine Waschmaschine mit nur einer Jeans und zwei T-Shirts angemacht! Gehen Sie auf Feld 1.

4

Prima, Sie haben die Pfandflaschen zurück zum Supermarkt gebracht. Würfeln Sie noch einmal.

2

Sie haben Hunger und Durst. 500 Meter von Ihrer Wohnung entfernt ist eine Bäckerei und 1.000 Meter von Ihrer Wohnung entfernt ist ein Supermarkt, in dem Sie am liebsten etwas zu trinken einkaufen. Spielen Sie vor, wie Sie zum Bäcker und zum Supermarkt kommen.

1

Start

Ziel

Sie lassen alle elektronischen Geräte immer auf Stand-by, anstatt sie richtig auszuschalten. Gehen Sie auf Feld 17.

20

Sie wollen alleine eine Reise machen und 500 Kilometer zurücklegen. Welches Verkehrsmittel ist am umweltfreundlichsten?
A Auto
B Bahn
C Flugzeug

19

Aus welcher Energiequelle ist Strom umweltfreundlich?
A Kohle
B Atomkraft
C Sonne

18

Sehr schön! Sie haben das Fahrrad genommen und nicht das Auto. Würfeln Sie noch einmal.

16

Erklären Sie, was Sie mit leeren Batterien machen.

17

Sie lernen

Modul 1 | Einen Text über Singles und Umweltprobleme verstehen

Modul 2 | Eine Talkshow zum Thema „Tiere" spielen

Modul 3 | Über verschiedene Umweltprojekte sprechen

Modul 4 | Detailinformationen eines Referats zum Thema „Wasser" verstehen

Modul 4 | Ein Kurzreferat halten

Grammatik

Modul 1 | Passiv

Modul 3 | Lokale Präpositionen (mit Wechselpräpositionen)

Was ist Recycling?
A eine umweltfreundliche Fahrradsportart
B das Wiederverwenden von Rohstoffen
C umweltschonendes Verbrennen von Abfall

5

Oh nein, Sie haben zwei große Kartons in die Papiertonne geworfen und die Kartons vorher nicht zusammengefaltet. Jetzt ist die Tonne schon wieder voll! Gehen Sie auf Feld 3.

6

Sie haben für Freunde gekocht: Es gibt Salat und einen Auflauf. Wohin kommt der Müll? Vor Ihnen liegen eine Plastiktüte, eine fettige Papiertüte, Zwiebel- und Kartoffelschalen, eine kaputte Porzellantasse und ein leeres Glas. Sortieren Sie den Müll:
Altpapier – Glas – Plastik – Biomüll – Restmüll.

7

Nicht schon wieder … Sie sind gestern Abend vor dem Fernseher eingeschlafen und die Kiste lief sinnlos bis fünf Uhr morgens. Gehen Sie auf Feld 5.

8

Sie lesen jede Woche ein Buch. Wie kommen Sie am umweltfreundlichsten an Lesestoff?
A Sie gehen in die Bücherei und leihen sich Bücher.
B Sie gehen in die Buchhandlung und kaufen sich Bücher.
C Sie kaufen einen E-Book-Reader und laden die Bücher aus dem Internet herunter.

9

Sie finden in Ihrem Kühlschrank einen alten Joghurt. Das Datum mit der Mindesthaltbarkeit ist seit einem Tag abgelaufen.
Was machen Sie?
A Sie stellen ihn wieder in den Kühlschrank.
B Sie essen ihn.
C Sie werfen ihn in den Müll.

10

Erwischt! Draußen ist kalter Winter und Sie haben wieder den ganzen Tag das Fenster gekippt und die Heizung angelassen, statt für zehn Minuten das Fenster richtig aufzumachen. Gehen Sie auf Feld 7.

11

Was machen Sie mit einem alten, kaputten Kühlschrank?
A Sie bringen ihn zur Sammelstelle für Problemmüll.
B Sie werfen ihn mit der Hilfe eines Freundes in einen Müllcontainer.
C Sie stellen ihn vor die Mülltonne.

15

Welche Energien sind erneuerbar?
A Kohle
B Erdöl und Erdgas
C Wind, Sonne und Wasser

14

Super, Sie haben den Biomüll runtergebracht. Würfeln Sie noch einmal.

13

Es ist Herbst. Sie sind in einem Supermarkt in Deutschland und haben die Wahl zwischen Äpfeln aus Neuseeland und Äpfeln aus Deutschland. Erklären Sie, warum der Kauf von Äpfeln aus Deutschland umweltfreundlicher ist.

12

Umweltproblem Single

1a Lesen Sie den Titel des Artikels. Was denken Sie: Warum könnten Singles ein Umweltproblem sein?

b Lesen Sie den Artikel und verbinden Sie die Satzteile unten. Bringen Sie die Sätze dann in die richtige Reihenfolge.

Singles werden zum Umweltproblem

Ein-Personen-Haushalte sind Umwelt-Zeitbomben: Sie vermehren sich stark, verbrauchen Platz, Energie und Ressourcen. Jetzt werden Gegenmaß-
5 nahmen gefordert.

Ein-Personen-Haushalte nehmen schon seit Jahrzehnten zu. Bis zum Jahr 2026 werden sie für 76 Prozent des jährlichen Zuwachses an Wohn-
10 raum verantwortlich sein und mehr als ein Drittel aller Haushalte ausmachen. Umweltexperten betrachten diese Entwicklung mit Sorge, denn durch die hohe Zahl von Single-Haushalten wird
15 mittelfristig eine Konsum- und Umwelt-Krise ausgelöst.

Pro Kopf verbrauchen Singles nicht nur den meisten Wohnraum und die meiste Energie, sondern auch die meisten Haushaltsgeräte wie Waschmaschinen,
20 Kühlschränke, Fernseher und Stereoanlagen. Im Vergleich zu Mitgliedern eines Fünf-Personen-Haushaltes kaufen sie 39 Prozent mehr Haushaltsutensilien ein, produzieren dabei 42 Prozent mehr Verpackungsmüll, verbrauchen 61 Prozent mehr Gas und 55 Pro-
25 zent mehr Strom. Während ein Familienmensch pro Jahr rund 1.000 Kilo Abfall produziert, kommt der Single auf gewaltige 1.600 Kilo. Und in Zukunft leben immer mehr junge Menschen alleine, die durch ihren konsumorientierten Lebensstil sehr viele Res-
30 sourcen verbrauchen.

Damit die Singles nicht zum Umweltproblem werden, muss heute schon gehandelt werden, appellieren Forscher. So muss hochwertiger Wohnraum geschaffen werden, der prestigeträchtig und ökologisch zugleich
35 ist. Mit der richtigen Werbung können die wohlhabenden Singles dann motiviert werden, ihr Geld für besonders umweltfreundliche Häuser und Geräte auszugeben.

Für Menschen, die unfreiwillig alleine wohnen,
40 sollte innovative Architektur neue Möglichkeiten des Zusammenlebens schaffen. So sind variable Wohnformen denkbar, in denen z. B. Wohnzimmer gemeinsam genutzt werden, Schlafzimmer, Badezimmer und Küche aber privat bleiben.

____ a Um das drohende Problem zu verhindern,

dass sie zu einem Umweltproblem werden.

____ b Für Menschen, die nicht gern allein wohnen,

ist auch der heutige Lebensstil allein lebender Menschen.

____ c Dieses Problem entsteht dadurch,

sollten Singles in umweltfreundlichen Wohnraum und ökologische Produkte investieren.

_1_ d Ein-Personen-Haushalte haben so stark zugenommen,

dass Singles vergleichsweise mehr konsumieren und mehr Müll produzieren.

▶ Ü 1   ____ e Ein wichtiger Aspekt dabei

sollten alternative Wohnformen geschaffen werden.

c Umweltfreundlich leben. Was können Sie in Ihrem Zuhause tun, um Energie zu sparen und Müll zu vermeiden? Sammeln Sie in Gruppen.

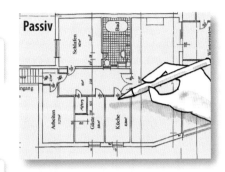
2a Aktiv und Passiv. Wann verwendet man was? Verbinden Sie die Erklärungen und Beispiele mit den passenden Bildern.

Aktiv

> Wichtig ist der Vorgang / die Aktion: Was passiert?

> Wichtig ist die handelnde Person: Wer/Was macht etwas?

> *Der Architekt plant umwelt-freundliche Häuser.*

> *Umweltfreundliche Häuser werden geplant.*

Passiv

▶ Ü 2

b Lesen Sie die Sätze und markieren Sie die Passivformen. Was war früher? Was ist jetzt? Ordnen Sie zu.

1. Das Öko-Haus wurde gebaut.
2. Die meiste Energie wird beim Heizen verbraucht.
3. In den letzten Jahren sind viele moderne Gebäude konzipiert worden.
4. Immer mehr umweltfreundliche Haushaltsgeräte werden entwickelt.
5. Vor 50 Jahren wurde noch nicht so viel Verpackungsmüll produziert.
6. Das Umweltthema ist schon oft diskutiert worden.

Jetzt: Passiv Präsens _2,_____

Früher: Passiv Präteritum _____ oder Passiv Perfekt _____

c Wie wird das Passiv gebildet? Ergänzen Sie die Regeln.

Passiv Präsens: _____ + Partizip II

Passiv Präteritum: _____ + Partizip II

Passiv Perfekt: *sein* + Partizip II + _____

d Bilden Sie für jede Zeitform des Passivs einen Beispielsatz. Tauschen Sie mit Ihrem Partner / Ihrer Partnerin und korrigieren Sie seine/ihre Sätze.

▶ Ü 3

e Lesen Sie den vorletzten Absatz des Artikels noch einmal und unterstreichen Sie die Passivsätze mit Modalverben. Schreiben Sie dann einen Beispielsatz zu der Regel.

Passiv mit Modalverben: Modalverb + Partizip II + *werden* im Infinitiv

_____

▶ Ü 4–5

3 Gehen Sie zu zweit durch die Sprachschule und beschreiben Sie alles, was gemacht wird, wurde oder werden muss.

Die Türen werden geöffnet.
Die Übungen wurden kopiert.
Die Tafel muss gewischt werden.

Tierisch tierlieb?

1a Wählen Sie ein Foto und machen Sie Notizen: Was sehen Sie? Was halten Sie davon?

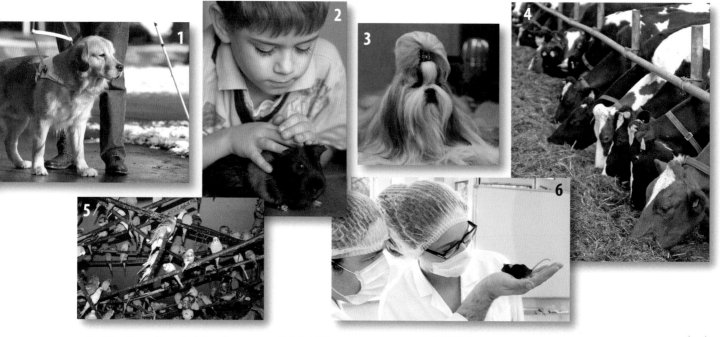

b Wer hat das gleiche Foto gewählt? Bilden Sie Gruppen. Tauschen Sie Ihre Meinungen zu dem Foto aus.

c Diskutieren Sie im Kurs: Welches Foto finden Sie am interessantesten, welches am schönsten und welches am erschreckendsten?

▶ Ü 1–2

SPRACHE IM ALLTAG

Im Deutschen verwendet man viele Tiernamen als Kosewörter:
Maus/Mäuschen, Hase/Häschen, Bärchen, Spatz …
Aber auch als Schimpfwörter:
dumme Kuh, blöde Ziege/Gans, Esel, fauler Hund …

2a Vom Umgang mit Tieren. Welche Beschreibung passt? Ordnen Sie zu.

___ 1. der Tierschützer   ___ 4. herrenlos   ___ 7. das Tierheim

___ 2. bei sich aufnehmen   ___ 5. aussetzen   ___ 8. der Animal Hoarder

___ 3. traumatisiert sein   ___ 6. verwahrlost   ___ 9. die Tierquälerei

A etwas Schlimmes erlebt haben und darunter leiden
B nicht mehr sauber und gepflegt sein
C ein Haus für Tiere, die keinen Besitzer haben
D eine Person, die Tieren hilft und für sie kämpft
E eine Person, die zu viele Tiere sammelt
F einem Tier Schmerzen zufügen
G jemanden bei sich wohnen lassen
H ein Tier irgendwo hinbringen, dort alleine lassen und nicht mehr zurückkommen
I ohne Besitzer

 2.34 **b** Hören Sie den ersten Teil des Interviews mit Manuel Tucher. Wo arbeitet er, was macht er dort und warum macht er diese Arbeit?

 2.35 **c** Hören Sie nun den zweiten Teil des Interviews. Aus welchen Gründen kommen Tiere ins Tierheim? Machen Sie Notizen und vergleichen Sie im Kurs.

▶ Ü 3

3 Was haben Sie schon einmal mit Tieren erlebt (Tier gefunden/gerettet, seltenes/gefährliches Tier gesehen, verrückte Tierbesitzer …)? Schreiben Sie eine E-Mail an einen Freund / eine Freundin.

4a Wie soll man mit Tieren umgehen? Spielen Sie eine Talkshow. Lesen Sie die Rollenkarten und bilden Sie vier Gruppen. Jede Gruppe wählt eine Rolle und gibt der Person einen Namen.

Talkmasterin
- sehr freundlich
- stellt jedem kritische Fragen
- achtet darauf, dass jeder etwas sagt
- mag Tiere, will aber keins zu Hause haben

Älterer Herr
- humorvoller Mensch, der offen zugibt, dass er Tiere nicht mag
- stört es, wenn jemand in der U-Bahn einen Hund dabei hat
- möchte, dass Tiere nur in Boxen in öffentlichen Transportmitteln mitgenommen werden dürfen
- findet Tierhaltung auf engem Raum positiv, weil nur so Fleisch und Milchprodukte billig sind

Landwirt
- ist sachlich und engagiert und findet Tierschutz wichtig
- hat auf seinem Bauernhof Kühe, Ziegen, Schweine und Hühner
- findet es schlimm, wenn Leute ihre Haustiere wie Menschen behandeln (Kleider anziehen, frisieren, für sie kochen usw.)
- ist für fairen Umgang mit Tieren: genug Platz, gutes Futter, sauberer Stall, Auslauf im Freien
- ist dafür, dass Tierhaltung auf zu engem Raum verboten wird

Frau mit Pudel
- ist sehr nervös und sofort gereizt, wenn jemand etwas gegen Tiere sagt
- geht mit ihrem Hund zum Friseur und hat eine Homepage für ihn
- lässt ihren Hund im Bus und in der U-Bahn auf einem Sitzplatz sitzen
- ärgert sich darüber, dass ihr Hund oft an der Leine sein muss
- möchte, dass Hunde überall mit hingenommen werden dürfen (Hotels, Geschäfte …)

b Überlegen Sie in Ihrer Gruppe: Was könnte „Ihre Person" in der Talkshow sagen? Machen Sie Notizen.

c Mischen Sie die Gruppen so, dass in jeder neuen Gruppe je eine Person aus der alten Gruppe ist. Spielen Sie die Talkshow. Die Redemittel helfen Ihnen.

UM DAS WORT BITTEN / DAS WORT ERGREIFEN	SICH NICHT UNTERBRECHEN LASSEN
Dürfte ich dazu auch etwas sagen?	Lassen Sie mich bitte ausreden.
Ich möchte dazu etwas ergänzen.	Ich möchte nur noch eines sagen: …
Ich verstehe das schon, aber …	Einen Moment bitte, ich möchte nur noch …
Glauben/Meinen Sie wirklich, dass …?	Augenblick noch, ich bin gleich fertig.
Da muss/möchte ich kurz einhaken: …	Lassen Sie mich noch den Gedanken/Satz zu Ende bringen.
Entschuldigen Sie, wenn ich Sie unterbreche, …	

Alles für die Umwelt?

1a Lesen Sie die Überschriften A–H und dann die vier Texte. Welcher Text passt am besten zu welcher Überschrift?

____ A Bio in der Kiste

____ B Eine Stadt räumt auf

____ C Nützliches aus dem Müll – Tipps und Tricks

____ D Jetzt wird's bunt!

____ E Grüne Fußgängerbrücken

____ F Familien erfinden die Öko-Kiste

____ G Stricken Sie mit! Unser aktuelles Kursangebot

____ H Sichere Wege für Wildtiere

Sauberhaftes Hessen

1 Wie jedes Jahr sammeln Freiwillige Müll in und um Kassel – und finden dabei auch brauchbare Küchengeräte, Autoreifen und eine alte Matratze. Warum werfen Menschen ihre Abfälle einfach auf die Straße? Ziel der Aktion „Sauberhaftes Hessen" ist es, Bürgerinnen und Bürger zu einem verantwortungsvollen Umgang mit der Umwelt anzuhalten. Mit der Aktion möchte man auf eine einfache Verhaltensregel aufmerksam machen: Müll gehört in den Abfalleimer!

2 Guerilla-Stricken – ein neuer Trend ist jetzt auch in Deutschland angekommen. Und man lernt: Stricken ist nicht nur was für Omas! Beim Guerilla-Stricken geht es darum, Gegenstände im öffentlichen Raum zu verändern und zwar durch gestrickte oder gehäkelte, meist bunte Überzüge oder Decken. Nicht allen gefällt es, wenn eine bunte Strickmütze auf einer Straßenlaterne thront oder geblümte Deckchen um Baumstämme gewickelt sind. Dabei ist das Guerilla-Stricken als fröhlicher Weg gedacht, den grauen Stadtalltag bunter zu machen.

3 Seit über 10 Jahren ist die Idee erfolgreich und wächst weiter. Bio-Bauernhöfe der Region beliefern Kunden in bestimmten Städten oder Stadtteilen mit der sogenannten „Öko-Kiste". Einmal in der Woche steht frisches Obst und Gemüse direkt vor der Haustür. Die „Öko-Kiste" gibt's in verschiedenen Größen und Ausführungen (nur Regionales / Fitness / Familie mit Kindern usw.) und man kann ebenso Käse, Milch, Brot und Fleisch bestellen – alles garantiert Bio und frisch.

4 Autobahnen sind gefährlich – nicht nur für Menschen. Rund 250.000 Rehe, Hirsche und Wildschweine sowie unzählige weitere Kleintiere sterben jedes Jahr beim Versuch, z. B. eine Autobahn zu überqueren. Sogenannte Grünbrücken verbinden die Lebensräume der Tiere und vermindern somit die Unfallgefahr – auch für Autofahrer. Die Tiere können über die Brücke laufen und sie nutzen das Angebot: Die Grünbrücke über die A72 zwischen Chemnitz und Leipzig wird seit ihrer Eröffnung 2012 eifrig von Wildtieren benutzt.

b Welches Projekt finden Sie am interessantesten? Warum?

2a Lokale Präpositionen: Ergänzen Sie die Artikelwörter im richtigen Kasus. Ergänzen Sie dann die Regel.

G

Wechselpräpositionen

Wo? ●

*Müll ist **im** Abfalleimer.*

*Frisches Obst steht **vor** _____ Tür.*

*Die Brücke ist **über** der Autobahn.*

Wohin?

*Wirf Müll **in** _____ Abfalleimer.*

*Sie stellen frisches Obst **vor die** Tür.*

*Die Tiere können **über** _____ Brücke laufen.*

Einige lokale Präpositionen werden sowohl mit Dativ als auch mit Akkusativ verwendet. Man nennt sie Wechselpräpositionen.

Der Dativ folgt auf die Frage _____?, der Akkusativ auf die Frage _____?

▶ Ü 1

b Ordnen Sie die Präpositionen in die Tabelle.

| von   in   durch   von … aus   an   bei   vor   entlang   neben   zu   jenseits
über   nach   gegen   um   auf   bis   ab   hinter   um … herum
außerhalb   zwischen   aus   unter   innerhalb   gegenüber   an … entlang |

(durchgestrichen: von, durch, innerhalb)

G

lokale Präpositionen

	Wo?	**Wohin?**	**Woher?**
mit Akkusativ		*durch*	✕
mit Dativ			*von*
mit Genitiv	*innerhalb*	✕	✕
mit Dativ oder Akkusativ (Wechselpräpositionen)			✕

c Arbeiten Sie zu zweit. Jeder hat fünf Minuten Zeit und schreibt möglichst viele Sätze mit Präpositionen aus 2b. Tauschen Sie dann und korrigieren Sie gemeinsam. Wer hat die meisten richtigen Sätze?

▶ Ü 2

3a Recherchieren Sie ein Umweltprojekt aus Ihrer Stadt oder Ihrem Land. Machen Sie Notizen zu Zielen und Problemen.

b Ordnen Sie Ihre Notizen in eine sinnvolle Reihenfolge und schreiben Sie einen kurzen Bericht zu Ihrem Projekt. Hängen Sie die Berichte im Kursraum aus. Sprechen Sie im Kurs: Wen interessiert welches Projekt?

▶ Ü 3

Kostbares Nass

1a Sehen Sie sich die Fotos an. Welche Assoziationen verbinden Sie mit den Bildern? Sammeln Sie im Kurs.

b Ordnen Sie die Begriffe den Fotos zu.

> das Süßwasser   das Salzwasser   das Trinkwasser   die Überschwemmung   die Dürre
> die Wasserknappheit   fließendes Wasser   verseuchtes Wasser   der Wassermangel   der Strand
> durstig sein   baden   die Wüste   austrocknen   vertrocknen   verschmutzen
> das Hochwasser   die Wasserverschmutzung   knappe Ressource   der Schlamm

c Was wissen Sie über Wasser? Wozu braucht man Wasser? Was kann man mit Wasser alles tun? Sammeln Sie im Kurs.

▶ Ü 1–2

2.36-38

2a Hören Sie ein Referat zum Thema „Wasser". Es besteht aus einer Einleitung und zwei Hauptteilen. Worum geht es in jedem Teil? Notieren Sie jeweils drei Stichpunkte und vergleichen Sie mit Ihrem Partner / Ihrer Partnerin.

Teil 1	Teil 2

b Hören Sie die Hauptteile des Referats noch einmal in Abschnitten.

2.37

Teil 1: Ergänzen Sie die Informationen.

1. Gesamtwassermenge auf der Erde: _____

2. Süßwasseranteil: _____

3. Zwei Drittel des Süßwassers befinden sich in: _____

4. Süßwasseranteil für Menschen leicht zugänglich: _____

2.38

Teil 2: Korrigieren Sie die Sätze.

weniger

1. Es gibt immer mehr Menschen auf der Welt und auch ~~genug~~ Süßwasserreserven.

2. Über eine Million Menschen können täglich nicht mehr als 20 Liter Wasser verbrauchen.

3. Zwei Milliarden Menschen haben leichten Zugang zu sauberem Wasser.

4. Der tägliche Wasserverbrauch in Deutschland liegt bei 60 Litern pro Person.

5. Besonders viel Wasser wird von der Waschmittelindustrie verbraucht.

6. Das Wasser wird zunehmend sauberer.

c Vergleichen Sie Ihre Antworten aus 2b mit Ihrem Partner / Ihrer Partnerin und ergänzen oder korrigieren Sie die Informationen.

d Wie ist die Situation in Ihrem Land? Gibt es genug Wasser? Wie kann man Wasser sparen? Sammeln Sie Ideen in Gruppen.

Kostbares Nass

3 Strategie: Ein Referat vorbereiten. Arbeiten Sie in folgenden Schritten:

Schritt 1:
Suchen Sie ein Thema aus einem Bereich, der Sie interessiert. Sie können zum Beispiel ein Referat über die Natur in Ihrem Land oder Tierschutz oder umweltfreundlichen Tourismus halten.

Schritt 2:
Sammeln Sie Ideen zu Ihrem Thema und machen Sie eine Mindmap wie im Beispiel. Sie können auch mit dem Wörterbuch arbeiten.

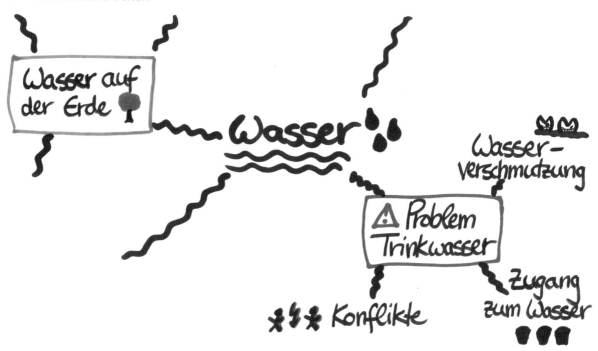

Schritt 3:
Recherchieren Sie Informationen zu den einzelnen Teilthemen. Ergänzen Sie gegebenenfalls Ihre Mindmap.

Schritt 4:
Notieren Sie alle Informationen am besten auf Karten. Entscheiden Sie dann, in welcher Reihenfolge Sie worüber sprechen möchten, und nummerieren Sie die Karten.

Oder erstellen Sie eine Gliederung mit den wichtigsten Informationen. Schreiben Sie keine Sätze, sondern nur Stichpunkte.

① *Einleitung*
→ *Leben auf der Erde: immer mit Wasser verbunden*
→ *...*

② *Wassermenge: 1,4–1,6 Mrd. km³*
Erde bedeckt mit Wasser: 70 %
...

<u>Einleitung</u>
– „Wasser" → ohne Wasser kein Leben auf der Erde

<u>Teilthema 1: Wasser auf der Erde</u>
– Wassermenge: 1,4–1,6 Mrd. km³
– 70 % der Erde mit Wasser bedeckt
– Süßwasseranteil: 2,6 %
– ...

Schritt 5: Überlegen Sie, welche Redemittel Sie verwenden wollen und in welchem Teil des Referats Sie sie verwenden wollen. Lesen Sie die Redemittel und ordnen Sie die Überschriften zu.

Strukturierung	Einleitung	Interesse wecken
Übergänge	Wichtige Punkte hervorheben	Dank und Schluss

EIN REFERAT / EINEN VORTRAG HALTEN

Das Thema meines Referats/Vortrags lautet … Ich spreche heute über das Thema … Ich möchte euch/Ihnen heute folgendes Thema präsentieren: …	Mein Referat/Vortrag besteht aus drei Teilen: … Ich möchte einen kurzen Überblick über … geben. Zuerst spreche ich über …, dann komme ich im zweiten Teil zu … und zuletzt befasse ich mich mit …
Soweit der erste Teil. Nun möchte ich mich dem zweiten Teil zuwenden. Nun spreche ich über … Ich komme jetzt zum zweiten/nächsten Teil.	Wusstet ihr / Wussten Sie eigentlich, dass …? Ist euch/Ihnen schon mal aufgefallen, dass …? Findet ihr / Finden Sie nicht auch, dass …?
Das ist besonders wichtig/interessant, weil … Ich möchte betonen, dass … Man darf nicht vergessen, dass …	Ich komme jetzt zum Schluss. Zusammenfassend möchte ich sagen, … Abschließend möchte ich noch erwähnen, … Habt ihr / Haben Sie / Gibt es noch Fragen? Vielen Dank für eure/Ihre Aufmerksamkeit!

Schritt 6: Arbeiten Sie zu zweit. Üben Sie Ihr Referat und besprechen Sie mit Ihrem Partner / Ihrer Partnerin folgende Punkte:

* Verständlichkeit
* Aussprache und Intonation
* Sprechtempo
* Lautstärke
* Blickkontakt

Üben Sie so lange, bis Sie sich sicher fühlen.

Schritt 7: Halten Sie Ihr Referat im Kurs.

▶ Ü 3

Porträt

Elisabeth Mann Borgese

Botschafterin der Ozeane

(24. April 1918–8. Februar 2002)

Elisabeth Mann Borgese

Als jüngste Tochter des Schriftstellers Thomas Mann 1918 in München geboren, lernte Elisabeth Mann in der Emigration schon früh die Welt kennen. Sie heiratete den italienischen Schriftsteller und Politikwissenschaftler Giuseppe Antonio Borgese und siedelte nach seinem Tod nach Kalifornien über, wo sie die Arbeit im Bereich der internationalen Politik, die sie mit ihrem Mann begonnen hatte, fortsetzte.

Ihre emotionale Bindung an die Ozeane wurde schon als Kind durch die langen Urlaube mit der Familie an der Ostsee und nicht zuletzt durch die leidenschaftliche Beziehung des Vaters zum Meer geprägt. Ihr romantisches Empfinden, gepaart mit einem scharfen Verstand und dem politischen Gewissen der Visionäre der Fünfziger- und Sechzigerjahre, machte sie zu einer der maßgeblichsten Streiterinnen für die Belange der Meere.

1967 hielt der damalige maltesische Botschafter bei den Vereinten Nationen, Arvid Pardo, die berühmt gewordene Rede, in der er die Weltmeere zum gemeinsamen Erbe der Menschheit erklärte – die Chance für Elisabeth Mann Borgese, ihre Leidenschaft mit ihrer politischen Arbeit zu verbinden. Noch im selben Jahr gründete sie das International Ocean Institute, IOI, mit Sitz in Malta und inzwischen neun regionalen Zentren in der ganzen Welt. Das IOI führt politische Forschungen, Trainingsprogramme und Konferenzen durch und veröffentlicht die Ergebnisse regelmäßig im „Ocean Yearbook" und anderen Publikationen. Finanziell sind die Aktivitäten des IOI inzwischen gut abgesichert.

Von der Global Environmental Facility der Weltbank, von Privatunternehmen oder auch von der Deutschen Bundesregierung erhält das IOI seit Jahren finanzielle Unterstützung.

Eine Berufsbeschreibung Elisabeth Mann Borgeses scheint fast unmöglich. Obwohl sie ihre einzige wirkliche Ausbildung als Pianistin erhielt, galt sie als Expertin für Internationales Seerecht mit einem Lehrstuhl an der Dalhousie University in Halifax. Neben ihrer Arbeit für das IOI war sie als Vertreterin Österreichs an der Internationalen Seerechtskonvention (Unclos) maßgeblich am Zustandekommen des Vertrages beteiligt. Einige Länder, wie zum Beispiel die Seychellen, ratifizierten die Konvention erst nach persönlichen Verhandlungen der Regierungen mit ihr. Als Botschafterin der Ozeane reiste sie nicht selten in einem Monat in vier verschiedene Kontinente und zehn Städte. Viel zu selten nahm sie sich die Zeit, in ihrem Haus am Meer Kraft für all dies zu tanken.

www Mehr Informationen zu Elisabeth Mann Borgese.

Sammeln Sie Informationen über Persönlichkeiten und Institutionen aus dem In- und Ausland, die für das Thema „Umwelt und Natur" interessant sind, und stellen Sie sie im Kurs vor. Sie können dazu die Vorlage „Porträt" im Anhang verwenden.

Beispiele aus dem deutschsprachigen Bereich: Reinhold Messner – Karen Duve – BUND (Bund für Umweltschutz und Natur) – Hannelore „Loki" Schmidt – Andreas Kieling – WWF – pro natura – Naturschutzbund Österreich

1 Passiv

Verwendung

Man verwendet das Passiv, wenn ein Vorgang oder eine Aktion im Vordergrund stehen (und nicht eine handelnde Person).
Das Aktiv verwendet man, wenn wichtig ist, wer oder was etwas macht.

Bildung des Passivs

Präsens	Das Öko-Haus _wird_ jetzt _gebaut._	_werden_ im Präsens + Partizip II
Präteritum	Das Öko-Haus _wurde_ letztes Jahr _gebaut._	_werden_ im Präteritum + Partizip II
Perfekt	Das Öko-Haus _ist_ letztes Jahr _gebaut worden._	_sein_ + Partizip II + _worden_

Aktiv-Satz	Passiv-Satz
Der Architekt plant das Öko-Haus. Nominativ Akkusativ	_Das Öko-Haus wird (vom Architekten) geplant._ Nominativ (_von_ + Dativ)

Die meisten Verben mit Akkusativ können das Passiv bilden. Der Akkusativ im Aktiv-Satz wird im Passiv-Satz zum Nominativ.

Andere Ergänzungen bleiben im Aktiv und im Passiv im gleichen Kasus.

Zu viel Müll schadet der Umwelt. Nominativ Dativ	_Der Umwelt wird geschadet._ Dativ

Passiv mit Modalverben

Modalverb im Präsens/Präteritum + Partizip II + _werden_ im Infinitiv
Die Öko-Häuser müssen geplant werden.   _Das Müllproblem konnte gelöst werden._

2 Lokale Präpositionen

	Wo?	Wohin?	Woher?
mit Akkusativ	entlang*, um … herum	bis, durch, gegen, um	
mit Dativ	ab, an … entlang, bei, entlang*, gegenüber, von … aus	nach, zu	aus, von
mit Genitiv	außerhalb, innerhalb, jenseits		
mit Dativ oder Akkusativ (Wechselpräpositionen)	an, auf, hinter, in, neben, über, unter, vor, zwischen		

* _Wir gehen den Bach entlang._   nachgestellt mit Akkusativ
  Wir gehen entlang dem Bach.   vorangestellt mit Dativ

Wechselpräpositionen

Frage _Wo?_	Frage _Wohin?_
Wechselpräposition mit Dativ	Wechselpräposition mit Akkusativ
○ **_Wo_** ist der Müll?	○ **_Wohin_** wirfst du den Müll?
● **_Im_** Abfalleimer.	● **_In den_** Abfalleimer.

Wildtiere in Berlin

1 Was wissen Sie über diese Wildtiere? Sammeln Sie Informationen zu jedem Tier. Arbeiten Sie in Gruppen und vergleichen Sie Ihre Informationen im Kurs.

	das Wildschwein	der Waschbär	der Fuchs
Aussehen	groß, braun/grau, kräftig	weiches Fell	
Lebensraum			Feld …
Nahrung	Wurzeln …		Mäuse …
…		kommt aus Nordamerika	

2a Sehen Sie die erste Sequenz ohne Ton. Arbeiten Sie in Gruppen. Was passiert hier? Welche Probleme gibt es? Was macht der Mann?

b Sehen Sie jetzt die Sequenz mit Ton. Waren Ihre Vermutungen zu Derk Ehlert richtig?

3a Lesen und klären Sie diese Ausdrücke.

> Beinbruch   inspizieren   in Ordnung sein
> im Laub liegen   Platz umgraben
> sich angegriffen fühlen   umrennen   Wildschwein
> Zaun

b Jochen Viol hatte einen Unfall. Was ist passiert? Sehen Sie die zweite Sequenz und bringen Sie die Ausdrücke aus 3a in die richtige Reihenfolge.

c Arbeiten Sie in Gruppen und fassen Sie zusammen, was genau passiert ist.

4 Sehen Sie die dritte Sequenz. Stellen Sie sich vor, Sie wären bei dem Vorfall dabei gewesen. Erzählen Sie den Vorfall aus der Sicht der Tierärztin.

| Container | Nahrung suchen | Abfälle | Kescher | zu wenig Müll | befreien | Park | Mutter | Baum |

5a Sehen Sie die vierte Sequenz. Was erfahren Sie über den Stadtfuchs? Notieren Sie.

b Bilden Sie zwei Gruppen und formulieren Sie Fragen zum Stadtfuchs (Verhalten, Ernährung, Überlebenschancen in der Wildnis, idealer Wohnort ...).

c Die Gruppen stellen abwechselnd ihre Fragen. Jede richtige Antwort gibt einen Punkt. Wer ist der Fuchs-Experte?

6 Gibt es Probleme mit Wildtieren in Ihrem Land / Ihrer Stadt? Berichten Sie: Welche Tiere? Welche Schwierigkeiten? Welche Lösungen? ...

12. Dezember 2057

Wildtier-Alarm!!!
Ist unsere Stadt nicht mehr zu retten?

Immer mehr

7 Die Zukunft – ein „Großstadtdschungel"? Schreiben Sie eine Zeitungsmeldung.

Lokales_____01. April 2020

Wieder Krokodile im Stadtbad
Schon vor einem Monat

.... Aus aller Welt ....

Unglaublich! – Tauben greifen Kinder an
Was soll noch passieren, damit die Politiker

Redemittel

Meinungen ausdrücken

K1M2/K1M4

Ich bin der Meinung/Ansicht, dass …
Ich denke/meine/glaube/finde, dass …
Meiner Meinung nach …

Ich stehe auf dem Standpunkt, dass …
Ich bin davon überzeugt, dass …

eine Begründung ausdrücken

K1M4/K5M1

… hat folgenden Grund: …
… halte ich für positiv/interessant/…, da …

Ich … nicht so gerne, weil …
Am wichtigsten ist für mich …, denn …

Zustimmung ausdrücken

K1M4/K3M2/K5M4/K8M2/K9M2

Der Meinung/Ansicht bin ich auch.
Das stimmt. / Das ist richtig. / Ja, genau.
Das ist eine gute Idee.
Es ist mit Sicherheit so, dass …
Ja, das sehe ich auch so …
Ich finde, … hat damit recht, dass …

Ich bin ganz deiner/Ihrer Meinung.
Da hast du / haben Sie völlig recht.
Ja, das kann ich mir (gut) vorstellen.
… stimme ich zu, denn/da …
Ich finde es auch (nicht) richtig, dass …

Widerspruch ausdrücken

K1M4/K2M4/K3M2

Das stimmt meiner Meinung nach nicht.
Ich sehe das anders.
Ich finde aber, dass …

Das ist nicht richtig.
Da muss ich dir/Ihnen aber widersprechen.
… finde ich gut, aber …

(starke) Zweifel ausdrücken

K1M4/K2M4/K9M2

Also, ich weiß nicht …
Ob das wirklich so ist?
Ich glaube/denke kaum, dass …
Ich sehe das völlig anders, da …
Versteh mich nicht falsch, aber …

Ich habe da so meine Zweifel, denn …
Stimmt das wirklich?
Ich bezweifle, dass …
Sag mal, wäre es nicht besser …?
Ja, aber ich bin mir noch nicht sicher …

Ablehnung ausdrücken

K5M4/K8M2/K9M2

Das finde ich nicht so gut.
Es ist ganz sicher nicht so, dass …
Das kann ich mir überhaupt nicht vorstellen, weil …

Es kann nicht sein, dass …
… halte ich für übertrieben.
Ich denke, diese Einstellung ist falsch, denn …

Wichtigkeit ausdrücken

K1M2/K1M4/K6M3

Bei einer Bewerbung ist … am wichtigsten.
Für mich ist es wichtig, dass …

Der Bewerber muss erst einmal …
Am wichtigsten ist für mich, dass …

Wünsche und Ziele ausdrücken

K2M3/K5M1

Ich hätte Lust, …
Ich hätte Spaß daran, …
Ich habe vor, …
Ich würde gern …
Ich finde … super.

Ich hätte Zeit, …
Ich wünsche mir, …
Für mich wäre es gut, …
Für mich ist es wichtig, …
Ich möchte …

eine Wunschvorstellung ausdrücken K1M1

Er/Sie hat schon als Kind davon geträumt, …
Sein/Ihr großer Traum ist …

Er/Sie wollte schon immer / unbedingt …

gute Wünsche aussprechen / gratulieren K1M4

Herzlichen Glückwunsch!
Ich wünsche … viel Glück!
Ich schicke euch die herzlichsten Glückwünsche!

Alles Gute!
Ich sende euch die allerbesten Wünsche!
Ich möchte euch zu … gratulieren.

Freude ausdrücken K1M4

Es freut mich, dass …
Ich freue mich sehr/riesig für euch.

Das ist eine tolle Nachricht!
Ich bin sehr froh, dass …

Erstaunen/Überraschung ausdrücken K3M1/K4M1

Mich hat total überrascht, dass …
Erstaunlich finde ich …
Ich finde es komisch, dass …

Besonders interessant finde ich …
Für mich war neu, …

Verständnis ausdrücken K3M4

Ich kann gut verstehen, dass …
Es ist verständlich, dass …

Es ist ganz natürlich, dass …

Vermutungen ausdrücken K5M1/K6M1/K6M4/K8M3

Ich kann/könnte mir gut vorstellen, dass …
Es kann/könnte (gut) sein, dass …
Er/Sie wird … sein.
Im Alltag wird er/sie …
Es ist denkbar/möglich/vorstellbar, dass …

Vielleicht/Wahrscheinlich/Vermutlich ist/macht …
Ich vermute/glaube / nehme an, dass …
Er/Sie sieht aus wie …
Er/Sie wird vermutlich/wahrscheinlich …
Es könnte … sein. / Es könnte sein, dass …

Vorschläge machen K2M4/K4M4/K5M4

Ich würde vorschlagen, dass…
Wir könnten doch …
Dann kannst du ja jetzt …
Ich könnte …

Hast du (nicht) Lust …?
Was hältst du von … / davon, wenn …?
Wenn du möchtest, kann ich …

Gegenvorschläge ausdrücken K4M4/K5M4

Sollten wir nicht lieber …?
Ich fände es besser, wenn wir …

Es wäre bestimmt viel besser, wenn wir …
Lass uns doch lieber …

Redemittel

Beschwerden ausdrücken und darauf reagieren K8M3/K9M3

sich beschweren

Könnten Sie mich bitte mit … verbinden?
Könnte ich bitte Ihren Chef sprechen?
Darauf hätten Sie hinweisen müssen.
Wenn Sie … hätten, hätte ich jetzt kein Problem.
Es kann doch nicht sein, dass …
Ich finde es nicht in Ordnung, dass …
Ich habe da ein Problem: …
Es kann doch nicht in Ihrem Sinn sein, dass …
Ich muss Ihnen leider sagen, dass …
… lässt zu wünschen übrig.
Es stört mich sehr, dass …
Ich möchte mich darüber beschweren, dass …

auf Beschwerden reagieren

Ich würde Sie bitten, sich an … zu wenden.
Wir könnten Ihnen … geben.
Könnten Sie bitte zu uns kommen?
Wir würden Ihnen eine Gutschrift geben.
Würden Sie mir das bitte alles schriftlich geben?
Entschuldigung, wir überprüfen das.
Ich kann Ihnen … anbieten.
Einen Moment bitte, ich regele das.
Oh, das tut mir sehr leid.
Wir kümmern uns sofort darum.

Unsicherheit/Sorge ausdrücken K2M4

Ich bin mir noch nicht sicher.
Ich befürchte nur, …
Ich kann dir nicht versprechen, …

Überleg dir das gut.
Ich habe wohl keine Wahl.
Es ist nicht einfach, …

höfliche Bitten ausdrücken K8M3

Könnten Sie … bitte …?
Dürfte ich … bitte …?
Hätten Sie bitte … für mich?

Würden Sie … bitte …?
Ich würde Sie bitten, …
Ich bräuchte …

Ratschläge/Tipps geben K2M4/K3M4/K5M3/K5M4

Am besten wäre es, …
An deiner Stelle würde ich …
Da sollte man am besten …
Du solltest/könntest …
Ich kann euch nur raten, …
Man kann …
Mir hat … sehr geholfen.
Versuch doch mal, …
… ist wirklich empfehlenswert.
Dabei sollte man beachten, dass …
Es ist besser, wenn …
Es ist höchste Zeit, dass …

Wenn ich du wäre, …
Auf keinen Fall solltest du …
… sollte zuerst …
Ich denke, dass …
Ich würde dir raten, …
Meiner Meinung nach solltest du …
Oft hilft …
Wenn du mich fragst, dann …
Wir schlagen vor, …
Wir haben den folgenden Rat für euch: …
Sinnvoll/Hilfreich/Nützlich wäre, wenn …

Probleme beschreiben K5M4

Für viele ist es problematisch, wenn …
… macht vielen (große) Schwierigkeiten.
Ich habe große Probleme damit, dass …

Es ist immer schwierig, …
… ist ein großes Problem.

über Erfahrungen berichten K3M4/K5M4

Ich habe ähnliche Erfahrungen gemacht, als …
Mir ging es ganz ähnlich, als …
Wir haben oft bemerkt, dass …
Wir haben gute/schlechte Erfahrungen gemacht mit …

Es gibt viele Leute, die …
Bei mir war das damals so: …
Uns ging es mit/bei … so, dass …

etwas vergleichen K3M4/K6M3

Im Gegensatz zu … mache ich immer …
Während … abends …, mache ich …
Bei uns ist … am wichtigsten.

Bei uns ist das ähnlich. Wir beide …
Bei mir ist das ganz anders: …

eine Grafik beschreiben K2M1

Einleitung
Die Grafik zeigt, …
Die Grafik informiert über …

Hauptpunkte beschreiben
Die meisten/wenigsten …
Auffällig/Interessant ist, dass …
Im Gegensatz/Unterschied zu …
… Prozent finden/sagen/meinen …
Über die Hälfte der …
Am wichtigsten/unwichtigsten …

Argumente einleiten K5M2

Ich bin der Ansicht/Meinung, dass …
Ein großer/wichtiger Vorteil von … ist, dass …
Ein weiterer Aspekt ist …
Es ist (auch) anzunehmen, dass …
Ich finde …
Gerade bei … ist wichtig, dass …

Es ist logisch, dass …
Untersuchungen/Studien zeigen, dass …
… meiner Meinung nach …
Es stimmt zwar, dass …, aber …
Ich sehe ein Problem bei …
Sicher sollten …

Argumente verbinden K5M2/K7M2

Zunächst einmal denke ich, dass …
Außerdem/Weiterhin ist für mich wichtig, dass …
Schließlich möchte ich noch darauf hinweisen, dass …

Ein weiterer Vorteil ist, dass man … ist/hat.
Ich glaube darüber hinaus, dass man so … besser …

eine E-Mail einleiten/beenden K2M4

einleiten
Danke für deine E-Mail.
Schön, von dir zu hören …
Ich habe mich sehr über deine E-Mail gefreut.

beenden
Ich freue mich auf eine Nachricht von dir.
Mach's gut und bis bald!
Mach dir noch eine schöne Woche und alles Gute.

ein Verkaufs-/Tauschgespräch führen K8M2

ein Produkt bewerben/anpreisen
Ich habe es gekauft, weil …
Das kannst du immer …
Das ist noch ganz neu / wenig gebraucht / …
… steht dir super / ist total praktisch / …
Man kann es super gebrauchen, um … zu …

etwas aushandeln / Angebote bewerten
Tut mir leid. Das habe ich schon.
Das ist ein bisschen wenig/viel.
Ich würde lieber gegen … tauschen.
Das finde ich einen guten Tausch / ein faires Angebot.

Redemittel

ein Zimmer telefonisch buchen

K9M4

Gast
Guten Tag, mein Name ist …
Ich möchte ein Zimmer buchen.
Ich brauche ein Zimmer für … Nächte.
Ich möchte am … anreisen.
Ich reise am … wieder ab.
Ich komme mit dem Auto/Zug/…
Wir sind zu zweit.
Das Zimmer sollte ruhig/klimatisiert /
    ein Nichtraucherzimmer / … sein.
Was kostet das Zimmer?
Senden Sie mir bitte eine Bestätigung.
Danke für Ihre Hilfe.

Rezeption
Hotel …, mein Name ist …
Was kann ich für Sie tun?
Wann möchten Sie anreisen/abreisen?
Wie lange werden Sie bleiben?
Reisen Sie alleine?
Haben Sie einen besonderen Wunsch?
Wir haben ein / leider kein Zimmer frei.
Wie reisen Sie an?
Das Zimmer kostet … Euro pro Nacht.
Auf welchen Namen darf ich das Zimmer reservieren?
Möchten Sie eine Reservierungsbestätigung?
Wie lautet Ihre Adresse?
Gern geschehen.

eine Diskussion führen

K10M2

um das Wort bitten / das Wort ergreifen
Dürfte ich dazu auch etwas sagen?
Ich möchte dazu etwas ergänzen.
Ich verstehe das schon, aber …
Glauben/Meinen Sie wirklich, dass …?
Da muss/möchte ich kurz einhaken: …
Entschuldigen Sie, wenn ich Sie unterbreche, …

sich nicht unterbrechen lassen
Lassen Sie mich bitte ausreden.
Ich möchte nur noch eines sagen: …
Einen Moment bitte, ich möchte nur noch …
Augenblick noch, ich bin gleich fertig.
Lassen Sie mich noch den Gedanken/Satz zu Ende
    bringen.

ein Referat / einen Vortrag halten

K10M4

Einleitung
Das Thema meines Referats/Vortrags lautet …
Ich spreche heute über das Thema …
Ich möchte euch/Ihnen heute folgendes Thema
    präsentieren: …

Strukturierung
Mein Referat/Vortrag besteht aus drei Teilen: …
Ich möchte einen kurzen Überblick über … geben.
Zuerst spreche ich über …, dann komme ich im
    zweiten Teil zu … und zuletzt befasse ich mich
    mit …

Übergänge
Soweit der erste Teil. Nun möchte ich mich dem
    zweiten Teil zuwenden.
Nun spreche ich über …
Ich komme jetzt zum zweiten/nächsten Teil.

Interesse wecken
Wusstet ihr / Wussten Sie eigentlich, dass …?
Ist euch/Ihnen schon mal aufgefallen, dass …?
Findet ihr / Finden Sie nicht auch, dass …?

wichtige Punkte hervorheben
Das ist besonders wichtig/interessant, weil …
Ich möchte betonen, dass …
Man darf nicht vergessen, dass …

Dank und Schluss
Ich komme jetzt zum Schluss.
Zusammenfassend möchte ich sagen, …
Abschließend möchte ich noch erwähnen, …
Gibt es noch Fragen?
Vielen Dank für eure/Ihre Aufmerksamkeit!

etwas beschreiben/vorstellen K3M1/K8M1

Aussehen/Art beschreiben

Das macht man aus/mit …
Es ist/besteht aus …
Es ist ungefähr so groß/breit/lang wie …
Es ist rund/eckig/flach/oval/hohl/gebogen/…
Es ist schwer/leicht/dick/dünn/…
Es ist aus Holz/Metall/Plastik/Leder/…
Es ist … mm/cm/m lang/hoch/breit.
Es ist billig/preiswert/teuer/…
Es schmeckt/riecht nach …

Funktion beschreiben

Ich habe es gekauft, damit …
Besonders praktisch ist es, um …
Es eignet sich sehr gut zum …
Ich finde es sehr nützlich, weil …
Ich brauche/benutze es, um …
Dafür/Dazu verwende ich …
Dafür braucht man …
Das isst man an/zu …

eine besondere Person präsentieren K1M3

Herkunft/Biografisches

Ich möchte gern … vorstellen.
Er/Sie kommt aus … und wurde … geboren.
Er/Sie lebte in …
Von Beruf war er/sie …
Seine/Ihre Eltern waren …
Er/Sie kam aus einer … Familie.

Leistungen

Er/Sie wurde bekannt, weil …
Er/Sie entdeckte/erforschte/untersuchte …
Er/Sie experimentierte/arbeitete mit …
Er/Sie schrieb/formulierte/erklärte …
Er/Sie kämpfte für/gegen …
Er/Sie engagierte sich für … / setzte sich für … ein.
Er/Sie rettete/organisierte/gründete …

über einen Film schreiben K4M4

Der Film heißt …
Der Film „…" ist eine moderne Komödie / ein Spielfilm / …
In dem Film geht es um … / Er handelt von … / Im Mittelpunkt steht …
Der Film spielt in … / Schauplatz des Films ist …
Die Hauptpersonen im Film sind … / Der Hauptdarsteller ist …
Die Regisseurin ist … / Den Regisseur kennt man bereits von den Filmen „…" und „…"
Besonders die Schauspieler sind überzeugend/hervorragend/…
Man sieht deutlich, dass … / … stört nicht, denn …

eine Kulturstätte beschreiben K4M4

Das … gibt es seit …
Es ist bekannt für …
Es liegt/ist in der … Straße …
Die Eintrittskarten kosten zwischen … und …
   Euro/Franken.

… wurde im Jahr … gebaut/eröffnet.
Viele Leute schätzen das … wegen …
Auf dem Programm stehen oft …
Hier treten oft … auf.

ein Spiel beschreiben K4M2

… ist ein lustiges Spiel.
Punkte sammeln
an der Reihe / dran sein
ein Feld vorrücken/zurückgehen
mit dem Würfel eine „Sechs" würfeln

Zuerst bekommt jeder Spieler …
die Karten mischen
die Spielfigur ziehen
eine Karte ziehen/ablegen
eine Runde aussetzen

eine Geschichte schreiben K4M3

Am Anfang …
Nachdem schon …, …
Kurz bevor …

Dann / Danach / Schon bald …
Plötzlich …
Im letzten Moment / Am Ende …

Verb

Vergangenes ausdrücken Kapitel 1

Funktion

Präteritum	Perfekt	Plusquamperfekt
• von Ereignissen schriftlich berichten, z. B. in Zeitungsartikeln, Romanen • mit Hilfs- und Modalverben berichten	von Ereignissen mündlich oder schriftlich berichten, z. B. in E-Mails, Briefen	von Ereignissen berichten, die vor einem anderen Ereignis in der Vergangenheit passiert sind

Bildung

Präteritum	Perfekt	Plusquamperfekt
• regelmäßige Verben: Verbstamm + Präteritumsignal -t- + Endung (z. B. *träumen – träumte, fragen – fragte*) • unregelmäßige Verben: Präteritumstamm + Endung (z. B. *wachsen – wuchs, kommen – kam*) keine Endung bei 1. und 3. Person Singular	*haben/sein* im Präsens + Partizip II	*haben/sein* im Präteritum + Partizip II

Bildung Partizip II
* regelmäßige Verben:

  ohne Präfix: *sagen – **ge**sag**t***
  trennbares Verb: *aufhören – auf**ge**hör**t***
  untrennbares Verb: *verdienen – verdien**t***
  Verben auf *-ieren*:   *faszinieren – faszinier**t***

* unregelmäßige Verben:

  ohne Präfix: *nehmen – genomm**en***
  trennbares Verb: *aufgeben – auf**ge**geb**en***
  untrennbares Verb: *verstehen – verstand**en***

Ausnahmen: *kennen – kannte – habe gekannt*   *bringen – brachte – habe gebracht*
                denken – dachte – habe gedacht   *wissen – wusste – habe gewusst*

Eine Übersicht über wichtige unregelmäßige Verben finden Sie im Anhang des Arbeitsbuchs.

Zukünftiges ausdrücken Kapitel 6

Zukünftiges kann man mit zwei Tempusformen ausdrücken.

Präsens (oft mit Adverbien und anderen Zeitangaben)	*Bald **habe** ich einen besseren Job.*
Futur I (*werden* + Infinitiv)	*Ich **werde** (bald) einen besseren Job **haben**.*

Das Futur I wird auch oft verwendet, um Vermutungen oder Aufforderungen auszudrücken.
*Hast du Marco gesehen? – Ach, der **wird** schon in der Kantine **sein**.*   Vermutung
*Sie **werden** das Protokoll jetzt bitte sofort **schreiben**.*   Aufforderung

Aufforderungen mit Futur I sind sehr direkt und eher unhöflich.

Bildung des Futur I

ich	**werde** anrufen	wir	**werden** anrufen
du	**wirst** anrufen	ihr	**werdet** anrufen
er/es/sie	**wird** anrufen	sie/Sie	**werden** anrufen

Bedeutungen

Modalverb	Bedeutung	Alternativen (immer mit *zu* + Infinitiv)
dürfen	Erlaubnis	*es ist erlaubt, es ist gestattet, die Erlaubnis / das Recht haben*
nicht dürfen	Verbot	*es ist verboten, es ist nicht erlaubt, keine Erlaubnis haben*
können	a) Möglichkeit b) Fähigkeit	*die Möglichkeit/Gelegenheit haben, es ist möglich* *die Fähigkeit haben/besitzen, in der Lage sein, imstande sein*
möchten	Wunsch, Lust	*Lust haben, den Wunsch haben*
müssen	Notwendigkeit	*es ist notwendig, es ist erforderlich, gezwungen sein, haben*
sollen	Forderung	*den Auftrag / die Aufgabe haben, aufgefordert sein, verpflichtet sein*
wollen	eigener Wille, Absicht	*die Absicht haben, beabsichtigen, vorhaben, planen*

Tempus

Präsens: *Simon <u>kann</u> nicht an der Prüfung <u>teilnehmen</u>. Er ist krank.*
Präteritum: *Simon <u>konnte</u> nicht an der Prüfung <u>teilnehmen</u>. Er war krank.*

	wollen	**können**	**müssen**	**dürfen**	**sollen**
ich	will wollte	kann konnte	muss musste	darf durfte	soll sollte
du	willst wolltest	kannst konntest	musst musstest	darfst durftest	sollst solltest
er/es/sie	will wollte	kann konnte	muss musste	darf durfte	soll sollte
wir	wollen wollten	können konnten	müssen mussten	dürfen durften	sollen sollten
ihr	wollt wolltet	könnt konntet	müsst musstet	dürft durftet	sollt solltet
sie/Sie	wollen wollten	können konnten	müssen mussten	dürfen durften	sollen sollten

möchte hat kein Präteritum.
Ich **möchte** heute an der Prüfung teilnehmen. – Ich **wollte** gestern an der Prüfung teilnehmen.

Perfekt: *Simon <u>hat</u> nicht an der Prüfung <u>teilnehmen können</u>. Er war krank.*
              haben   +   Infinitiv + Infinitiv (Modalverb)

Wenn man über die Vergangenheit spricht, benutzt man die Modalverben meist im Präteritum.

Funktionen

Wünsche ausdrücken	*Ich würde gern einen neuen Laptop kaufen.*
Bitten höflich ausdrücken	*Könnten Sie mir das Problem bitte genau beschreiben?*
Irreales ausdrücken	*Hätten Sie die Ware doch früher abgeschickt.*
Vermutungen ausdrücken	*Es könnte sein, dass der Laptop einen Defekt hat.*
Vorschläge machen	*Ich könnte Ihnen ein Leihgerät anbieten.*

Bildung Konjunktiv II der Gegenwart

Die meisten Verben bilden den Konjunktiv II mit den Formen von *würde* + Infinitiv.

ich	**würde** anrufen	wir	**würden** anrufen
du	**würdest** anrufen	ihr	**würdet** anrufen
er/es/sie	**würde** anrufen	sie/Sie	**würden** anrufen

müssen, können, dürfen, sein, haben, brauchen und *wissen* bilden den Konjunktiv II aus den Präteritum-Formen + Umlaut. Die 1. und 3. Person Singular von *sein* bekommt die Endung *-e*.

ich	w**ä**re, h**ä**tte, m**ü**sste, k**ö**nnte, d**ü**rfte, wollte, sollte, br**ä**uchte, w**ü**sste	wir	w**ä**ren, h**ä**tten, m**ü**ssten, k**ö**nnten, d**ü**rften, wollten, sollten, br**ä**uchten, w**ü**ssten
du	w**ä**rst, h**ä**ttest, m**ü**sstest, k**ö**nntest, d**ü**rftest, wolltest, solltest, br**ä**uchtest, w**ü**sstest	ihr	w**ä**rt, h**ä**ttet, m**ü**sstet, k**ö**nntet, d**ü**rftet, wolltet, solltet, br**ä**uchtet, w**ü**sstet
er/es/sie	w**ä**re, h**ä**tte, m**ü**sste, k**ö**nnte, d**ü**rfte, wollte, sollte, br**ä**uchte, w**ü**sste	sie/Sie	w**ä**ren, h**ä**tten, m**ü**ssten, k**ö**nnten, d**ü**rften, wollten, sollten, br**ä**uchten, w**ü**ssten

Bildung Konjunktiv II der Vergangenheit

Konjunktiv II von *haben* oder *sein* + Partizip II:
*Ich **wäre gekommen**, aber ich hatte keine Zeit.*
*Ich **hätte angerufen**, aber mein Akku war leer.*

mit Modalverb: Konjunktiv II von *haben* + Infinitiv + Modalverb im Infinitiv:
*Ich **hätte** ins Geschäft **gehen können**.*

Viele unregelmäßige Verben können den Konjunktiv II wie die Modalverben bilden, meistens verwendet man jedoch die Umschreibung mit *würde* + Infinitiv:
*Ich **käme** gern zu euch.* → *Ich **würde** gern zu euch **kommen**.*

Verwendung

Man verwendet das Passiv, wenn ein Vorgang oder eine Aktion im Vordergrund stehen (und nicht eine handelnde Person).

Das Aktiv verwendet man, wenn wichtig ist, wer oder was etwas macht.

Bildung des Passivs

Präsens	*Das Öko-Haus wird jetzt gebaut.*	*werden* im Präsens + Partizip II
Präteritum	*Das Öko-Haus wurde letztes Jahr gebaut.*	*werden* im Präteritum + Partizip II
Perfekt	*Das Öko-Haus ist letztes Jahr gebaut worden.*	*sein* + Partizip II + *worden*

Aktiv-Satz	**Passiv-Satz**
Der Architekt plant das Öko-Haus. Nominativ　　　　　Akkusativ	*Das Öko-Haus wird (vom Architekten) geplant.* Nominativ　　　　　(*von* + Dativ)

Die meisten Verben mit Akkusativ können das Passiv bilden. Der Akkusativ im Aktiv-Satz wird im Passiv-Satz zum Nominativ.

Andere Ergänzungen bleiben im Aktiv und im Passiv im gleichen Kasus.

Zu viel Müll schadet der Umwelt. Nominativ　　　　　Dativ	*Der Umwelt wird geschadet.* Dativ

Passiv mit Modalverben

Modalverb im Präsens/Präteritum + Partizip II + *werden* im Infinitiv

Präsens:　　*Die Öko-Häuser müssen geplant werden.*

Präteritum:　*Das Müllproblem konnte gelöst werden.*

Trennbare und untrennbare Verben

Präfixe	**Beispiele**
trennbar	**ab**/fahren, **an**/sehen, **auf**/räumen, **aus**/ziehen, **bei**/stehen, **dar**/stellen, **ein**/kaufen, **fest**/stellen, **fort**/setzen, **her**/kommen, **herum**/stehen, **hin**/fallen, **los**/fahren, **mit**/nehmen, **nach**/denken, **rein**/kommen, **vor**/stellen, **vorbei**/kommen, **weg**/laufen, **weiter**/gehen, **zu**/hören
untrennbar	**be**ginnen, **ent**scheiden, **er**zählen, **ge**fallen, **miss**fallen, **ver**stehen, **zer**reißen

In diesen Fällen wird das trennbare Verb nicht getrennt:

- Nebensatz:　　　　　　　　　　*Sie sagt, dass sie die Wohnung aufräumt.*
- Verb im Partizip II:　　　　　　*Sie hat die Wohnung aufgeräumt.*
　　　　　　　　　　　　　　　　Die Wohnung wird aufgeräumt.
- Verb im Infinitiv (mit oder ohne *zu*):　*Sie hat begonnen, die Wohnung aufzuräumen.*
　　　　　　　　　　　　　　　　Sie möchte die Wohnung aufräumen.

Infinitiv mit und ohne *zu*

Infinitiv ohne *zu* nach:	Infinitiv mit *zu* nach:
1. Modalverben: *Er muss arbeiten.* 2. *werden* (Futur I): *Ich werde das Buch lesen.* 3. bleiben: *Wir bleiben im Bus sitzen.* 4. lassen: *Er lässt seine Tasche liegen.* 5. hören: *Sie hört ihn rufen.* 6. sehen: *Ich sehe das Auto losfahren.* 7. gehen: *Wir gehen baden.*	1. einem Nomen + Verb: *den Wunsch haben, die Möglichkeit haben, die Absicht haben, die Hoffnung haben, Lust haben, Zeit haben, Spaß machen …* → *Er hat den Wunsch, Medizin* <u>*zu*</u> *studieren.* 2. einem Verb: *anfangen, aufhören, beginnen, beabsichtigen, empfehlen, bitten, erlauben, gestatten, raten, verbieten, vorhaben, sich freuen …* → *Wir haben vor, die Prüfung* <u>*zu*</u> *machen.* 3. sein + Adjektiv: *wichtig, notwendig, schlecht, gut, richtig, falsch …* → *Es ist wichtig, regelmäßig Sport* <u>*zu*</u> *treiben.*

Nach manchen Verben können Infinitive mit und ohne *zu* folgen:

lernen: *Hans lernt Auto fahren.*   *Hans lernt, Auto* <u>*zu*</u> *fahren.*

helfen: *Ich helfe dir das Auto reparieren.*   *Ich helfe dir, das Auto* <u>*zu*</u> *reparieren.*

Verben und Ergänzungen

Das Verb bestimmt, wie viele Ergänzungen in einem Satz stehen müssen und welchen Kasus sie haben.

Verb + Nominativ	*Der Junge ging unter.*
Verb + Akkusativ	*Er rettete einen vierjährigen Jungen.*
Verb + Dativ	*Ich helfe kranken und behinderten Reisenden.*
Verb + Dativ + Akkusativ	*Ich erkläre ihnen ihre weitere Reiseverbindung.*
Verb + Präposition + Akkusativ	*Die Leute freuen sich über einen warmen Ort.*
Verb + Präposition + Dativ	*Er begann mit den lebensrettenden Maßnahmen.*

Die Reihenfolge der Objekte im Satz ist von der Wortart der Objekte abhängig:

Die Objekte sind:	Beispiele	Reihenfolge
Nomen	*Ich erkläre den Reisenden ihre Verbindung.*	erst Dativ, dann Akkusativ
Nomen und Pronomen	*Ich erkläre ihnen ihre Verbindung.* *Ich erkläre sie den Reisenden.*	erst Pronomen, dann Nomen
Pronomen	*Ich erkläre sie ihnen.*	erst Akkusativ, dann Dativ

Eine Übersicht über Verben mit Ergänzungen finden Sie im Anhang des Arbeitsbuchs.

Viele Verben stehen mit einer oder mehreren Präpositionen. Bei Verben mit Präpositionen bestimmt die Präposition den Kasus der Ergänzungen.

*diskutieren **über** + Akk.*	*Wir diskutieren **über** die neuen Arbeitszeiten.*
*diskutieren **mit** + Dat.*	*Wir diskutieren **mit** unserem Chef.*
*diskutieren **mit** + Dat. **über** + Akk.*	*Wir diskutieren **mit** unserem Chef **über** die neuen Arbeitszeiten.*

Eine Übersicht über Verben mit Präpositionen finden Sie im Anhang des Arbeitsbuchs.

Reflexive Verben   Kapitel 7

Arten	Beispielsätze	weitere Verben
Manche Verben sind immer reflexiv.	*Ich habe mich entschlossen, wieder zu arbeiten.* *Er hat sich sofort in sie verliebt.*	*sich entschließen, sich verlieben, sich beschweren, sich kümmern, sich beeilen …*
Manche Verben können reflexiv sein oder mit einer Akkusativergänzung stehen.	*Ich verstehe mich gut mit Peter.* *Ich verstehe diesen Mann einfach nicht.*	*(sich) verstehen, (sich) ärgern, (sich) treffen, (sich) unterhalten …*
Reflexivpronomen stehen normalerweise im Akkusativ. Gibt es eine Akkusativergänzung, steht das Reflexivpronomen im Dativ.	*Ich ziehe mich an.* *Ich ziehe mir den Mantel an.*	*sich anziehen, sich waschen, sich kämmen …*
Bei manchen Verben steht das Reflexivpronomen immer im Dativ. Diese Verben brauchen immer eine Akkusativergänzung.	*Ich wünsche mir mehr Zeit.* *Merk dir dieses Datum!*	*sich etwas wünschen, sich etwas merken, sich etwas vorstellen, sich etwas denken …*

Reflexivpronomen

Personal- pronomen	Reflexivpronomen im Akkusativ	im Dativ
ich	mich	mir
du	dich	dir
er/es/sie	sich	
wir	uns	
ihr	euch	
sie/Sie	sich	

Eine Übersicht über reflexive Verben finden Sie im Anhang des Arbeitsbuchs.

Nomen

Deklination   Kapitel 2

Singular	Maskulinum	Neutrum	Femininum
Nominativ	der Traum	das Haus	die Unterkunft
Akkusativ	den Traum	das Haus	die Unterkunft
Dativ	dem Traum	dem Haus	der Unterkunft
Genitiv	des Traum**es***	des Haus**es***	der Unterkunft
Plural			
Nominativ	die Träume	die Häuser	die Unterkünfte
Akkusativ	die Träume	die Häuser	die Unterkünfte
Dativ	den Träume**n****	den Häuser**n****	den Unterkünfte**n****
Genitiv	der Träume	der Häuser	der Unterkünfte

*   Im Genitiv Singular enden Nomen im Maskulinum und Neutrum auf -(e)s.
     Ausnahmen: Nomen der n-Deklination und Adjektive als Nomen (z. B. *das Gute – des Guten*).
**   Im Dativ Plural enden die meisten Nomen auf -*n*.
     Ausnahme: Nomen, die im Nominativ Plural auf -*s* enden (*Wo sind die Auto**s**? – Kommt ihr mit den Auto**s**?*)

Die n-Deklination

Zur n-Deklination gehören:

- nur **maskuline** Nomen mit folgenden Endungen:

-*e*:	der Löwe, der Junge, der Name	-*ant:*	der Praktikant	-*graf:*	der Fotograf
-*and*:	der Doktorand	-*it:*	der Bandit	-*at:*	der Soldat
-*soph*:	der Philosoph	-*ot:*	der Pilot, der Chaot	-*ist:*	der Polizist, der Artist
-*ent*:	der Student, der Präsident	-*loge:*	der Psychologe, der Soziologe	-*agoge:*	der Pädagoge

- einige **maskuline** Nomen ohne Endung:
  der Mensch, der Herr, der Nachbar, der Held, der Bauer …

Singular		
Nominativ	der Kunde	der Mensch
Akkusativ	den Kunde**n**	den Mensch**en**
Dativ	dem Kunde**n**	dem Mensch**en**
Genitiv	des Kunde**n**	des Mensch**en**
Plural		
Nominativ	die Kunden	die Menschen
Akkusativ	die Kunden	die Menschen
Dativ	den Kunden	den Menschen
Genitiv	der Kunden	der Menschen

Einige Nomen haben im Genitiv Singular die Endung -*ns* (Mischformen):
der Name, des Namens   *der Glaube, des Glaubens*
der Buchstabe, des Buchstabens   *der Wille, des Willens*
das *Herz, des Herzens*

Deklination der nominalisierten Adjektive und Partizipien Kapitel 3 (AB)

Adjektive und Partizipien können zu Nomen werden. Sie werden aber trotzdem wie Adjektive dekliniert:
*Der Arzt hilft **k**ranken Menschen. – Der Arzt hilft **K**ranken.*

	Maskulinum	**Neutrum**	**Femininum**	**Plural**
Nominativ	der Deutsche	das Deutsche	die Deutsche	die Deutschen
Akkusativ	den Deutschen	das Deutsche	die Deutsche	die Deutschen
Dativ	dem Deutschen	dem Deutschen	der Deutschen	den Deutschen
Genitiv	des Deutschen	des Deutschen	der Deutschen	der Deutschen

Pluralbildung Kapitel 3

	Pluralendung	**Welche Nomen?**	**Beispiel**
1.	-(¨)Ø	• maskuline Nomen auf *-en/-er/-el* • neutrale Nomen auf *-chen/-lein*	*der Laden – die Läden* *das Mädchen – die Mädchen*
2.	-(e)n	• fast alle femininen Nomen (ca. 96 %) • maskuline Nomen auf *-or* • alle Nomen der n-Deklination	*die Tafel – die Tafeln* *der Konditor – die Konditoren* *der Junge – die Jungen*
3.	-(¨)e	• die meisten maskulinen und neutralen Nomen (ca. 70 %)	*der Bestandteil – die Bestandteile* *die Nuss – die Nüsse*
4.	-(¨)er	• einsilbige neutrale Nomen • Nomen auf *-tum*	*das Kind – die Kinder* *der Irrtum – die Irrtümer*
5.	-s	• viele Fremdwörter • Abkürzungen • Nomen mit *-a/-i/-o/-u* im Auslaut	*der Fan – die Fans* *der Lkw – die Lkws* *der Kaugummi – die Kaugummis*

Präpositionaladverbien und Fragewörter

davon, daran, darauf … und wovon, woran, worauf … Kapitel 6

wo(r)… und *da(r)…* verwendet man bei Sachen und Ereignissen.
Präposition + Pronomen/Fragewort verwendet man bei Personen und Institutionen.
da(r)… steht auch vor Nebensätzen (*dass*-Satz, Infinitiv mit *zu*, indirekter Fragesatz).

Nach *wo…* und *da…* wird ein *r* eingefügt, wenn die Präposition mit einem Vokal beginnt: *auf → worauf/darauf*

Sachen/Ereignisse	**Personen/Institutionen**
***wo(r)* + Präposition**	**Präposition + Fragewort**
○ ***Woran** denkst du?* ● ***An** unsere Zukunft!*	○ ***An wen** denkst du?* ● ***An** meine Kollegin.*
○ ***Wovon** redet er?* ● ***Vom** neuen Projekt.*	○ ***Mit wem** redet er?* ● ***Mit** dem Projektleiter.*
***da(r)* + Präposition**	**Präposition + Pronomen**
○ *Erinnerst du dich **an dein Bewerbungsgespräch**?* ● *Natürlich erinnere ich mich **daran**. Ich erinnere ich mich auch gut **daran**, wie nervös ich war.*	○ *Erinnerst du dich **an Sabine**?* ● *Natürlich erinnere ich mich **an sie**.*

Grammatik

Präposition

Temporale Präpositionen

mit Akkusativ	mit Dativ	mit Genitiv
bis nächstes Jahr **für** drei Tage **gegen** fünf Uhr **um** Viertel nach sieben **um** Ostern **herum** **über** eine Woche	**ab** drei Tagen **an** den schönsten Tagen **beim** Packen der Koffer **in** der Nacht **nach** der Reise **seit** einem Monat **von** jetzt **an** **von** morgens **bis** abends **vor** der Buchung **zu** Weihnachten **zwischen** Montag und Mittwoch	**außerhalb** der Saison **innerhalb** eines Monats **während** des Urlaubs

Lokale Präpositionen

	Wo?	Wohin?	Woher?
mit Akkusativ	entlang*, um … herum	bis, durch, gegen, um	
mit Dativ	ab, an … entlang, bei, entlang*, gegenüber, von … aus	nach, zu	aus, von
mit Genitiv	außerhalb, innerhalb, jenseits		
mit Dativ oder Akkusativ (Wechselpräpositionen)	an, auf, hinter, in, neben, über, unter, vor, zwischen		

* *Wir gehen den Bach entlang.*　　nachgestellt mit Akkusativ
　Wir gehen entlang dem Bach.　　vorangestellt mit Dativ

Wechselpräpositionen
Einige lokale Präpositionen werden sowohl mit Dativ als auch mit Akkusativ verwendet. Man nennt sie Wechselpräpositionen.

Frage *Wo?*	Frage *Wohin?*
Wechselpräposition mit Dativ ○ **Wo** *ist der Müll?* ● **Im** *Abfalleimer.*	Wechselpräposition mit Akkusativ ○ **Wohin** *wirfst du den Müll?* ● **In den** *Abfalleimer.*

Adjektiv

Typ I: bestimmter Artikel + Adjektiv + Nomen

	der Körper	das Fachgebiet	die Wirkung	Körper (Pl.)
N	der menschliche	das neue	die therapeutische	die menschlichen
A	den menschlichen	das neue	die therapeutische	die menschlichen
D	dem menschlichen	dem neuen	der therapeutischen	den menschlichen
G	des menschlichen	des neuen	der therapeutischen	der menschlichen

auch nach:
• Fragewörtern: *welcher, welches, welche*
• Demonstrativartikeln: *dieser, dieses, diese; jener, jenes, jene*
• Indefinitartikeln: *jeder, jedes, jede; alle* (Pl.)
• Negationsartikeln und Possessivartikeln im Plural: *keine* (Pl.), *meine* (Pl.)

Typ II: unbestimmter Artikel + Adjektiv + Nomen

	der Körper	das Fachgebiet	die Wirkung	Körper (Pl.)
N	ein menschlicher	ein neues	eine therapeutische	menschliche
A	einen menschlichen	ein neues	eine therapeutische	menschliche
D	einem menschlichen	einem neuen	einer therapeutischen	menschlichen
G	eines menschlichen	eines neuen	einer therapeutischen	menschlicher

auch nach:
• Negationsartikeln: *kein, kein, keine* (Sg.)
• Possessivartikeln: *mein, mein, meine; dein, dein, deine; …* (Sg.)

Typ III: ohne Artikel + Adjektiv + Nomen

	der Körper	das Fachgebiet	die Wirkung	Körper (Pl.)
N	menschlicher	neues	therapeutische	menschliche
A	menschlichen	neues	therapeutische	menschliche
D	menschlichem	neuem	therapeutischer	menschlichen
G	menschlichen	neuen	therapeutischer	menschlicher

auch nach:
• Zahlen: *zwei, drei, vier …*
• Indefinitartikeln im Plural: *viele, einige, wenige, andere*

	steht nicht vor Nomen	**steht vor Nomen**
Komparativ	1. Adjektive + Endung **er** 2. Einsilbige Adjektive: *a, o, u* wird meistens zu *ä, ö, ü* 3. Adjektive auf *-el* und *-er*: *-e-* fällt weg (*teuer – teurer*)	4. Komparative müssen dekliniert werden: *das interessant**ere** Hobby* *ein toll**eres** Hobby* 5. Ausnahmen: *Ich würde gern **mehr** Filme sehen.* *Jetzt habe ich noch **weniger** Zeit.*
Superlativ	1. ***am*** + Adjektiv + Endung ***sten*** 2. Adjektive auf *-d, -s, -sch, -st, -ß, -t, -x, -z*: meistens Endung ***esten*** (Ausnahme: *groß – am größten*)	3. Superlative müssen dekliniert werden: Adjektiv + ***(e)st*** + Kasusendung 4. *am* entfällt *das interessant**este** Hobby* *mein lieb**stes** Hobby*

besondere Formen:

gut – besser – am besten   hoch – höher – am höchsten
gern – lieber – am liebsten   nah – näher – am nächsten
viel – mehr – am meisten   groß – größer – am größten

Vergleiche mit *als/wie*

Grundform + *wie*:   *Meine Kinder gehen (genau)so gern ins Kino wie ich.*
Komparativ + *als*:   *Im Sommer bin ich viel aktiver als im Winter.*

Satz

Hauptsatz + Nebensatz: *Er ruft nicht um Hilfe, **obwohl** er Angst hat.*
Hauptsatz + Hauptsatz: *Nach Hilfe rufen war lächerlich, **denn** die Freunde waren nicht weit.*
Hauptsatz + Hauptsatz mit   *Heute ist sein Geburtstag, **deshalb** feiern sie zusammen.*
Inversion (Verb direkt hinter
dem Konnektor):

	Grund (kausal)	Gegengrund (konzessiv)	Folge (konsekutiv)
Hauptsatz + Nebensatz	weil, da	obwohl	so …, dass sodass
Hauptsatz + Hauptsatz	denn		
Hauptsatz + Hauptsatz mit Inversion		trotzdem	darum, daher, deswegen, deshalb

Relativpronomen

	Singular			**Plural**
Nominativ	der	das	die	die
Akkusativ	den	das	die	die
Dativ	dem	dem	der	**denen**
Genitiv	**dessen**	**dessen**	**deren**	**deren**

Genus und Numerus des Relativpronomens richten sich nach dem Bezugswort.
Der Kasus richtet sich nach dem Verb im Relativsatz oder der Präposition.

Sie war die erste Frau, die ich getroffen habe.   *Sie war die erste Kollegin, **mit** der ich gearbeitet habe.*
               + Akk.   **mit** + Dat.

Relativpronomen *wo, wohin, woher*
Gibt ein Relativsatz einen Ort, eine Richtung oder einen Ausgangspunkt an, kann man statt Präposition und
Relativpronomen *wo, wohin, woher* verwenden.

Ich habe Anne in der Stadt kennengelernt,
… ***wo*** *wir gearbeitet haben.*   Ort
… ***wohin*** *ich gezogen bin.*   Richtung
… ***woher*** *mein Kollege kommt.*   Ausgangspunkt

Bei Städte- und Ländernamen benutzt man immer *wo, wohin, woher*.
*Gabriel kommt aus São Paulo, **wo** auch seine Familie lebt.*

Relativpronomen *was*
Bezieht sich das Relativpronomen auf einen ganzen Satz oder stehen die Pronomen *das, etwas, alles* und *nichts*
im Hauptsatz, dann verwendet man das Relativpronomen *was*.

*Das, **was** du suchst, gibt es nicht.*
*Meine Beziehung ist etwas, **was** mir viel bedeutet.*
*Alles, **was** er mir erzählt hat, habe ich schon gewusst.*
*Es gibt nichts, **was** ich meinem Freund verschweigen würde.*
*Meine Schwester hat letztes Jahr geheiratet, **was** mich sehr gefreut hat.*

Finalsätze   Kapitel 8

Finale Nebensätze drücken ein Ziel oder eine Absicht aus.
Sie geben Antworten auf die Frage *Wozu?* oder in der gesprochenen Sprache auch oft auf die Frage *Warum?*.

Gleiches Subjekt in Haupt- und Nebensatz → Nebensatz mit *um … zu* oder *damit*	
*Klingeln Sie, **damit** Sie auf sich aufmerksam machen.*	Im Nebensatz mit *damit* muss das Subjekt genannt werden.
*Klingeln Sie, **um** auf sich aufmerksam **zu** machen.*	Im Nebensatz mit *um … zu* entfällt das Subjekt, das Verb steht im Infinitiv.
Unterschiedliche Subjekte in Haupt- und Nebensatz → Nebensatz immer mit *damit*	
*Klingeln Sie, **damit** andere Personen Sie hören.*	
Hauptsatz mit *zum* + nominalisierter Infinitiv	
*Ich nehme ein feuchtes Taschentuch **zum Reinigen** meiner Tastatur.*	Alternative zu *um … zu* oder *damit* (bei gleichem Subjekt in Haupt- und Nebensatz): *Ich nehme ein feuchtes Taschentuch, um die Tastatur zu reinigen.*

wollen, sollen und *möchten* stehen nie in Finalsätzen:
Ich hebe Geld ab. Ich will das Monokular kaufen. → *Ich hebe Geld ab, um das Monokular zu kaufen.*

Konnektoren: Temporalsätze   Kapitel 9

Fragewort	**Beispiel**
Wann? Wie lange? Gleichzeitigkeit: Hauptsatz **gleichzeitig mit** Nebensatz	*Immer **wenn** ich Radtouren unternommen habe, hat mich das Reisefieber gepackt.* **wenn:** wiederholter Vorgang in der Vergangenheit ***Als** ich 25 war, bekam ich großes Fernweh.* **als:** einmaliger Vorgang in der Vergangenheit ***Während** ich letzte Reisevorbereitungen traf, verkaufte ich meinen kompletten Hausrat.* **während:** andauernder Vorgang ***Solange** ich nicht zu Hause war, war ich einfach glücklich.* **solange:** gleichzeitiges Ende beider Vorgänge
Vorzeitigkeit: Nebensatz **vor** Hauptsatz	***Nachdem** ich das Abi geschafft hatte, fuhr ich per Anhalter durch Europa.*
Nachzeitigkeit: Nebensatz **nach** Hauptsatz	***Bevor** ich die Reise beginnen konnte, brauchte ich das notwendige Startkapital.*
Seit wann?	***Seitdem** ich nichts mehr besitze, fühle ich mich freier.*
Bis wann?	***Bis** die Reise beginnen konnte, hat es noch einen Monat gedauert.*

Zeitenwechsel bei *nachdem*

Gegenwart:	*Ich fahre per Anhalter durch Europa, nachdem ich das Abi geschafft habe.*	Präsens Perfekt
Vergangenheit:	*Ich fuhr per Anhalter durch Europa, nachdem ich das Abi geschafft hatte.*	Präteritum Plusquamperfekt

Auswertung zum Test „Wohntyp", Kapitel 2, S. 25

Typ A: Sie mögen es ruhig und gemütlich.

Auf dem Land fühlen Sie sich am wohlsten. Sie lieben Natur und Ruhe und möchten am liebsten in einem großen Haus mit Garten wohnen. Ein enges Verhältnis zu Ihren Nachbarn ist Ihnen wichtig, denn so kann man sich gegenseitig helfen oder auch zusammen Feste feiern. Dass Sie Einkäufe mit dem Auto erledigen müssen und auch einen weiten Weg zur Arbeit haben, nehmen Sie gerne in Kauf. Dafür haben Sie keinen Lärm um sich herum und immer frische Luft. Das Leben in der Großstadt wäre Ihnen viel zu stressig.

Typ B: Sie mögen es bequem und übersichtlich.

Die Kleinstadt ist der ideale Wohnort für Sie. Dort können Sie ruhig und günstig wohnen und haben trotzdem Kinos und Geschäfte in der Nähe. Sie können eigentlich immer zu Fuß gehen oder mit dem Fahrrad fahren, alles ist in erreichbarer Nähe. Sollten Sie doch einmal das Auto brauchen, finden Sie fast immer schnell einen Parkplatz. Sie mögen es, durch die Stadt zu gehen und hier und da Leute zu treffen, die Sie kennen. Die Anonymität der Großstadt ist nichts für Sie, aber auf dem Land ist es Ihnen auch zu langweilig. Außerdem können Sie beides ja auch am Wochenende haben, wenn Sie möchten.

Typ C: Sie mögen es turbulent und lebendig.

Sie sind der geborene Großstadtmensch. Sie lieben die Hektik und Lebendigkeit der Stadt und fühlen sich erst so richtig wohl, wenn Sie mittendrin sind. In Ihrer Freizeit nutzen Sie das kulturelle Angebot und ziehen durch die neuesten Kneipen und Restaurants. Die Anonymität der Stadt macht Ihnen nichts aus. Im Gegenteil: Sie genießen die Freiheit, tun zu können, was Sie möchten. Auf dem Land oder in einer Kleinstadt würden Sie sich langweilen, auch wenn das Leben dort viel billiger ist.

Mischtyp:

Ist Ihr Ergebnis nicht eindeutig? Lesen Sie alle drei Typbeschreibungen.

Auswertung

Auswertung zum Test „Reisetyp", Kapitel 9, S. 136/137

8–12 Punkte:

Keine Experimente, bitte. Sie möchten in aller Ruhe Ihren Urlaub genießen. Dazu lassen Sie sich gerne vorher im Reisebüro beraten. Und das Reisebüro organisiert dann alles für Sie. Ein Pauschalurlaub kommt Ihnen da gerade recht. Und wenn Sie zufrieden sind, fahren Sie gerne immer wieder an den gleichen Ort. Sie brauchen keine Abenteuer und Sie müssen auch nicht immer Neues ausprobieren. Mit einem entspannten Urlaub in der Heimat sind Sie auch oft sehr glücklich. Es ist einfach schön, wenn Sie sich sicher und geborgen fühlen. Und nach zwei Wochen kommen Sie auch gerne wieder nach Hause zurück.

13–17 Punkte:

Sie möchten Spaß im Urlaub. Ruhige Orte sind nicht Ihr Ziel. Es darf gerne bunt und temperamentvoll zugehen und darum lieben Sie die „Hot Spots" unter südlicher Sonne. Tagsüber tanken Sie Energie am Strand, die Sie nachts für fröhliche Abende mit lustigen Leuten brauchen. Sie möchten schön braun werden und etwas erleben. Mit so viel unbeschwertem Spaß könnte Ihr Urlaub ewig dauern. Ein dickes Kulturprogramm ist Ihnen dabei nicht so wichtig. Eine kurze Rundfahrt mit dem Bus und ein paar Fotos von den wichtigsten Sehenswürdigkeiten sind absolut ausreichend. Aber alles zusammen soll nicht zu teuer werden und die Organisation darf auch gerne ein Reiseveranstalter übernehmen. Darum reisen Sie auch gerne „Last Minute".

18–25 Punkte:

Kulturgüter, Kunst und gepflegte Atmosphäre liegen Ihnen sehr am Herzen. Und das besonders, wenn Sie im Urlaub sind. Schon vor der Reise informieren Sie sich über antike Stätten, historische Bauwerke, Museen und Theater. Gerne stellen Sie sich einen Plan zusammen, was Sie alles sehen möchten. Ihr Aufenthaltsort sollte gepflegt, gern auch etwas mondän sein und auch fürs Shopping etwas bieten. Die Vorbereitung übernehmen Sie oft selbst, buchen aber gerne kompetente Führungen durch Städte und Museen. Abends mögen Sie Theaterbesuche oder gutes Essen in einem ausgewählten Restaurant. Gerne besuchen Sie für einige Tage Städte wie Florenz oder Paris. Und weil Sie nie lange weg sind, können Sie sich mehrmals im Jahr Kurzurlaube gönnen.

26–32 Punkte:

In Ihnen schlägt das Herz eines Abenteurers. Bitte keine Pauschalreise, hier ist ein Individualist unterwegs, den das Exotische, das Neue und Fremde reizt. Das Leben und der Aufenthalt in der Natur sind bei Ihnen besonders beliebt, Sie kommen aber auch gerne mit den Einheimischen zusammen. Am liebsten ziehen Sie für mehrere Wochen spontan los, nur mit dem Flugticket, Ihrem Pass und leichtem Gepäck. Sie lassen sich gerne überraschen, probieren Neues aus und folgen gerne unbekannten Wegen, die Sie mit dem Fahrrad, dem Jeep oder einem Kanu bewältigen. Wenn Sie zurückkehren, haben Sie immer viel zu erzählen.

Mischtyp:

Liegen Sie mit Ihren Punkten an der Grenze zwischen zwei Gruppen, können Sie auch ein Mischtyp aus beiden Gruppen sein.

Vorlage für eigene Porträts einer Person

Name, Vorname(n)	
Nationalität	
geboren/gestorben am	
Beruf(e)	
bekannt für	
wichtige Lebensstationen	
Was sonst noch interessant ist (Filme, Engagement, Hobbies…)	

Vorlage für eigene Porträts eines Unternehmens / einer Organisation

Name	
Hauptsitz	
gegründet am/in/von	
Tätigkeitsfeld(er)	
bekannt für	
wichtige Daten/Entwicklungen	
Was sonst noch interessant ist (Engagement, Sponsoren …)	

Bild- und Textnachweis

S. 8   1, 3 Dieter Mayr; 2 shutterstock.com

S. 9   4 Zurijeta – shutterstock.com; 5 AFP – Getty Images; 6 Reena – Fotolia.com

S. 10   A shutterstock.com; B WavebreakmediaMicro – Fotolia.com; C LVDESIGN – Fotolia.com

S. 12   oben: Diego Cervo – Fotolia.com; Mitte: Trost dalaprod – Fotolia.com; unten: daniel-jeschke.de – Fotolia.com

S. 14   A Hulton Archive Apic – Getty Images; B Popperfoto – Getty Images; C Popperfoto Rolls Press – Getty Images; D UIG Religious Images – Getty Images; unten: schwede-photodesign – Fotolia.com

S. 15   Jeanette Dietl – Fotolia.com

S. 16   Rabe: shutterstock.com; Hufeisen: iofoto – shutterstock.com; Billardkugel: tescha555 – shutterstock.com; Kleeblatt: Le Do – shutterstock.com; Schornsteinfeger: Reena – Fotolia.com; Katze: shutterstock.com; Hand der Fatima: Helen Schmitz; Sternschnuppe: clearviewstock – shutterstock.com; Winkekatze: J. Helgason – shutterstock.com; Drachen: Hong Kong Tourist Association; Schweine: Elena Schweitzer – shutterstock.com; Spinne: Jacob Hamblin – shutterstock.com

S. 19   Dieter Mayr

S. 20   Fragebogen: Anne-Sophie Mutter (gekürzt); Foto: Harald Hoffmann/DG

S. 22/23   ZDF 37° „Die Chefin" Lizenz durch www.zdf-archive.com / ZDF Enterprises GmbH – Alle Rechte vorbehalten.

S. 23   Bayerischer Rundfunk www.br-online.de (gekürzt)

S. 24   1 Margo – Fotolia.com; 2 etfoto – Fotolia.com; 3 Eskimo71 – Fotolia.com

S. 25   4 traveldia – Fotolia.com; 5 Peter Cade – Getty Images; 6 Quartierhof Weinegg

S. 28   links: Joerg Lantelmè; rechts: Caro Fotoagentur

S. 30   A: Planetpix – Alamy; B: Doris Stierner – Schmitterhof; C: www.hotelsuites.nl

S. 31   Horizons WWP / Jochem Wijnands – Alamy

S. 32   aus www.planet-wissen.de. Originaltitel: Hotel Mama (17.09.2004), © Silke Rehren/WDR (adaptiert)

S. 33   von links nach rechts: Creativemarc – Fotolia.com; Ahturner – shutterstock.com; LosRobsos – Fotolia.com

S. 35   oben: Dan Race – Fotolia.com; Mitte: Dieter Mayr; unten: Sibylle Freitag

S. 36   oben: Gemälde von Ferdinand von Piloty (1828–1895); Mitte: shutterstock.com; Text rechts: www.lueckund-locke.de

S. 38/39   ZDF 37° „Hotel Mama" Lizenz durch www.zdf-archive.com / ZDF Enterprises GmbH – Alle Rechte vorbehalten.

S. 42   1 ANCH – shutterstock.com; 3 infografick – shutterstock.com; 4 shutterstock.com; Text: Wissenswertes rund um die Schokolade. Aus: Öko-Test 11/2005 (adaptiert, gekürzt)

S. 43   Helen Schmitz

S. 44   von oben nach unten: monticello – shutterstock.com; Lisa S. – shutterstock.com; gcpics – shutterstock.com; Olga Balboa

S. 45   oben: Aktion „Zu gut für die Tonne" des Bundesministeriums für Ernährung, Landwirtschaft und Verbraucherschutz; unten: Aktion „Teller statt Tonne" © Slow Food Deutschland

S. 46   Dieter Mayr

S. 48   oben und unten links: shutterstock.com; oben rechts: CandyBox Images – Fotolia.com; unten rechts: prodakszyn – shutterstock.com; Mitte: Willem Bosman – shutterstock.com

S. 49   Willem Bosman – shutterstock.com

S. 50   oben links: shutterstock.com; oben rechts: cristovao – shutterstock.com; unten links: WavebreakmediaMicro – Fotolia.com; unten rechts: auremar – Fotolia.com

S. 51   Picture-Factory – Fotolia.com

S. 52   Text (adaptiert und gekürzt) und Fotos: Chocolade-fabriken Lindt & Sprüngli AG

S. 54/55   „Schmecken" Lizenz durch www.zdf-archive.com / ZDF Enterprises GmbH – Alle Rechte vorbehalten.

S. 56   1 Kzenon – Fotolia.com; 2 Lonely Planet Images Izzet Keribar – Getty Images; 3 lightpoet – Fotolia.com; 4 Photolibrary Yadid Levy – Getty Images

S. 57   5, 7 shutterstock.com; 6 Ferenc Szelepcsenyi – shutterstock.com

S. 58   dpa Picture-Alliance GmbH

S. 60   oben von links nach rechts: Andre Bonn – shutterstock.com; Yeko Photo Studio – shutterstock.com; Shvaygert Ekaterina – shutterstock.com; unten: Gabriela Insuratelu – shutterstock.com

S. 61   Monkey Business Images – shutterstock.com

S. 62   links: Helen Schmitz; rechts: Marianne Mayer – Fotolia.com

S. 64   Celeste Clochard – Fotolia.com

S. 65   Tellux-Film GmbH

S. 66   oben: De Agostini Picture Library – Getty Images; unten: Maurizius Staerkle-Drux

S. 67   Sophie Stieger

S. 68   links: Ulrich Baumgarten – Getty Images; rechts: Diogenes Verlag AG, Zürich

S. 70   oben: The Photos – Fotolia.com; Mitte: aprott – iStock-photo.com; Peter Scholz – shutterstock.com

S. 71   „Funsport – Surfen auf der künstlichen Welle" Lizenz durch www.zdf-archive.com / ZDF Enterprises GmbH – Alle Rechte vorbehalten.

S. 72   Dieter Mayr

S. 73   Dieter Mayr

S. 74   oben: Deutscher Volkshochschul-Verband e.V.; unten von rechts nach links: Hasloo Group Production Studio – shutterstock.com; shutterstock.com; BestPhotoStudio – shutterstock.com

S. 75   links: Robert Kneschke – shutterstock.com; rechts: Diego Cervo – Fotolia.com

S. 76   oben: Frank Preuss/Evonik; unten links: Firma V – Fotolia.com; unten rechts: Ysbrand Cosijn – shutterstock.com

S. 81   von oben nach unten: Yakobschuk Vasyl – shutterstock.com; JohnKwan – shutterstock.com; SusaZoom – shutterstock.com

S. 83   lightpoet – shutterstock.com

S. 84   Foto: Josef Fischnaller; Text (gekürzt und adaptiert): Claudia Haase interviewt Prof. Dr. Gerald Hüther: www.win-future.de

S. 86/87   „Hochbegabte Kinder" Lizenz durch www.zdf-archive.com / ZDF Enterprises GmbH – Alle Rechte vorbehalten.

S. 88   1 Tyler Olson – shutterstock.com; 2 PhotoStock10 – shutterstock.com; 3 Dron – Fotolia.com; 4 CandyBox Images – shutterstock.com

S. 89   5 Goodluz – shutterstock.com; 6 CandyBox Images – shutterstock.com; 7 Celeste Clochard – Fotolia.com; 8 Stefano Lunardi – shutterstock.com

S. 90   von links nach rechts: wavebreakmedia – shutterstock.com; auremar – Fotolia.com; fotogestoeber – Fotolia.com; Minerva Studio – shutterstock.com

S. 92   oben: T-Design – shutterstock.com; unten links:
Primalux – Fotolia.com; unten rechts: Elena Grigorieva –
shutterstock.com

S. 93   shutterstock.com

S. 94   links, Mitte: shutterstock.com; rechts: Dieter Mayr

S. 96   links: Rudolf Helbling; rechts: Dieter Mayr

S. 97   Text oben: Context. 1–2/06, 20. Januar 2006,
Fabrice Müller, Journalistenbüro Lexpress (gekürzt)

S. 98   links und Mitte: Valerija Vlasov; rechts: Gorden Klisch

S. 100   Fotos: DaWanda GmbH; Text (gekürzt): Lisa Nienhaus,
„Ich kauf's mir lieber selbstgemacht" in faz.net,
21.02.2011

S. 102/103   „Auf der Walz" Lizenz durch www.zdf-archive.com /
ZDF Enterprises GmbH – Alle Rechte vorbehalten.

S. 104   Dieter Mayr

S. 105   Dieter Mayr

S. 106   A Blend Images – shutterstock.com; B Andi Berger –
shutterstock.com; C Rob Hainer – shutterstock.com;
D CEFutcher – iStockphoto.com; E Dirk Ott –
shutterstock.com; F mangostock – shutterstock.com

S. 107   links: Dieter Mayr; rechts: Gladskikh Tatiana –
shutterstock.com

S. 109   Dubova – shutterstock.com

S. 110   oben links: shutterstock.com; unten links: Bildagentur
Mauritius GmbH; rechts: Rick Gomez – Corbis

S. 112–115   Text: Daniel Glattauer: „Gut gegen den Nordwind".
© Deuticke im Paul Zsolnay Verlag Wien 2006;
Cover: Daniel Glattauer – Gut gegen Nordwind,
erschienen im Goldmann Verlag 2008

S. 116   Horst Galuschka/dpa – picture alliance

S. 118/119   ZDF Volle Kanne „Beim Geld hört die Liebe auf – Streit
ums Haushaltsgeld" Lizenz durch www.zdf-
archive.com / ZDF Enterprises GmbH – Alle Rechte
vorbehalten.

S. 121   „Supermarkt" von Christina Stürmer, M&T: Andy Freund
und Wolfgang Laab © BMG Rights Management GmbH/
Hitproof Germany Edition (gekürzt)

S. 122   1, 2, 4 Holger Albrich; 3 Numatic International GmbH

S. 123   Andy Lidstone – shutterstock.com

S. 124   A Dmitrijs Dmitrijevs – shutterstock.com; B M R –
shutterstock.com; C dem10 – iStockphoto.com;
unten von links nach rechts: XiXinXing – shutter-
stock.com; BestPhotoPlus – iStockphoto.com;
bikeriderlondon – shutterstock.com

S. 125   designedbystrunck für das Eine Welt Netz NRW

S. 126   S. Dashkevych – shutterstock.com

S. 129   links: GoodMood Photo shutterstock.com; Mitte:
Kochneva Tetyana – shutterstock.com; rechts:
Blend Images – shutterstock.com

S. 130   oben links: ConocoPhillips Germany GmbH / Grabarz &
Partner Werbeagentur GmbH; oben rechts: WMF Würt-
tembergische Metallwarenfabrik AG / KNSK Werbeagentur GmbH; Mitte rechts: BREITLING SA;
unten links: Volkswagen AG; unten rechts: © 2014
Schmidt-Spiele GmbH, Berlin. Lizenz durch KIDDINX
Media GmbH, Berlin. Alle Rechte vorbehalten.

S. 131   A, B iStock International Inc.; C Shaiith – shutter-
stock.com; D Alaettin Yildrim – shutterstock.com;
E Minerva Studio – shutterstock.com; F kurhan –
shutterstock.com

S. 132   links: dm / Daniel Torz; rechts: © 2013 dm-drogerie
markt GmbH + Co. KG; Text: Claudia Thesenfitz –
aus FÜR SIE

S. 134/135   3sat nano „Generation Konsum?" Lizenz durch
www.zdf-archive.com / ZDF Enterprises GmbH –
Alle Rechte vorbehalten.

S. 136   1 vm – iStockphoto.com; 2 YanLev – shutterstock.com;
3 von links nach rechts: shutterstock.com;
Bettina Lindenberg; Dieter Mayr; Sabine Reiter;
4 AT Verlag

S. 137   5 1000 Words – shutterstock.com; 6 Charlie Edward –
shutterstock.com; 7 1, 3, 4 Sven Williges; 2 Africa Studio –
Fotolia.com; 8 Alexander Tolstykh – shutterstock.com

S. 138   von oben nach unten: Jens Ottoson – shutterstock.com;
West Coast Scapes – shutterstock.com; Luiz Rocha –
shutterstock.com; Inc – shutterstock.com; CHEN WS –
shutterstock.com

S. 140   links: SEEDS Iceland / Anne Prémel-Cabic; Mitte: Bettina
Schlüter; rechts: LVR-Amt für Bodendenkmalpflege im
Rheinland; unten: Liviu Ionut Pantelimon – shutter-
stock.com

S. 141   durantelallera – shutterstock.com

S. 142   oben von links nach rechts: Luiz Rocha – shutter-
stock.com; Jens Ottoson – shutterstock.com; Mapics –
shutterstock.com; leoks – shutterstock.com; unten:
slava296 – shutterstock.com

S. 144   oben: armvector – shutterstock.com; Mitte links:
Fabian Wentzel – iStockphoto.com; Mitte rechts:
Oliver Hoffmann – shutterstock.com; unten links:
Mapics – shutterstock.com; unten rechts: Chupa –
Fotolia.com

S. 145   oben links: Caro – Alamy; unten links: Marco Brockmann –
shutterstock.com; rechts: Jorg Hackemann – shutter-
stock.com

S. 146   links: Cheryl Savan – shutterstock.com; rechts:
racorn – shutterstock.com

S. 147   oben: Jakubaszek – Getty Images; unten: United
Archives GmbH – Getty Images; Text (adaptiert): GEO /
Verlagshaus Gruner + Jahr AG & Co KG

S. 148   links: traveler1116 – iStockphoto.com; rechts:
Wikipedia / Alexander Karnstedt (Alexrk)

S. 150/151   „Erfurt Rendevouz in der Mitte Deutschlands", Erfurt
Tourismus GmbH; Stadtplan: ARTIFEX Computer-
kartographie & Verlag Bartholomäus und Richter

S. 154   ponsulak – shutterstock.com; Text (gekürzt): Singles
werden zum Umweltproblem. Aus: FOCUS online

S. 156   1 Jeroen van den Broek – shutterstock.com; 2 waldru –
shutterstock.com; 3 mrivserg – shutterstock.com; 4 nuli-
nukas – shutterstock.com; 5 aktion tier; 6 anyaivanova –
shutterstock.com

S. 158   1 Hessisches Ministerium für Umwelt, Energie,
Landwirtschaft und Verbraucherschutz; 2 Vielfalt –
Fotolia.com; 3 Ökokiste e.V., www.oekokiste.de;
4 Florian Schreiber / Fotografie

S. 160   1 Gemenacom – shutterstock.com; 2 design36 –
shutterstock.com; 3 pixelquelle.de; 4 Harald Riemann;
5 shutterstock.com

S. 163   Goldfaery – iStockphoto.com

S. 164   oben: United Archives GmbH – Alamy; unten: shutter-
stock.com; Text: mare – Die Zeitschrift der Meere

S. 166/167   oben links: shutterstock.com; Rest: ZDF Reporter „Wildtiere in Berlin" Lizenz durch www.zdf-archive.com / ZDF
Enterprises GmbH – Alle Rechte vorbehalten.

Quellennachweis zur DVD

Kapitel	Filmname	Filmlänge	Quelle
Kapitel 1	Die Chefin	7'48"	Lizenz durch www.zdf-archive.com / ZDF Enterprises GmbH – Alle Rechte vorbehalten. Filmmusik: „And I'll see you" © Porksong Music Publishing; „Just can't get enough" © Sony Music Publishing UK Ltd., Subverlag: Sony/ATV Music Publ (Germany) GmbH; „Big Time" © Universal Music Group (The Island Def Jam Music Group)
Kapitel 2	Hotel Mama	7'30"	Lizenz durch www.zdf-archive.com / ZDF Enterprises GmbH – Alle Rechte vorbehalten. Filmmusik: „Montserrat" v. Orquesta Del Plata mit freundlicher Genehmigung Universal Music International Division – a division of Universal Music GmbH
Kapitel 3	Schmecken	2'41"	Lizenz durch www.zdf-archive.com/ZDF Enterprises GmbH – Alle Rechte vorbehalten.
Kapitel 4	Funsport – Surfen auf der künstlichen Welle	2'46"	Lizenz durch www.zdf-archive.com/ZDF Enterprises GmbH – Alle Rechte vorbehalten.
Kapitel 5	Hochbegabte Kinder	2'54"	Lizenz durch www.zdf-archive.com/ZDF Enterprises GmbH – Alle Rechte vorbehalten.
Kapitel 6	Auf der Walz	2'46"	Lizenz durch www.zdf-archive.com/ZDF Enterprises GmbH – Alle Rechte vorbehalten.
Kapitel 7	Beim Geld hört die Liebe auf – Streit ums Haushaltsgeld	3'02"	Lizenz durch www.zdf-archive.com / ZDF Enterprises GmbH – Alle Rechte vorbehalten.
Kapitel 8	Generation Konsum	5'26"	Lizenz durch www.zdf-archive.com / ZDF Enterprises GmbH – Alle Rechte vorbehalten.
Kapitel 9	Erfurt – Rendezvous in der Mitte Deutschlands	10'40"	Tourismus GmbH Erfurt
Kapitel 10	Wildtiere in Berlin	6'47"	Lizenz durch www.zdf-archive.com / ZDF Enterprises GmbH – Alle Rechte vorbehalten.